新时代
芜湖创新故事

中共芜湖市委宣传部
中共芜湖市委党史和地方志研究室
芜湖市社会科学界联合会
编　著

安徽师范大学出版社
ANHUI NORMAL UNIVERSITY PRESS
·芜湖·

图书在版编目(CIP)数据

新时代芜湖创新故事 / 中共芜湖市委宣传部,中共芜湖市委党史和地方志研究室,芜湖市社会科学界联合会编著. —芜湖:安徽师范大学出版社,2023.3

ISBN 978-7-5676-6085-4

Ⅰ. ①新… Ⅱ. ①中… ②中… ③芜… Ⅲ. ①城市管理—研究—芜湖 Ⅳ. ①F299.254.3

中国版本图书馆CIP数据核字(2023)第025735号

新时代芜湖创新故事

中共芜湖市委宣传部　中共芜湖市委党史和地方志研究室　芜湖市社会科学界联合会◎编著

责任编辑:陈　艳
责任校对:刘　翠
装帧设计:张　玲　冯君君
责任印制:桑国磊
出版发行:安徽师范大学出版社
芜湖市北京东路1号安徽师范大学赭山校区　邮政编码:241000
网　　址:http://www.ahnupress.com/
发 行 部:0553-3883578　5910327　5910310(传真)
印　　刷:安徽联众印刷有限公司
版　　次:2023年3月第1版
印　　次:2023年3月第1次印刷
规　　格:700 mm×1000 mm　1/16
印　　张:18.25
字　　数:266千字
书　　号:ISBN 978-7-5676-6085-4
定　　价:63.00元

前　言

2008年，芜湖因自主创新被列为全国改革开放30年来18个典型城市之一。2018年，改革开放40周年，芜湖当选“中国城市整体崛起40年最成功城市”。一座中部地区的非省会城市，为何能在我国改革开放榜单上蝉联殊荣?!

关于国内城市创新的研究方兴未艾，各类指数、榜单不胜枚举，芜湖总能占有一席之地，这充分体现了芜湖创新具有独特秉赋。研究芜湖的城市创新既需要外部视角来审视，更需要内部视角来自省，如此方能立体、全面、透彻。本书以改革开放40多年的历史跨度、多方位典型案例的实践维度，梳理芜湖拥抱创新、追寻创新、勇于创新的发展历程，探索回答芜湖何以成为“皖江明珠、创新之城”，期以展望芜湖创新发展的新征程、新辉煌。

文化创新是城市创新的先导。创新无时不有，但创新绝不是无源之水。芜湖素有“长江巨埠、皖之中坚”之美誉，地理上连南接北、通江达海，自古商贸繁华，近代更是长江中下游地区重要的工商业发源地。改革开放以来，芜湖人敢闯敢干，敢走新路，“崇尚创新、宽容失败、支持冒险、鼓励冒尖”一时为盛，奇瑞、海螺、方特等异军突起，几大支柱产业聚企成链。进入新时代以来，芜湖紧盯创新“先手棋”，人人创新、处处创新，创新文化理念浸润人心、融入血液，内化基因、外化行动。芜湖“无中生有、敢为人先”的创新气质愈发鲜明。拥抱创新文化者，则创新之泉不竭，创新优势日积。

企业创新是城市创新的主体。创新无处不在，但创新绝不是无本之木。现代企业是社会主义市场经济的主体，更是聚合创新资源、活化创新机制、加速创新转化，实现产业创新、科技创新、平台创新的“加速器”。纵观芜湖百年发展史尤其是改革开放40多年的奋斗征程，从“民营经济的报春花”“傻子瓜子”到“三只松鼠”，从顶天立地的奇瑞、海螺、方特等行业巨人到铺天盖地的专精特新科技企业，从翱翔蓝天的飞机到智能驱动的新能源汽车和机器人……是企业叫响了“要么唯一，要么第一”“要么没见过，要么忘不了”的奋斗口号。产业链、创新链、资金链、信息链、人才链……唯有企业才能实现链合，产业创新、科技创新、产品创新、市场创新……唯有企业才能实现转化。不难看出，芜湖城市创新竞争力源于企业、赖之企业。拥抱企业创新者，则创新之链永固，创新之势日盛。

创新永无止境，但创新绝不是无土之花。创新优势是城市竞争最大的优势，创新生态是城市创新最宝贵的沃土。芜湖市委、市政府坚持“创新是第一动力”，坚定不移实施创新驱动发展战略，坚定不移深化体制机制改革，“一张创新蓝图绘到底”，千方百计打造最优创新生态，多个“全国第一”“全省唯一”在芜湖诞生。从国家级开发区落户芜湖到安徽自贸试验区芜湖片区等一大批国家战略机遇叠加芜湖，从四大支柱产业到十大战略性新兴产业，从创新政策迭变升级到“双招双引”硕果累累，从城市品质提升到社会治理创新……芜湖迈向“新思路的试验地、新事物的生发地、新产品的首发地”的雄心加速跳动，城市创新层级跃升进程提速加快。拥抱创新生态者，则创新之为不衰，创新之名日响。

“惟改革者进，惟创新者强，惟改革创新者胜。”昨天的芜湖，因创新已经书写了城市发展的跨越篇章。今天的芜湖，正全力落实党的二十大精神，满怀豪情打造省域副中心城市，奋力建设人民城市，创新之城必将谱写出更加绚丽的现代化新篇章。

目　录 CONTENTS

奇瑞，从芜湖走出去的中国自主汽车品牌

1997年3月18日，奇瑞的前身——安徽汽车零部件有限公司正式成立于芜湖这片创业创新的沃土。从打下第一根厂房立柱到组装出第一条生产线，从第一台发动机点火成功到第一辆整车下线……奇瑞起步于“小草房”，拼搏于改革开放的“大浪潮”，如今已成为年营收超1500亿元人民币、累计整车销量超过1120万辆，涉及汽车、汽车零部件、金融、船舶、地产（汽车露营）、现代服务业等业务板块的多元控股集团。

26年来，奇瑞坚定选择自主创新、打造自主品牌，在攀登中国汽车界“珠穆朗玛峰”的征途中勇毅前行、迎难而上。26年栉风沐雨，26年筚路蓝缕，奇瑞用自己创新创业的历程，书写出中国汽车行业发展史上的精彩传奇。

一、逐梦年代（20世纪90年代）

20世纪90年代，国内企业普遍认为轿车行业是难以企及的高科技领域，因为缺人、缺钱、缺技术，同时还面临来自外部的强大竞争压力。于是，“中国本土汽车企业不与跨国公司合资就没有前途可言”“汽车企业达不到100万辆以上生产规模就来谈自主研发，无异于痴人说梦”等论调一直流传于业内，加之国家当时扶持“三大”（一汽、二汽和上汽）、“三小”（天汽、北汽、广州标致）和“两微”（贵州云雀和长安奥托），因此，没有国家的许可，任何一个城市要想上马汽车制造项目都是一件非常困难的事。然而，这样的窘境依旧没能阻挡住芜湖人“造汽车”的热情和决心。

这种热情和决心源自流淌在芜湖人血液里的汽车梦想。

早在1958年，芜湖江南汽车修理厂制造的“江南牌”三轮汽车便在北京举办的国庆成就展上亮相。随着改革开放大潮的兴起，芜湖人又开始重拾汽车梦想，从20世纪80年代末到90年代初，一汽扬子、通宝汽车、华阳汽车先后登场，虽然未成气候，但汽车梦却在芜湖人的心中牢牢地扎下了根。

这种热情和决心还源自决策者们立足改革开放伟大实践的时代眼光和坚定信念。

首先，当时的汽车界虽已普遍合资，但可供消费者选择的品牌无外乎“3+1”：桑塔纳、捷达、富康、夏利。其中，桑塔纳、捷达和富康被称作轿车“老三样”，价格普遍在15万元人民币左右。同时期，该车型在国际市场价格为7000—9000美元（5万至7万元人民币），中间存在巨大的价格落差，也就是说，“老三样”虽然物美但价不廉，这在客观上为低价汽车提供了市场生存的空间。其次，国际经验证明，当一个国家或地区的人均国内生产总值达到3000美元后，家庭汽车消费就将步入快速发展轨道。20世纪90年代中后期，北京、上海、广州、深圳等一线城市的人均国内生产总值都已接近甚至突破3000美元，二线、三线城市按照当时的经济发展速度测算，未来的5—10年也将快速跟进，由此可以预见未来家庭汽车的市场前景非常广阔。从全球的经验来看，汽车的产业链要大于其他产业，带动的就业岗位为普通产业的7倍之多，而且必将成为推动地方经济发展的支柱产业之一。

当然，芜湖上马汽车项目绝不是一时冲动后的“拍脑袋”决定，而是执着于梦想后的热情追求，是理性思考后的战略决策。于是，这个决策最终落实到市政府的计划之中，代号“951工程”，即国家“九五”期间安徽省头号工程。为追逐轿车梦想，芜湖人再次踏上了新的造车之路。

二、艰难创业（1995—1999年）

在芜湖这样一个名不见经传的中小城市造汽车，人才、资金、技术、供应链如同四座大山难以跨越。同时由于20世纪90年代初国家产业政策的严格限制，“951工程”只能秘密进行。

1995年，为推动项目进展，同时避免“过早暴露”，安徽汽车零部件有限公司（筹备处）正式成立。筹备处成立之后首先四处搜集信息，寻找合作伙伴。刚开始，有关领导也想通过合资来发展本地的汽车工业，但国际汽车巨头攀不上，国内的行业大佬又看不上咱，无奈之下，奇瑞只有一条路可走——自己干！好在天无绝人之路，公司在赴欧洲考察时得知一个重要消息：福特英国有一条发动机生产线将要出售。于是，双方经过艰苦谈判，最终达成了以2980万美元引进这条可以年产30万台发动机生产线的协议。随后在一汽考察期间，筹备处工作人员无意中得知有个叫尹同跃的安徽老乡毕业于合肥工业大学汽车工程专业，在一汽工作了12年半，当选过一汽的“十大杰出青年”，是位小有名气的总装车间主任。发现这个有地缘关系的人才后，芜湖方面力邀他回芜湖主持汽车项目。在其犹豫不决之际，市领导劝说道："总不能一辈子在外国人手下做事，造出中国人自己的车，才能体现你的最大价值。"一句话说到了尹同跃的心坎里，他最终接受了邀请。尹同跃到芜湖后，很快就组建了一支上百人的技术团队。实践证明，这支核心团队起到了至关重要的作用。

这是怎么回事呢？还得提到那条福特英国的二手发动机生产线。本来为了保证整个设备安装调试成功，中英双方达成了"交钥匙工程"的协议，由外国人把生产线拆下来，运过来后再装上，调试好再移交给中方。1996年，这条发动机生产线终于运抵芜湖港口。奇瑞人为英方的及时履约感到非常高兴，加紧了各项基础性工作的准备。1997年3月18日这一天，奇瑞打下了第一根厂房立柱，拉开了建设的大幕。同一天，奇瑞的前身——安徽省汽车零部件有限公司正式成立。就在大家欢天喜地庆祝，憧憬着美好未来之际，奇瑞人却渐渐发现这些外国专家并没有想象中那么能干，他们慢慢悠悠，上午一杯咖啡，下午一杯咖啡，中午晒晒太阳，晚上跳舞唱歌，眼看着一年已经过去，而发动机生产线的安装工作却进展缓慢。照这样耗下去，整个项目都非常令人担忧。于是，市领导拉着尹同跃开了三个晚上的会，反反复复商量一个主题："离开外国人行不行？"没人敢做决定，因为责任实在太大，只能耐着性子再等。到了1998年11月26日的夜晚，实在憋不住的尹同跃作出一个值得所有与会者自豪的表态："让外国人走，我们自己干！"

随后，在洋专家们惊愕的眼神下，尹同跃团队全面接手了发动机安装线，这批核心团队的工程技术人员开始了夜以继日的大奋战。当时他们每周工作7天，每天工作15个小时。在那个冬天四面漏风、夏天热得汗流浃背的"小草房"，技术人员没日没夜地计算……在这批核心团队成员的不懈努力下，奇迹终于出现了。1999年初，生产线安装完毕，比合同规定时间提前了半年，并一次调试成功。同样是这批团队成员，在生产线调试成功之后，又马不停蹄地投入发动机的研制和开发工作中，除了睡觉、吃饭，其他时间全部用来工作。皇天不负有心人。1999年4月27日下午2点，生产发动机的所有配件全部到齐。当夜，第一台发动机顺利下线，又是一次性点火成功。所有在场的人激动得抱头痛哭，为了这一刻，他们整整奋斗了3个年头！1999年5月18日，奇瑞举行了盛大隆重的庆功仪式，并正式宣布发动机研制成功。这是奇瑞初期发展史上最为耀眼的事件！有了自己生产的发动机，就有了整车项目的核心部件，就可以为日后的腾飞打下坚实的基础。

1999年12月18日，奇瑞生产的第一款轿车缓缓驶下生产线。为了给这台车取个响亮的名字，创业者们可谓煞费苦心，从“成功”到“江山”再到“九华”，最终敲定以“奇瑞”二字作为自主品牌名，取“传奇、祥瑞”之意。

整车的试制成功标志着奇瑞前期的基础性工作已经全部准备完毕，并且具备了独立研制和生产发动机与整车的能力。在度过这个艰难的起步准备阶段后，奇瑞很快就走上了快速发展之路。

三、快速发展（2000—2003年）

由于当时国家严格的产业政策限制，轿车没有“目录”将无法在市场上公开销售。因此，整车试制成功之后，破解这个一开始便悬在创业者头顶上的难题便成了迫在眉睫之事。

刚开始，奇瑞只能把目光瞄向出租车市场，鼓励当地出租车更新换代首选奇瑞汽车。一年不到，本地出租车市场果然消化掉了当年生产的奇瑞汽车。但这个权宜之计存在两个问题：一是在没有太多造车经验的情况下，如果新车存在缺陷，就会影响奇瑞汽车在本地的市场形象；二是本地出租车市场是有限的，根本无法实现奇瑞人造民族汽车的梦想。如果使用已经拥有的“6字头”目录，虽然可以在全省境内实现销售，但对于一个农业大省而言，这个市场也很难满足奇瑞的发展需求，况且国家有关部门已经注意到奇瑞“无证”生产轿车的情况，“封杀令”随时可能下达。当时只有两条路可走：一是努力获得汽车行业主管部门的认可，但难度太大，过程漫长；二是与国内汽车豪门“联姻”，加入三大汽车集团之一，从而变相获得“准生证”。两难之下，奇瑞最后还是选择了“联姻”之路。

关键时刻，奇瑞与上汽最终达成协议。2000年12月，奇瑞同意将3.5亿元的资产（约为注册资本的20%）无偿划到上汽集团的账上，同意上汽对奇瑞提出的“四不”原则——不投资、不参与管理、不承担风险和不分红，同时答应上汽对其提出的其他要求，如上汽的销售网络奇瑞不能使用，上汽的管理经验奇瑞不能学习等。虽然条件很苛刻，但奇瑞终于由此而跻身于汽车行业，登上了国家机械局被撤销前最后一次公布的车辆生产管理目录，获得了久盼的“7字头”目录。事实证明，这是个明智的选择。

2001年2月，奇瑞轿车更名为“风云”，并以更齐全的配置，比“老三样”轿车低1/3的价格在全国上市，当年便大获成功，取得单车销售2.8万辆的优异成绩，被誉为业界的一匹黑马。靠这2.8万辆风云汽车，奇瑞赚到了真正意义上的第一桶金——13亿元人民币。正是这笔资金，为奇瑞后续新车型研发和扩大产能投资奠定了良好的基础。

从2001年到2003年，奇瑞的扩张之路初见成效，其中有两个大举动不仅在国内汽车界引起地震，同时引发了全中国的激烈讨论。

第一个举动：从2002年开始，奇瑞联合世界著名发动机公司——奥地利的AVL（李斯特）进行从0.8升到4.0升的18款发动机的研发工作。2003年末，这批发动机的研制工作基本完成，全部达到欧洲IV号排放标准，技术上达到世界先进水平，而且拥有完全的自主知识产权。

第二个举动：奇瑞一口气向市场投放了3款新车，分别是QQ、旗云和东方之子。奇瑞能够在短短的3年时间内连续推出3款新车，在全中国引起了极大的轰动。因为当时汽车界依然认为中国汽车企业必须靠合资才能存活，中国汽车企业没有能力造车，要造车那必须得是20年以后的事。但奇瑞人以自己的行动告诉世人，我们不但不需要合资，而且完全可以自主造车，造国人喜欢的车。

总之，奇瑞依靠多款车型大获成功，2003年奇瑞一共销售了9万辆汽车，在中国的轿车市场排名第四；实现出口1200多辆，占2003年中国轿车出口的50%左右。同年，奇瑞应邀走出国门，在海外建设了一家年产5万辆轿车的整车厂，成为我国第一个到国外投建合资轿车厂的企业。

情况似乎比想象的还要顺利，快速扩张战略也似乎取得了胜利。殊不知，在迅速增长的销量和日益强盛的绚丽光彩下，奇瑞不久便遭遇了发展史上的第一个寒冬。

奇瑞被誉为中国企业自主创新的一面旗帜

四、荆棘载途（2004年）

2004年初，雄心勃勃的奇瑞人定下了年销售18万辆整车的目标，但是至年底也仅完成一半，而且还遭到全国媒体和公众的一致口诛笔伐。至此，奇瑞遭遇了发展史上的第一个寒冬。

到底是什么原因？除却当年中国汽车市场大环境急转直下而令一众汽车生产商陷入价格混战之外（奇瑞保持价格坚挺），公共关系的“大考”也令奇瑞疲于应对。

其一是售后服务遭遇瓶颈。企业是一个系统，正如木桶理论所阐述的，决定木桶容量的不在于最长的那块板，而在于最短的板。奇瑞快速扩张，产销量虽然节节攀升，但是售后服务没有跟上。就在服务体系逐步完善的过程中，“奇瑞奇瑞，修车排队”的负面评价在网络上传播开来，负面影响在全国迅速蔓延，奇瑞的品牌形象受到重创。

其二是知识产权之争。因奇瑞在2003年推出的QQ和东方之子与某公司旗下两款车型在外观上存在一定的相似性，该公司借此高调展开调查，由此在2004年引起了舆论关注。虽然奇瑞生产的QQ和东方之子两款车已经在中国获得了多项专利，而且对方无法证明奇瑞非法获得了他们的有关资料，但是舆论风暴对于毫无防备者来说，伤害总是巨大的。

其三是媒体不失时机地向奇瑞发难。这一年发生了两起重大公共关系事件：

一是“两会”用车被退。2004年初奇瑞盼来了一个好消息，国家同意使用东方之子轿车作为“两会”服务用车。这是奇瑞向世界展示风采、提升品牌形象的一次绝佳机会，因此奇瑞十分重视。2月18日下午，奇瑞特地在北京召开了新闻发布会，并高调向外界宣传。可惜，仅十几天后，600辆东方之子被悉数撤下，取而代之的是一汽红旗轿车。两极反转之下紧接着就是扑面而来的负面舆论，对东方之子品牌形象打击巨大！

二是QQ汽车方向盘脱落事件。媒体对于QQ汽车方向盘脱落事件的报道显然投入了极大热情，负面舆论如潮水般扑向奇瑞。不明真相的群众几乎一边倒地认定奇瑞汽车质量问题已经严重到威胁消费者生命的境地。而事实是什么呢？经过调查鉴定，是车主为安装防盗设备，私自拆开方向器，不负责任的修车工安装时居然没有拧紧，造成方向盘脱落。

从2004年的经历来看，奇瑞公司在应对突如其来的公共危机时还显得有些措手不及，但这是一个新兴公司在成长过程中难免经历的磨炼。然而，在经历了2004年的阵痛之后，奇瑞是否能够总结经验尽快走向新的崛起呢？

五、新的崛起（2005—2007年）

在经历了2004年的阵痛之后，奇瑞确立了一套相互衔接、逐级递进的配套战略："激昂05""奔腾06""飞跃07"三部曲。其中，2005年是基础，2006年是巩固，2007年是提高，主要以价格、服务、产品这三个方面为突破口，整体提升奇瑞的品牌形象，提高奇瑞的社会影响力，从而达到持续发展的目的。

2005—2007年，奇瑞采取的具体措施有哪些呢？

第一，价格策略。2005年新年伊始，奇瑞宣布全系产品价格调整，最高降价额度高达3.27万元，降价幅度高达34.06%。2006年12月，奇瑞对旗下车型又实施了全线降价。这两次大幅度的价格调整，使一向高高在上的合资企业汽车价格也被迫下探。奇瑞产品性价比进一步提高，全国消费者获得了更多的实惠。

第二，服务策略。2005年初，奇瑞斥资1.14亿元人民币巩固完善销售网络和服务体系，加大对经销商技术支持和服务培训。同时，向各维修站提供1000辆汽车以供消费者在汽车维修期间使用。2006年3月15日，奇瑞发布了令人耳目一新的"315服务战略"，并发布民族轿车工业第一个服务品牌——"快乐体验"。

第三，产品策略。2005—2007年，奇瑞连续推出包括瑞虎、A5、V5、QQ6、A1等在内的新车型以丰富产品组合，更好地满足了消费者的不同需求。

第四，对外合作。2006—2007年，奇瑞先后与乌克兰汽车总公司、克莱斯勒、阿文美驰、霍德罗、索立泰科、菲亚特等国际知名汽车公司（集团）签署合作、合资协议。

奇瑞在价格、服务和产品方面打出一套组合拳之后，在对外合作上又绘出了一组新的蓝图。连续三年不断出招，效果如何呢？

第一，销量。2005年，奇瑞的销售市场可谓新桃换旧符，当年销量18.5万辆，与2004年相比净增10万辆，增幅118%，是行业平均增速的5倍之多；2006年，奇瑞高歌猛进，销量达30.5万辆，一举杀入乘用车行业销量四强，成为第一家乘用车年销量达到30万辆的自主品牌，同时也是继大众和通用之后，中国汽车史上第三个达此量级的品牌；2007年，奇瑞再创佳绩，实现销量38.1万辆，增幅24.8%。让人惊喜的是，在同年3月发布的销量排行榜上，奇瑞汽车以44568辆的业绩问鼎月度销量冠军，终结了中国汽车月度销量排行榜首22年没有中国品牌的历史。

第二，出口。继整车出口连续占据国内第一名的基础上，完全自主知识产权的发动机也开始出口。2006年3月2日，奇瑞首批2100台发动机出口美国，实现了中国汽车企业向发达国家大批量出口发动机“零”的突破；2006年10月，奇瑞公司与意大利菲亚特集团签订年供应10万台发动机的合作协议；2006年8月，奇瑞公司被商务部、国家发改委联合认定为首批“国家汽车整车出口基地企业”。至2007年末，奇瑞汽车出口56个国家，并在国外建立了7个工厂。

第三，企业及品牌形象。经过几年的持续改进和不断完善，奇瑞公司的品牌形象和企业形象得到迅速提升。2006年10月，“奇瑞”被认定为中国驰名商标，并入选“中国最有价值商标500强”第62位；同年11月，奇瑞公司被美国《财富》杂志评为“最受赞赏的中国公司”第11位，成为我国唯一一家进入此排行榜前25位的汽车制造企业；2007年6月，奇瑞公司入选年度“最具全球竞争力中国公司”20强；同年12月，奇瑞公司入选“发展中国家100大竞争力企业”。

2005—2007年，奇瑞高速发展，尤其表现在新产品的层出不穷以及销量的节节攀升上，这与奇瑞的既定战略是分不开的。从国际汽车行业发展历程来看，在完全开放的汽车市场上，保有量低于100万辆规模的企业难有发展的余地。所以，高速扩张以达到适宜的规模是奇瑞所面临的第一道门槛，只有跨过了这道门槛，奇瑞才能登上发展的第二个台阶。如果用“快”和“好”来衡量的话，第一个台阶立足于又快又好，在快速形成规模的同时力求品质、品牌的提升。而第二个台阶则立足于又好又快，这是以品质和品牌提升带动发展速度、改善产品结构和提高产品质量为特征的发展阶段。2007年，奇瑞第100万辆轿车在8月22日这天缓缓驶下生产线。因此，奇瑞决定从2008年开始实施战略转型，目光瞄准技术、品质和品牌，希望通过技术的不断升级来进一步提升中国制造的内涵和意义。

六、转型试水（2008—2010年）

2008年初，奇瑞宣布进行战略调整。但是如何调整？如何体现技术、品质和品牌？奇瑞并没有明确的认知。正如尹同跃回忆：“当时我们对品牌的理解非常模糊，我们当时也喊了转型，但不知道怎么转型。”于是，奇瑞将重点放在对高端车型和高端品牌的打造上。毕竟，日本丰田的LEXUS、本田的ACURA等提供了现成的范本。

2008年，奇瑞将准备多年的中高端车型A3推向市场。这是奇瑞汽车凝聚十年心血、历经四年研发而成的一款全球车型，也是多年来奇瑞技术实力的一次集中体现。首先，车辆外形由奇瑞和国际著名汽车设计公司宾尼法利亚联合设计。其次，从配置和重要技术参数来看，该车有相当多的亮点，包括车身大量使用高强度钢板、采用激光拼焊技术、全系标配ESP、4连杆独立悬挂，并在C-NCAP（中国新车评价规程）试验中获五星满分成绩。在上市之前，奇瑞推出“A3品质之旅”活动，即不关闭发动机，连续行驶10万千米公开测试。测试完成后，奇瑞又将A3测试车送往清华大学汽车工程系由专家拆解鉴定，鉴定结果显示各项技术指标均达到优等。

2009年3月，奇瑞隆重发布“Rely威麟”和“Riich瑞麒”两大全新的中高端品牌。奇瑞对此寄予了很高期望，董事长尹同跃在发布会上说道：“我们相信，中高端车的豪华品牌不仅仅是德国人和日本人的专利。外国人能够做到的，中国人一定能够做到！奇瑞人一定能够做到！”为打造高端品牌，奇瑞先后参加了两项国际赛事。

一是瑞麒G5挑战“牛背”。“牛背”是对纽博格林北环赛道的别称。这条赛道，全长20.83千米，有177个态势迥异的弯道，高低近300米的落差，被誉为“赛道之王”。汽车的发动机、底盘、悬挂等技术在这里能够得到最好的测试，所以这里已经成为世界名车调校和测试比拼的圣地。奇瑞力作瑞麒G5敢于挑战这条赛道，的确需要巨大的勇气。在这条赛道上，价值百万元人民币以上的豪华跑车才能跑进9分钟之内，而性能优越的福特福克斯RS、梅赛德斯AMG SLK、大众高尔夫V6跑完一圈也要接近9分10秒。瑞麒G5于2009年10月23日跑完全程，用时8分56秒，向世界展示了中国制造的魅力所在。

二是威麟X5征战达喀尔。达喀尔拉力赛被称为世界上最为残酷的赛事，自1979年创立以来至奇瑞参赛，已经发生了52起重大事故，死亡54人。因此，这次挑战对赛车的可靠性与越野性提出了极高的要求。比赛从2010年1月1日开始，历时17天。发车时有134辆赛车，最后坚持到终点仅剩下57辆，完赛率仅为42%。在这样严酷的考验下，奇瑞两辆赛车不仅跑完了全程，而且都取得了不俗的成绩，分别夺得第28和29名。奇瑞在达喀尔拉力赛的历史上第一次创造了中国民族品牌汽车的奇迹。

2008—2010年，奇瑞整体销量虽然依旧集中在自主品牌系列，但从结构上来看，撑住“半壁江山”的依然是利润微薄的微型车，而被寄予厚望的奇瑞A3市场反响平平，着力打造的中高端品牌以及瑞麒和威麟系列更是跌落至月销百辆的惨淡境地，成了盛誉之下的孤独者。汽车市场的竞争是残酷的！踌躇满志的奇瑞不得不又一次选择了背水再战！

七、背水再战（2010—2017年）

2010年，北京车展归来，尹同跃和他的团队即刻关门讨论奇瑞到底往哪儿走？三天后讨论的结果为：二次转型！

说干就干！围绕战略转型，奇瑞内部经过多轮次的战略研讨，最终确定了“建设全面体系能力，提升产品品质，打造卓越品牌”的战略转型发展之路，呈现“三步走”特征。2010—2015年，战略转型1.0阶段，核心目标是体系能力的建设。奇瑞根据自身的发展情况，结合国际汽车行业发展的基本规律，展望未来汽车行业的发展趋势，重新构建企业运营体系。其重点任务有两个：一是V字形的正向开发，二是协作下的组织架构。简言之，就是“做对产品，做好产品”。2016—2020年，战略转型2.0阶段，核心目标是技术、品质、国际化。在重新构建的运营体系基础之上，奇瑞全面推行全球一体化的CPS（奇瑞生产方式）和TPM（全面生产管理）模式，深化体系能力建设，为产品质量和企业效益的显著提升打下坚实基础，争取在产品品质上实现“自主领先，比肩合资”。2020年之后，战略转型3.0阶段，奇瑞通过持之以恒的努力，继续深化体系建设，坚决贯彻品质与品牌提升的发展之路，产品主要技术性能达到国际一流水平，争取成为具有国际竞争力的世界级汽车企业。

二次转型意味着已经习惯了的很多东西需要推倒重来，其难度堪比再造一家新企业。但是面对自己显见的短板和日益严峻的竞争形势，奇瑞只能迎难而上背水再战。为实施好“三步走”战略，奇瑞开始大刀阔斧改革。

首先是砍掉了在研的100多个研发项目，集中精力实施V型正向研发，彻底与逆向工程“决裂”，将原有的事业部制改为矩阵式研发组织架构。这一改革打破了原先5家汽研院各立“山头”的局面，将原有的汽研院分解为外观、车身、底盘、动力总成、电控系统等不同的研发部门，实现了专业化、模块化的开发和产品品质的统一，同时避免了过去各事业部由于“信息不共享、资源不共享”而造成的资源浪费和重复劳动。

其次是回归一个品牌。依照奇瑞的实力，贸然推出中高端品牌、资源被分散，必然精力不足，加之经验缺乏、操之过急，挫折在所难免。2013年4月，奇瑞宣布回归一个品牌，集中优势资源做好“奇瑞”，奇瑞独立成为商用车品牌，瑞麒、威麟和旗云三个品牌暂时雪藏。

最后是加强国际合作。跨国公司都是在国际合作中成长起来的，连通用和福特这样的百年老店也不例外。比如通用和丰田当时建立合资企业“努米”，其目的就是相互吸取一些好的东西。福特当年参股马自达，也是要学习马自达的技术。一心想打造国际化品牌的奇瑞自然要努力寻求国际合作。

二次转型是一场极度考验决心、耐性、抗压力的过程。转型之初，奇瑞在研车型项目142个，砍谁？留谁？“孩子快生了却流产”，如果不下定决心砍掉绝大部分的项目，不再造体系流程，奇瑞就没有办法保证“生下的都是健康的孩子”。于是，之后的3年，尽管“窗外鸟语花香”，但奇瑞依旧“一心只读圣贤书”——严格按照改革后的研发体系和流程，沉浸式开展正向研发，3年时间没有向市场投放一款新品。而新品的缺乏却又导致销售量连年下滑，曾经的自主品牌“老大”地位很快不保。“员工不满意，经销商不满意，股东不满意，媒体也不理解”，同时外界质疑、讽刺，对手全方位的打压……奇瑞如同被“放在火上烤”。没错，转型其实就是一次炙烤！它“烤”验着奇瑞对于转型的勇气和魄力，“烤”验着奇瑞在转型期的冷静度和毅力。凤凰涅槃，浴火重生。2017年11月17日，第十五届中国（广州）国际汽车展览会上，奇瑞战略转型3.0时代产品EXEED TX正式亮相。这标志着历经8年蛰伏，奇瑞顺利完成了战略转型1.0到2.0阶段的布局，迎来了3.0时代全面收获的春天。奇瑞辉煌的时代即将再次来临。

八、圆梦新时代（2018年至今）

“千淘万漉虽辛苦，吹尽狂沙始到金。”市场从来不会辜负勇毅前行的智者。随着奇瑞转型期构建的协同组织架构和V型开发体系的不断完善，旗下产品全面发力。2018年奇瑞全年销量达75.27万辆，同比增长11%，创下历史新高。其中出口量为126993辆，同比增长18%；新能源汽车销售90537辆，同比增长146%。奇瑞旗下产品品质获得大幅度提升，艾瑞泽5在C-NCAP的碰撞测试中得到五星安全评价，拿下新规程实施以来同级车第一高分56.24分。质量方面，奇瑞3MIS IPTV（3个月内千车故障率）数值仅为25，已经大幅度领先于自主品牌平均值50，也超越了主流合资企业品牌的平均值30。

2018年之后，中国汽车市场再度遭遇寒冬，销售量整体呈逐年下滑趋势。即使这样，奇瑞汽车在市场上依旧保持了良好的发展态势，2021年更是取得集团总销量96万辆的好成绩。2022年1—8月，奇瑞累计销量748550辆，同比增长30%；其中，海外出口累计250633辆，同比增长51.1%。质量方面，J.D. Power发布的2021中国汽车销售服务满意度研究（SSI）报告显示，奇瑞以732分在2021年自主品牌销售满意度排名中再次斩获亚军。奇瑞单车平均价格也从转型前的4万元上升至8万元，企业经济效益有了大幅提升，健康可持续发展有了坚实的基础。

如今的奇瑞，已经建成包括研发、营销、财务等九大体系在内的企业运营体系，形成相互协同机制，企业运营效率得到大幅提升。公司在国际、国内共建有十余个生产基地及KD出口基地，并在欧洲、北美等地布局六个研发中心。经过不断努力，奇瑞已建立起融合协同的大研发格局，形成传统汽车、新能源汽车、智能网联汽车、无人驾驶汽车等从研发、试制到试验较为完整的研发体系，并取得多项核心技术突破。目前，公司已累计申请专利20794件，授权专利13153件。在自身取得发展的同时，奇瑞带动汽车及汽车零部件企业近900家，形成较为完整的产业链，年产值1800亿元左右，同时为芜湖带来就业岗位约15万个。奇瑞还为芜湖衍生孵化出新能源、机器人、现代农机、通用航空等战略性新兴产业，为芜湖产业持续发展做出贡献。

奇瑞智能网联“未来工厂”致力于打造面向未来的
高端智能化工厂和智能网联示范区

未来的奇瑞，将继续围绕“一条线、五层楼”①的技术路线完善产业和技术布局，进一步推进奇瑞汽车向智能化、网联化、电动化、共享化的“新四化”转型变道，努力将提升互联网思维与用户思维作为加速腾飞的“两个翅膀”，一路高歌，踏浪前行。

“天行健，君子以自强不息。”多年来，奇瑞立足芜湖，以实际行动和辉煌业绩向世界展示了快速崛起的“中国品牌”。遥想当年，面对“中国本土汽车企业不与跨国公司合资就没有前途可言”“中国汽车企

① “一条线”是指从产品定义、开发、投产到后市场、循环再制造等，在全价值链都要有巨额的研发投入；“五层楼”的第一层是传统汽车对新技术的突破，第二层是新能源汽车技术突破，第三层是智能网联技术的突破，第四层是自动驾驶技术的突破，第五层是移动出行与共享汽车技术的突破。

业没有能力造车”的舆论环境，奇瑞人敢想敢干，依靠不甘落后的自强精神、坚韧不拔的开拓精神、勇攀高峰的创新精神、海纳百川的开放精神，在中国汽车业界开创出一片属于自己的天空。奇瑞多年的不懈奋斗，不仅为芜湖人争了光，也为中国人添了彩。如今的奇瑞已经成为自主创新的勇敢先行者，成为芜湖一张亮丽的名片。

奇瑞海豚EV引领电动物流车迈入智能互联的新时代

（执笔：胡沐）

从『傻子瓜子』到『三只松鼠』

“傻子瓜子”和“三只松鼠”都是芜湖本土培育成长起来的行业翘楚，都具有改革创新精神，是芜湖两张亮丽的名片。

“傻子瓜子”诞生于改革开放初期，那时主要是为了解决人们物质需求“有没有”的问题；“三只松鼠”诞生于新时代，如今主要是为了满足人们对美好生活的多样性、丰富性需要。

从“傻子瓜子”到“三只松鼠”，从“买不着”到“买得爽”，从“吃不饱”到“吃得好”，小小的坚果见证了中国改革开放以来城乡发展的时代变迁。

一、一代伟人邓小平与芜湖的“傻子瓜子”

一颗小小的瓜子，嗑开了个体私营经济发展的大门，成为改革开放之初芜湖个体私营经济的“领头羊”。

年广九，原籍安徽怀远，卖的瓜子价格便宜味道又好，有时秤称过了，还经常多抓一把瓜子给顾客添上，于是就有人说他“傻”，时间久了，大家都习惯称他为“傻子”。

1982年，随着瓜子销售量越来越大，年广九雇工已多达103人。一时间，社会上反响强烈，“‘傻子’不傻，雇工剥削，是新型资本家、暴发户”，“‘傻子’还在一些城市大搞有奖销售，挖的是社会主义墙脚”，诸如此类的议论一时成为社会的热门话题。打压还是任其发展，一时间众说纷纭。

由“傻子瓜子”引发的热议，引起了邓小平同志的注意。他三谈“傻子瓜子”，肯定了个体私营经济的发展。第一次是邓小平同志看到“傻子瓜子”问题的调查报告后，当时就对个体私营经济的发展给予了肯定，并就一些人对姓“社”姓“资”的争议，表示要“放一放”“看一看”。第二次是1984年10月22日，邓小平同志在中顾委第三次全体会议上，明确提出对“傻子瓜子”问题的处理方针，并将其上升到整个个体经济发展的高度上来。他说：“还有的事情用不着急于解决。前些时候那个雇工问题，相当震动呀，大家担心得不得了。我的意见是放两年再看。那个能影响到我们的大局吗？如果你一动，群众就说政策变了，人心就不安了。”①

1992年初，邓小平同志再次论述了“傻子瓜子”问题。他说：“农村改革初期，安徽出了个‘傻子瓜子’问题。当时许多人不舒服，说

①《邓小平文选》第三卷，人民出版社1993年版，第91页。

他赚了一百万，主张动他。我说不能动，一动人们就会说政策变了，得不偿失。像这一类的问题还有不少，如果处理不当，就很容易动摇我们的方针，影响改革的全局。城乡改革的基本政策，一定要长期保持稳定。”①邓小平同志有关“傻子瓜子”的论述，不仅给“傻子瓜子”创始人年广九巨大鼓舞，也给广大个体私营者吃了一颗“定心丸”。以“傻子瓜子”为代表的芜湖个体私营经济进入一个快速发展时期，不仅总量快速增长，规模迅速扩大，而且经营质量不断提高，市场空间得到拓展。

“傻子瓜子”是改革开放以来个体私营企业发展的缩影和“晴雨表”，在中国民营经济的发展史上具有重要意义。

“傻子瓜子”博物馆展厅

二、没有小平同志，就没有民营经济的今天

2014年8月22日是一代伟人、改革开放的总设计师邓小平诞辰110周年纪念日，全国上下以不同的方式开展纪念活动。在芜湖，曾被邓小平同志三次点过名的“傻子”年广九更是对小平同志充满无限的感

① 《邓小平文选》第三卷，人民出版社1993年版，第371页。

恩之情。8月21日，记者专程采访了年广九父子，听听他们对于改革的心声。

“农村改革初期，安徽出了个‘傻子瓜子’问题。当时许多人不舒服，说他赚了一百万，主张动他。我说不能动，一动人们就会说政策变了，得不偿失。”这段出自《邓小平文选》的文字，在“傻子瓜子”专卖店里、年广九的名片上乃至卧室里都能看到。

当年77岁的年广九依然身手矫捷、中气十足，偶尔还到店里忙活。谈及改革开放带来的实惠时，他会提高声音，甚至还会有些激动。“没有小平同志，就没有民营经济的今天，也就没有‘傻子瓜子’的今天，我们几辈子人都要感谢邓小平。”

8月21日这天，在位于芜湖市中心的“傻子瓜子”店面里，一对来自广东汕头的母子正在购买瓜子，当看到年广九出现时，赶忙上前请求与他合影留念。年广九和他的“傻子瓜子”依然声名在外。

时光回溯到30多年前，既非瓜子原料产区，也不是销售旺区，但芜湖却因瓜子而一时名声在外。这背后，有年广九的功劳。

从“文革”时期的提篮小贩，到改革开放初期的“中国第一商贩”，尽管大字不识一个，年广九对市场经济却分析得头头是道。在采访的过程中，他最引以为傲的是他能看到别人看不到的商机。“蚂蚁虽小，能登泰山。个体经济虽然规模小，但市场信息来得快，能及时掌握到消费者的需求，迅速反馈给生产方，从而占领市场。”

年广九在20世纪八九十年代红极一时，被认为是中国改革开放的符号之一，他的命运折射出民营经济在中国的发展变化。“邓小平和我非亲非故，他多次讲到我，是为我一个人撑腰吗？这不仅是一个小小个体户的事情，而是关系到改革进展，他是为中国改革开放进程中千千万万的个体户撑腰。”年广九说。尽管当时发展民营经济的政策受到了一定的阻力，但在邓小平等党和国家领导人的正确领导下，国家逐步走向正轨。

“小平同志最讲究实事求是，他提出搞市场经济，我觉得这个政策非常英明。”年广九说。只有充分竞争，才能形成市场，也才能形成你追我赶的发展局面。在经营“傻子瓜子”方面，他的很多“招数”不仅让竞争对手看不懂，连自己的家人也曾不理解。

年广九一生都在商海里搏斗，他最不害怕的是市场竞争。他曾经借钱给同行用于扩大生产，而这也让家人认为他不是一般的“傻”。但年广九有自己的想法，眼光不能只盯在芜湖这一个城市，如果能形成芜湖炒货的集群优势，何愁没有市场？正是“傻子瓜子”的“鲇鱼效应”，芜湖一度拥有国营、集体、个体瓜子企业57家，产品打入江浙沪等地，高峰期芜湖产的瓜子曾占全国销售量的三分之二以上，这也带动了芜湖炒货业、种植业、运输业、包装业等的发展。

年广九讲述了曾与长子年金宝达成的一个协议：一是把“傻子瓜子”的销售价格从每斤2.4元降到1.76元，二是把收购原料的价格从每斤五六毛钱提高到1.5元，三是给工人们喝最好的酒。这意味着“傻子瓜子”每斤只能有2到3毛钱的利润，这个协议让家人感觉他是“脑子坏掉了”，“基本是赔本赚吆喝”。这种薄利多销、控制上游原材料的策略，却是最实际的市场经济学。买瓜子的人蜂拥而来，店门口两排队伍经常排到一两百米以外。凭着这种敏锐的商业嗅觉，年广九领着更多企业参与到市场竞争中来，也让企业领会到“顾客是上帝”的内涵。

“我们按照小平同志讲的‘先富起来要带动后富，最终形成共同富裕’，‘傻子瓜子’带动了很多人走向富裕。”年广九说。靠着“傻子瓜子”这个品牌吃饭的人很多，他带出来一批徒弟，有不少成为炒货行业生产和经营的能手，安徽的炒货行业也因“傻子瓜子”而风生水起，至今仍占据国内重要市场，鼎盛时期“傻子瓜子”在全国拥有2000多个专营店和销售专柜。

“傻子瓜子”在芜湖得以产生、发展，得益于市委、市政府鼓励个体私营经济发展的良好政策。芜湖市于1980年颁布《关于恢复和发展个体工商业若干问题的规定（试行）》，对发展个体工商业进行大胆探索，并给予扶持。1993年1月，为了加快芜湖个体私营经济发展的步伐，提高全市经济发展的整体水平，芜湖市委、市政府颁布了《关于加快发展个体、私营经济若干问题的决定》，并制定了一系列配套政策。随后，民营经济不断发展壮大。目前，芜湖市民营经济占GDP的比重居全省各市第一，民营经济总量居全省各市第二位。

芜湖“傻子瓜子”专卖总部

三、从“吃得饱”向“吃得好”迈进

“三只松鼠”抓住互联网时代电商销售风口，成功实现“三级跳”。

从品牌创立到实现日销售额破亿，需要多长时间？国内坚果行业翘楚——安徽三只松鼠股份有限公司给出答案：29个月。900个日日夜夜，这个后起之秀当年在电商林立的互联网攻城略地、迅猛崛起，一次又一次地跳出资金、渠道、管理的重重路障，发展的背后，写下的是一串串骄人的数字，留下的是互联网时代中国电商的成长样板和成功之道。

第一跳：大胆设想 跳出资金困境

和众多创业者遭遇的境况相同，资金问题曾是“三只松鼠”创始人兼CEO的章燎原迫切需要解决的难题。早在“三只松鼠”品牌创立之前，章燎原就与中国最大的风险投资机构IDG资本有过“邂逅”。当然，这份“邂逅”是由章燎原创造出来的。他很早就注册了博客和微博，通过网络发表了大量关于电子商务的文章，逐渐吸引了IDG资本合伙人的关注。几经磋商，2011年的那个冬天，章燎原在北京用10页PPT终于换来了150万美元的融资。2012年4月，双方正式签订协议。

创业初期的道路总是遍布荆棘，“三只松鼠”亦是如此。2012年6月19日，第一位顾客在广东诞生，“三只松鼠”正式上线。创业开始的100万元自有资金，上线之后已消耗殆尽。之前争取到的IDG资本150万美元投资属于外资，需经过层层严格审批，还没有到账，当时公司账户余额仅剩8000元。

投资会不会中途取消？公司能不能坚持到资金的注入？那段坚守之难让章燎原至今记忆犹新，而这份漫长的等待最终在当年7月以“三只松鼠”成功融资结束。有了第一次的合作基础之后，“三只松鼠”很快又获得了今日资本、IDG资本的两轮投资共计2500多万美元。

第二跳：有舍有得 跳出渠道危机

每年1月是坚果销售的传统旺季，2014年1月8日偶遇腊八节，“三只松鼠”当天销售额高达2000多万元，之后继续以每天1000多万元的速度持续增长。而国内大部分快递1月24日之后因春节停止收发件，即使“三只松鼠”每天发货量达1000多万元，22日之后仍有3000多万元的货物被积压。

更大的危机是，19日起，从芜湖到北京、广州的物流干线停运，本来有效分流发货压力的北京仓、广州仓20日已无货可发，所有订单发货一下集中到芜湖总部。与此同时，积压的十万货单带来了顾客的各种投诉，公司苦心经营获得的声誉眼看就要毁于一旦。

在章燎原当时略显局促的办公室，一幅写有“舍得”二字的书法尤为抢眼。这一次，章燎原就在“舍”与“得”之间做出了抉择。面对顾客的质疑与怒火，他决定，21日零点之前产生的订单，如果年前不能到货，“三只松鼠”将提供订单金额30%的赔偿。也正是这一决定，让大部分网购者体谅了“三只松鼠”的无奈，感受到了他们真诚的歉意。

事后统计，“三只松鼠”1月销售总额达1.6亿元。而章燎原的决定让“三只松鼠”付出了81万元。这81万元让“三只松鼠”平稳度过了危机，更重要的是换回了顾客的信任，提升了企业的核心竞争力。

“电子商务的危险在于众多的不可预见性。品牌塑造、食品安全、发货渠道等其中任何一个环节出错都有可能给公司的发展带来危机。”这次危机也促使“三只松鼠”“311工程”的诞生，即三天生产一个亿的货，一天能发一个亿的货单。“三只松鼠”2014年全年销售目标超10亿元。为实现这一目标，“三只松鼠”依托全程信息化系统，建立起了“全国供应链基地+物流中心”模式，做到了产品到用户不超过20天的产品周期。

第三跳：宽严相济 跳出管理怪圈

章燎原坚信，互联网打破了时间和地域的限制。为此，他提倡互联网思维，高度关注消费者的用户体验。“我们建立了一整套可追溯系统，每袋产品都有二维码，顾客一扫便知道该产品从原材料场地、加工、包装到最后收货30个点的所有信息。顾客的满意度能直接决定我们员工的薪酬待遇。”此外，“三只松鼠”还投资300万元建立了国家级食品检测中心，确保每项产品都能实现全检测。

企业不断做大过程中，往往会带来效率低下、反应迟缓等一系列管理问题，有着国企工作经历的章燎原对此了然于胸，他将每个部门分成若干小组，最佳人数为7人，重点加强对这些小组长的管理，有效避免了大团队的僵化，提高了灵活性。“我们要打造100个小Boss。”在章燎原看来，每一个小组长就是“三只松鼠”的小Boss，充分激发他们的主观能动性，能获得事半功倍的效果。

从创业的第一天开始，章燎原就立志与年轻人为伍，“三只松鼠”当时的运营团队平均年龄23.5岁，大多为“80后”“90后”。“这些年轻人，特别是‘90后’，对他们的管理应该‘无为而治’，创造环境给他们以存在感，为他们搭建实现自我价值的平台。”

在“三只松鼠”内部，还有着独属于自己的松鼠梦。每一个员工的个人梦想便是松鼠梦的支点。“松鼠梦必须接地气，要能被员工所认同。相信我们的梦想，请留下；不相信，可以离开。”每一次危机到来，每一只“松鼠”都会义无反顾地冲到前面，而每一次危机之后，公司都有一轮“论功行赏”。在章燎原看来，这是企业对员工的一种尊重。

四、追求品质，促进企业绿色发展

2012年6月19日成立的“三只松鼠”，主要从事自有品牌坚果及休闲食品的研发、检测、分装及销售，发展至今，已连续五年中国坚果销量第一，更是被中央广播电视总台授予“CCTV匠心坚果领先品牌”称号。除主业坚果外，其他休闲产品更是覆盖肉脯、果干、膨化、烘焙等全零食品类，为消费者创造了一站式休闲食品购买体验。

10年间，回望“三只松鼠”的发展历程，其品牌成功崛起的最初秘诀在于及时抓住了互联网电商发展风口，将业务聚焦在线上。在老百姓对坚果的认知还不算熟悉时，将各种坚果通过打造品牌的方式在互联网上销售，同时缩短产品与消费者之间的距离，让成本更低、产品更新鲜的同时，开创了坚果品类叠加“超预期的用户体验”，借助微博等媒体的崛起，“三只松鼠”品牌一炮而红。

这之后，具有强烈危机意识的品牌掌门人章燎原敏锐地察觉到互联网红利将渐消，2016年开始，“三只松鼠”开始瞄准广阔的线下市场，寻求市场增量。9月30日，“三只松鼠”在公司总部所在城市芜湖开设了全国首家线下投食店，自此，一路从线下门店走向线下分销。目前，分销体系已全面升级，预计未来将实现跨越式增长。

苏州砸店

2017年2月12日下午，章燎原带领投食店项目人员抡起大锤砸掉了苏州投食店，此次砸店共造成约200万元的直接损失。砸店的原因很简单：装修存在质量问题。

苏州店开业于当年的1月18日，开业当天便创下销售额之最，同时在人流量与转化率上也创造了纪录。但这些骄人的成绩并没有降低“三只松鼠”对产品质量苛求的标准。“今天的瑕疵将直接影响着‘三只松鼠’未来5年的发展，今天不砸，长期下去就是个慢性病，它将不断稀释这几年的沉淀。”“三只松鼠”的负责人很清楚产品质量就是企业的生命。而对于众多人认为这是一场作秀、一场营销的评论，章燎原的回应是，为了让员工感受到压力，让消费者、媒体去监督，逼着“三只松鼠”去成长、进步。

唯有不断创新与变革，方可不辜负干事创业的好时代。坚持不懈的创新变革，造就了“三只松鼠”的不断成长壮大。代表着“互联网+”风潮中创新创业的标杆，发起于芜湖创新创业优质环境的这家本土企业，不断擦亮新时代新经济的改革名片。基于一直以来的优异市场表现和业界的肯定，“三只松鼠”的上市之机来得似乎水到渠成。

深圳上市

2019年7月12日，“三只松鼠”正式进军资本市场，在深交所创业板挂牌上市，股票代码300783，由此成为芜湖第20家、安徽第103家上市公司。上市之后的“三只松鼠”全面创新供应链，加快从电商品牌向数字化供应链平台企业转型。通过掌握的大数据，数字化改造并赋能传统供应链，进一步提升食品行业的生产效率，通过智能制造，“三只松鼠”成长为基于信息技术和大数据下的供应链平台企业。

中国零食市场从来不缺供给和生产，缺乏的恰恰是对整个供应链的整合能力。从制造向智造转变，打造“透明工厂”“联盟工厂”“健康食品城”，是“三只松鼠”实现先进制造业和现代服务业“两业融合”的重要举措。正如众多新兴企业在发展过程中所遭遇的那样，在迅猛崛起的同时，“三只松鼠”也一度遭遇产品质量的信任危机。为解决食品安全问题，企业及时调整战略布局，投资建立联盟工厂，自建健康食品城，开始将产品监督的触角向自主制造延伸。

无为基地

2020年8月29日，“三只松鼠”（无为）联盟工厂项目正式开工。作为“三只松鼠”的第一个联盟园区，其集智能制造、质量检测、物流仓配于一体，在加强行业创新、打造以数字化为链接的真正产业联合体的同时，致力于打造全国最大的数字化食品产业新制造园区，全面缩短产品从原料到达消费者手中的全链条周转周期，以达成“极鲜短保”。

目前，“三只松鼠”已经在无为建设健康食品城，项目由无为市政府和“三只松鼠”合作共建，总投资35亿元，占地890亩。该项目是集研发、加工、检测、物流配送及电子商务一体化的产业综合体，是目前全球最大的坚果加工制造集群。

同时，2022年4月投资建设的每日坚果工厂已经正式投产，一期面积6000平方米，自有30万级洁净车间，涵盖原辅料、分装车间、成品库全链路区域，36套全自动化生产线设备，打造行业内高标准每日坚果生产工厂，产品下线直发消费者，是集生产与发货于一体的综合性工厂。全线自动化生产线，极大提升了行业自动化水平，同时减少了人与产品的接触，降低了质量风险，并具备质量标准、生产标准、GMP硬件标准的三标合一质量体系。

松鼠小镇

与此同时，“三只松鼠”IP的延伸跨界也迎来重要时刻。2020年11月21日，一座深度融合“三只松鼠”IP、结合森林主题元素的2.5次元小镇——松鼠小镇正式开园。整个小镇共设有三大核心功能区——松鼠星球馆、森林奇幻地和松鼠欢乐街。其中，133米高的松鼠摩天轮一经建成便成为芜湖城南的地标性建筑。

鸟瞰松鼠小镇

松鼠小镇的运营模式同时颠覆了传统商业，通过造场景、造体验，集产业、文化、旅游、商业于一体，以“不要门票，不用去很远，全家每月聚一次的小镇”作为宣传口号，开创芜湖首个开放式家庭旅游休闲综合体，定位于家庭消费的新场景，致力于打造为美好家庭提供互动陪伴的最佳目的地。同时依托“三只松鼠”IP和长江自然景观资源，松鼠小镇以电商产业和动漫产业为定位，形成电商与文旅产业融合互动，以文化旅游、餐饮管理服务、主题游乐园服务及商业运营相结合，打造出多元化的品牌体验运行模式。

松鼠小镇还利用数字化工具实现平台赋能高效触达，构建数字化基础功能和全面会员制模式，其颠覆性在于整合实现会员前置、App一码通支付、跨业态统一收银、一人一码游园等极致体验，令游客消费体验更加方便、快捷。游客还可以通过社区化的松鼠小镇App随时打卡，分享和获取小镇最新消息及反馈意见评价。同时，松鼠小镇也通过累积的海量用户数据吸取优质建议，不断改进游玩痛点、槽点，增强体验。

应该说，松鼠小镇只是“三只松鼠”跨界发展的一个缩影。10年间，“三只松鼠”IP已衍生出系列趣味周边、系列动画片、抖音短视频内容矩阵、松鼠小镇等多元生态。其中，动画片网络播放量累计超30亿次，覆盖超3亿观众；全渠道短视频内容总播放量达75亿次，总点赞量达1.1亿次；松鼠小镇已成为超66万次家庭欢聚的新地标，2021全年累计接待超170万人，被评为安徽省十大网红地。

五、“三只松鼠”的红色文化根系

建在线上的支部让年轻人更爱党，每周一次的午餐会积极回应员工关切，面对面交流沟通及时了解党员心声……近年来，作为国内坚果行业翘楚的“三只松鼠”在努力推进企业转型发展的同时，充分发挥“全国先进基层党组织”品牌优势，厚植红色文化根系，为企业绿色发展积聚了“红色动力”。

培根铸魂：把支部建在“线上”

故事要从一次国内坚果产业调研说起。当时，一个有趣的现象引发了松鼠高管的关注。在山核桃林托管经营上，浙江临安没有像国内其他地方一样选择长势良好的山核桃林寻求短期收益，而是以较低成本托管了大片长势一般的山核桃林，转而经过连续多年的山地复绿、土壤改良，实现核桃产量、品质的逐年提升。

“这种从根部、底层做起的市场逻辑让我们深受启发，也促使我们在转型发展期坚定地向临安学习，坚持由表及里的创新。”“三只松鼠”党委书记潘道伟说。企业发展应当放眼长远，不能只追求一时之利。

有着互联网背景的“三只松鼠”公司党委将支部建在“线上”，针对年轻党员多、思想活跃的特点，探索出融合企业文化、适应互联网企业特点的党建工作体系，实现党建与发展双赢共促。

2020年，公司党委探索松鼠党建体系的升级，第一次明确了党建创新理念——“正道创业，让年轻人更爱党”，彰显了“三只松鼠”讲正气、走正道，坚持“把党员培养成骨干，把骨干发展成为党员”的创建理念，使红色成为这家年轻互联网坚果企业的坚定底色。在党员队伍中，党委树立“共产党员应该优秀，共产党员必须优秀”的意识，吸引员工向往党、靠拢党、加入党，真正让“三只松鼠”的年轻人做到心中有党，向党员看齐。

公司成立的10年间，“三只松鼠”党员由当初的3人发展到如今的307人，高管团队中70%以上为中共党员。

在深入开展主题教育和“三会一课”的同时，公司党委实施“三亮”工程，鼓励党员亮身份、亮承诺、亮业绩，“松鼠党员墙”张贴所有党员的照片和公开承诺。每逢“双十一”“年货节”等特殊时期，都有一支戴有“雷锋小分队”袖章的员工队伍奔走在生产第一线，他们是以党员为主体的“松鼠尖兵团”，在企业订单爆满却遭遇物流之困的关键时刻，加班加点工作，成为维护企业信誉的“排头兵”。

2020年疫情期间，公司党委发起“火山行动”，组建“火山突击队”。这支以192名党员为主体的红色力量，先后吸引1160名松鼠人加入，有效保障了公司复工复产和员工生命安全。当年11月，公司打造以“让希望更有力量”为宗旨的公益助农品牌“帮一把”，将党建和公益相结合。公司党委联合“帮一把”品牌共同成立松鼠公益联盟，开展了23场线下义卖活动，为新疆优质灰枣与纸皮核桃等农产品打开销路……

党建引领：民主集中的两场会

2022年4月，在公司成立10周年之际，“三只松鼠”集团发布《关于全面推进战略转型升级、迈向高质量发展的重要公告》，明确未来10年“聚焦坚果产业，打造多品牌模式，逐步向健康化、数字化、全球化迈进”的战略方向。这标志着企业正式告别以电商为核心的创业时代，全面踏上以坚果供应链为核心和全渠道、多品牌布局的新征程。

这份公告的诞生过程本身也是一个坚持党建引领、体现民主集中和集体智慧的决策过程。“2022年二三月间，我们花了40天的时间，把公司的核心管理层召集在一起，采用民主集中的方式，分批召开战略研讨会。”潘道伟介绍说。40天研讨在“三只松鼠”决策层掀起了一场“头脑风暴”，并逐步形成了“让坚果和健康食品普及大众”的企业使命，“成为全球领先的坚果企业、打造众多健康食品品牌，被公众认可、为国家乡村振兴战略和共同富裕做出突出贡献”的企业愿景以及“以消费者为中心、以价值创造者为本、实事求是、创新引领、开放协作、自我批判”的企业价值观。“过程中的民主集中，也使得我们企业新的使命愿景和价值观形成后，不再需要耗费时间精力去专门解读。”企业负责人表示，这种民主集中方式能有效把个人理想、企业愿景与党的宗旨、国家战略有机融合在一起。

这一方式同样出现在2022年以来的另一工作场景中。作为企业转型发展期的工作方法之一，“三只松鼠”高管面对面午餐会以“找问题、提建议、聊聊天”的形式，建立起企业高层管理人员与员工的沟通交流平台。

2022年5月16日，以“我的变革心声”为主题的首期高管面对面午餐会正式启动，参会人员为9位来自不同业务一线的员工，包括“三只松鼠”董事长章燎原在内的7位高管、2位相关业务管理人员。问题交流围绕“你的工作上有哪些问题?”“公司变革了，你所处的环境变了吗?”“你的上级如何?”等展开，大到供应链模式，小至食堂超市的管理，午餐会以一问一答的形式了解一线员工在工作中遇到的困惑、发现的问题，并针对大家所提出的问题形成闭环管理清单，及时发现问题、解决问题，促进企业健康发展。

群众路线：谈心谈话的新气象

“公司党组织在你脑海里的印象是什么？”“你觉得党委、党组织可以为你做些什么？”“在公司的变革中，作为一名党员，你觉得自己可以为公司做什么？”眼下，每周一场的“党员面对面”交流会正在“三只松鼠”公司党委的精心组织下陆续开展。每场谈心谈话中，每位党员无一例外被问到这三个问题。

“党员面对面”交流会在企业变革背景下，以“让党员在企业变革中发挥关键作用”为主题，党委书记代表党委班子，党组织与全体党员面对面交流，以期通过每场9名党员、共30余场的交流会，逐步覆盖所有党员，增强党员的身份认同感与组织归属感。“党员面对面”交流会自2022年6月21日举办以来，一直按周期延续着。

让人意外的是，“党员面对面”交流会源自一次“信任危机”——公司一个支部不小心丢失了一位员工的“入党申请书”。一开始，大家并未当作一件多大的事，准备让这位员工补写一份。潘道伟意识到，问题其实并不这么简单，丢失一份申请书表面上看是工作的疏忽，党支部丢失的其实是向党组织积极靠拢的优秀员工对党组织的信任，也是党的基层组织对发展党员的一份责任。于是，“党员面对面”交流会应运而生，也就有了每场开场时的三个问题。潘道伟坦言，一开始，交流会效果并不尽如人意。开头几场参会的党员一致的表现都是沉默寡言，对于提问也只是简单应付，一问一答。公司党委不为所动，坚持用行动证明一切。几个来回之后，大家意识到，党委这次是真诚倾听大家的心声和想法，现场气氛逐渐活跃起来，甚至出现了“抢答”“拖堂”。

交流会的开展，也使得“三只松鼠”党委一班人对企业党建工作有了全新认识：“过去，我们党建工作采取的是‘中心化’管理方式，设立一个专职党务工作者，寄希望通过这一个点辐射身边300多名党员，党组织作用没有得到充分发挥。”而如今，公司党委将党建工作当作公司基层组织治理的一项重要内容，实现了党建工作与公司发展和管理的有机融合。通过优秀党员影响身边普通党员、党员影响广大员工，“三只松鼠”的红色文化根系正向企业组织的各个系统全面延伸。

从“傻子瓜子”到“三只松鼠”，表面上是一粒坚果的发展史，其实质是中国改革开放以来人民对美好生活不断追求的发展变迁，折射出我国社会主要矛盾已经从人民日益增长的物质文化需要同落后的社会生产之间的矛盾，转化为人民日益增长的美好生活需要和不平衡不充分的发展之间的矛盾。

从“傻子瓜子”到“三只松鼠”，从一个侧面反映出改革开放以来中国人民在不同时期对自身生存需求、生产发展、生活体验、生命健康的不懈追求。

（执笔：金昌龙　戴卿）

大江之畔吹响金色海螺

大江西来，源接天流长入海。

大江东去，人间岁月总更新。

40多年的改革开放之路，风起云涌，跌宕起伏，波澜壮阔。

大江之畔，总有带着奔涌之势弄潮时代的先锋；滨江之城，从不缺少奋进者的故事。

从昔日海螺山下的宁国水泥厂到今天全球最大的建材企业集团之一，安徽海螺集团有限责任公司一直在成长，在发展，在与改革开放的历史进程同呼吸共命运。40多年奋进不止，海螺在全球拥有500多家子公司，在业内享有“世界水泥看中国、中国水泥看海螺”的美誉。

一、技术创新 40多年鹏程万里

在创新发展之路上相遇

时代的暴风在摧枯拉朽之前，总有一缕微风先行。

1978年12月，党的十一届三中全会提出了“对内搞活、对外开放”的总方针，开创了改革开放和社会主义现代化建设的新纪元。

1978年10月，安徽省政府批准成立安徽省宁国水泥厂——海螺发轫于皖南大地，成为山雨欲来前的满楼风。

宁国水泥厂石灰石矿主要来源于当地的大、小海螺山，宁国水泥厂便以山为名，以“海螺”注册水泥商标，海螺由此正式进入公众视野。从诞生之初，海螺便承载着振兴国家建材工业的使命和责任，利用技术创新开创了发展之路。

彼时，国内水泥行业还普遍采用老式立窑和湿法窑，技术十分落后。宁国水泥厂建设总投资4.62亿元，率先引进日产4000吨新型干法水泥熟料生产线，成为我国最早采用新型干法生产工艺的大型水泥企业之一。

在率先掌握行业最先进的新型干法技术之后，海螺积累了资金、技术、人才、管理等方面的优势，联合国内院所、设备厂家，很快实现了中国新型干法水泥熟料生产线的国产化，打破了国外水泥行业的技术和设备垄断，并不断提升装备水平的大型化、现代化、集约化。海螺日益壮大，偏安一隅已经成为进一步发展的阻力。海螺集团领导班子意识到，要从一个山区水泥工厂向跨地区、跨行业企业集团转变，第一步就是要迈出山门。

海螺将目光聚焦在了江城芜湖。

海螺人不会忘记，当时引进4000吨新型干法水泥熟料生产线，其设施设备采用远洋轮船送至上海港，改用内河轮船溯江而上运到芜湖，再从芜湖用汽车运抵工地。为确保大件设备在芜湖顺利上岸，芜湖专门建设大件设备专用码头海深湖码头，为设备引进和项目建设奠定了基础。大件设备上岸后，从芜湖运抵宁国水泥厂，全程134千米，沿途公路、桥梁大部分不能适应大件运输要求。为此，芜湖新建了清水河大桥和赵家桥，加固了路基，整修了桥梁涵洞，甚至将电力线路增加到8—9.5米高，如此周折才将进口设备安全运抵目的地。

改革开放初期，芜湖正在探寻创新发展的路子。芜湖市委原书记金庭柏在回顾芜湖改革开放时曾说："解决问题的出路在于改革。我们就是要在国家对外开放的大格局中，利用芜湖的区位优势和工业基础，进一步营造投资环境，实行全方位的对外开放。我们的工作重点就是改善投资环境。"芜湖这座古老而又充满进取活力的城市与海螺集团锐意改革、大胆创新的气质天然相投。在海螺急速扩张和对外投资的大背景下，芜湖市委主要领导带着一系列营商政策上门动员海螺将总部落户芜湖。

时任安徽省委常委、副省长汪洋如此评价：兼并白马山水泥厂，是安徽资产存量调整最成功的范例，此次并购也为中国水泥行业国有大中型企业摆脱困境树立了范例。

通过破产转让，进行企业重组，实现资本优化后，一些企业起死回生，重新焕发出了勃勃生机。人们逐步认识到改革的必要性，同时也激发了芜湖人的改革创新意识。创新，成了芜湖人新的追求。

追求创新的海螺和锐意改革、包容开放的芜湖擦出了火花。

1996年8月24日，安徽省政府在芜湖召开的皖江开发开放工作会议上，正式宣布在芜湖市成立安徽海螺集团有限责任公司。海螺正式从山下单一水泥工厂走进江城芜湖，和芜湖一起开启腾飞模式。中国水泥行业的海螺时代拉开帷幕，带着一股锐气奏响国产水泥全面追赶世界的序曲。时任安徽省委书记卢荣景在回忆录里提到"正式落户芜湖后，海螺的发展迅速开始了一个新的飞跃"。海螺集团党委副书记、总经理任勇表示，落户至今，海螺集团的发展凝聚着芜湖市委、市政府以及全市人民的关心与支持，芜湖为海螺集团推进国际化发展、开辟新的产业领域，提供了最优的环境、最大的支持，使得海螺能更好更快地发展。

海螺也在用切实行动回馈芜湖。

目前，海螺集团、海螺水泥、海螺型材、海螺投资等总部均位于芜湖。在芜湖的海螺系成员企业已达80家，职工近万人，年营收640亿元，年上缴地方税费超80亿元。海螺集团总资产超2800亿元，累计实现营业收入超20000亿元，累计实现利润超过3000亿元，累计向国家缴纳税费近1700亿元，连续17年荣登中国企业500强，在全国水泥行业遥遥领先。2022年海螺集团以397亿美元的营业收入连续4年跻身《财富》世界500强。

引领时代的冲锋者

海螺集团成立之初，人们带着怀疑的目光审视："海螺集团从成立到腾飞要多久？"海螺人以冲锋者的速度回答了世人。1996年10月，我国首条自主成套设备的日产2000吨新型干法水泥生产线在宁国水泥厂顺利投产，创下当时国内外同等规模水泥厂建设中投资最省、工期最短、建设质量最好的新纪录。

一年后，海螺集团取得的成绩光彩夺目：1997年10月21日，安徽海螺水泥股份有限公司成功发行3.61亿股H股，募集资金8.23亿港元，成为芜湖首家上市公司，也开创了水泥行业境外上市的先河。2002年，海螺水泥成功发行A股，成为中国建材行业首家A+H股水泥上市公司，实现企业与国际、国内资本市场的成功对接。

从1996年成立到2015年"十二五"全面收官，海螺集团先后建成我国第一条日产5000吨新型干法水泥熟料国产化示范线，第一条日产万吨水泥熟料生产线，第一个产能超千万吨级的熟料生产基地，第一套水泥纯低温余热发电机组，第一套利用水泥窑处理城市生活垃圾系统。其中，水泥纯低温余热发电技术名列中国十大重点节能工程之一。20年间，海螺集团从未停止过技术创新，开辟了我国水泥行业项目建设低投资、装备国产化先河，结束了我国大型水泥装备重复引进、代代引进的历史，推动了中国水泥工业的整体进步。

数字变化是最直观的：熟料产能从1996年集团成立初期的496万吨上升至2.35亿吨，水泥产能从368万吨上升至2.94亿吨，位居世界前列；型材产能从0.5万吨上升至76万吨，连续15年位居世界第一。

创新的内核一直驱动着海螺奔驰向前。

20年里，海螺集团取得发明专利33项，实用新型专利206项，外观专利6项，软件著作权15项，多项新产品、新技术填补了国内行业的空白，为我国水泥工业的技术进步、结构调整做出了历史性贡献。

20年里，海螺集团连续12年进入中国企业500强，名列12家国家重点支持的大型水泥企业集团之首，两次荣获中国工业大奖表彰奖，被世界品牌实验室评为中国品牌前100强。海螺人以自己的勤劳、坚韧、智慧创造了中国乃至世界水泥建材发展史上令人赞叹的“海螺奇迹”。

进入“十三五”之后，海螺进入快车道，跑出加速度。

2019年7月，海螺集团以284.99亿美元的营业收入迈进世界500强，也是安徽本土企业首次跻身世界500强榜单。

金色海螺在江城吹响。从诞生到成为行业“巨鲲”，40多年的奋斗历程，被海螺人镌满了奋进的符号。海螺打破一个又一个不可能，创造了一个又一个奇迹，跑出了“海螺速度”。

海螺集团旗下企业——千万吨级水泥熟料生产基地芜湖海螺

二、绿色蝶变 突破边际扶摇直上

40多年的奋进，海螺站在行业的前列。这一次，绿色发展、低碳环保已经是摆在人类面前的新的考题；这一次，技术革新的航程已经来到万物互联的信息时代。

作为中国水泥乃至世界水泥行业的龙头企业，绿色发展既是企业的责任，也是创新发展新的方向和驱动。海螺必须再一次顺应时代变化，以绿色创新，拓展工业互联网、新能源新材料等新兴领域，强力攻坚碳中和，突破自我，开启海螺新的时代。

目前，海螺人已经在这条赛道上跑出喜人的成绩，创造了全国乃至全球“九个第一”：全球第一个水泥窑尾烟气二氧化碳捕集纯化项目，全球第一个水泥全流程智能工厂，全球第一个水泥窑协同处置生活垃圾系统，全球第一个零外购电水泥工厂，全球第一个5G超级上行技术商业应用示范，全国第一个开发应用露天水泥矿山无人驾驶矿车，全国第一个开发应用水泥窑纯低温余热发电系统，全国第一个实施替代燃料技术，全国第一个实施水泥高温高尘SCR脱硝技术。同时海螺获得发明专利485项，软件著作权90项，多次荣获省科技进步一等奖，连续两届获得中国工业大奖表彰奖，被工信部评为国家首批“智能制造标杆企业”。

海螺扬起了绿色创新的鼓荡巨帆，必将行稳致远。

数字时代的海螺智慧

2016年9月，海螺集团召开首届技术创新大会，会上发出了“铺垫创新之路，铸就创新之魂”的强力号召，5万名干部员工精神为之振奋。

海螺锚定“产业绿色化、工厂智能化、管理信息化、经营国际化”

的发展道路，将移动互联网、云计算、大数据、物联网、人工智能、区块链等新技术运用在传统的水泥行业，推动产业结构优化升级和企业数字化运营。

万事开头难，数字化的第一步并不好走，但奋进的海螺人凝心聚力迈开了步子。

2016年初，海螺举全集团之力，汇集了300余名专业技术和管理人员智慧，优化形成了海螺集团智能工厂建设方案，并选择全椒海螺作为首个水泥智能工厂试点单位；2018年安徽全椒海螺建成了世界首个全流程水泥智能化工厂，理论变成了现实。

海螺集团技术中心副主任詹家干介绍，从石灰石开采、原燃材料进场，到水泥产品发运出厂，全部采取全流程化和自动化闭环作业，基本实现了生产过程的无人化，以及资源利用、质量控制和生产控制的智能化。

智能化工厂运用移动通信网络、数据传感监测、信息交互集成和自适应控制等先进技术，实现覆盖整个水泥生产及发运环节的全系统智能优化。搭建数字化矿山智能管理、智能质量控制、专家优化控制、设备管理及辅助巡检、能源管理、安全环保管理、营销物流管理等七大系统，保障了设备平稳运行和物畅其流，实现了能源监控、安全管理和环保清洁生产。通过建立各系统真实有效数据的互联互通，实现了工厂生产调度、物资、能源、设备、质量、安全环保、营销、统计等环节管理智能化，进一步提升资源综合利用率、降低能源消耗、提升劳动生产率，让生产变得更加便捷。

全椒海螺实现了设备自行检测、数据自动归集、隐患提前暴露，使现场巡检工作量下降40%，设备运行周期延长37%，专业用工优化20%以上。目前，海螺水泥智能工厂技术已在全国100多家水泥工厂推广应用，逐步建立起行业领先的智能工厂集群。

海螺智能工厂在行业引发强烈反响。工信部、安徽省、中国水泥协会均高度评价，技术成果经鉴定达到国际领先水平，并入选国务院国资委2020年国有企业数字化转型典型案例，荣获2020年安徽省科技进步一等奖，集团还被工信部评为我国首批智能制造标杆企业。

从智能化工厂到无人驾驶矿车实现无人运输，海螺前后用了不到4年时间。

2022年7月，芜湖海螺水泥智能矿山矿车无人驾驶系统的开发与应用项目通过验收。载重100吨矿石的重型矿车穿梭在露天的盘山道路上，车上无人驾驶，远程无人操控，“巨无霸”自动驾驶，自动倒车卸料。这标志着全球露天矿山行业首个石灰石无人运输项目在海螺集团正式建成。

目前，无人驾驶项目已完成多台TR100矿车的无人驾驶改造，完成车队管理平台（云控调度系统）的研发，实现有人驾驶与无人驾驶混编运矿，无人驾驶矿车总运行时间超过8000小时，单班运矿量突破万吨，总计运矿量超过百万吨，实现了安全员离车编组运行。

智能化给传统行业带来了巨大的经济效益，在海螺集团传统生产方式发生改变的不只是无人驾驶矿车，还有很多智能系统。基于工业机器人的海螺中南智能袋装水泥装车系统就是其中之一。

在全椒海螺水泥有限责任公司，智能袋装水泥装车系统通过机器人代替人工实现自动码垛、无人化自动装车，有效解决客户无人化值守应用需求和解决现场安全、环保等隐患问题，对推动我国水泥生产流程的自动化、智能化具有重要意义。

目前，智能袋装水泥装车系统已在湖南益阳海螺水泥、淮北相山水泥、临澧冀东水泥等数十家公司成功投用，装车能力达每小时90—110吨，改变了包装发运系统长期依靠人工作业的传统模式，实现了从车辆进厂、自动插袋、包装、称重、输送、装车到车出厂全过程的无人化。智能袋装水泥装车系统的创新点很多，实现了袋装水泥包装、装车、发运系统的无人化操作和数字化管控，水泥袋重的精准闭环控制，机器人智能化码垛装车。

此外，智能质量控制系统也是“海螺智能工厂”不可忽视的模块之一。这一系统可根据熟料或水泥的品质预控目标，自动完成在线检验、化验和配料工作。在智能质量实验室，一个巨大的机械手臂静静伫立，旁边连接着长长的管道。每隔1个小时，管道内的空气炮就传送来各种生料、熟料，由机械手臂直接取样。

“过去我们都要人工取样，一次取4—6个样品，需要15—20分钟。现在有了智能质量控制系统，不仅节约了取样时间，提高了取样频次，还提升了检验的精准度，减少人工操作可能出现的误差。”芜湖海螺公司负责人如是说。

海螺正高标准开展工业互联网建设，构筑水泥行业发展新格局。依托优势产业集群，聚力工业互联网建设，海螺先后与海尔卡奥斯、宝信软件、树根互联等国内知名工业互联网平台，华为、阿里等ICT技术厂商，信通院、工联院等权威机构开展调研交流，开展了水泥工业大脑项目和敏捷化运营项目建设。

2022年，海螺初步建成面向水泥、型材行业的垂直型工业互联网平台，打造出建材行业首个“灯塔工厂”，建成安徽省乃至全国具有影响力的“双跨平台”，从而实现了从原料、产品、设备、车间、工厂到产业链、供应链、价值链的全面融通，构筑起水泥行业智能、低碳、绿色发展格局。

“碳中和”下的海螺力量

据水泥行业有关统计，以2020年为例，我国水泥行业二氧化碳排放量12.3亿吨，占建材行业二氧化碳排放量的84.3%，占全国二氧化碳排放总量的13.5%。水泥行业能否提前实现碳达峰，对于建材行业能否如期实现碳达峰至关重要。

作为水泥行业的巨擘，环保减碳这一课题不可避免地摆在海螺人面前，为环保贡献力量是海螺义不容辞的责任。

2018年10月底，海螺集团建设的世界首条万吨级以上水泥窑烟气二氧化碳捕集纯化环保示范项目成功投运，每年生产5万吨纯度为

99.9%以上的工业级和纯度为99.99%以上的食品级二氧化碳。2020年3月30日，白马山水泥厂首车干冰顺利销售出厂，这标志着“海螺牌”干冰正式投放市场。碳捕集项目实现了二氧化碳产品的转化应用，提高了产品附加值，在“绿色生产”的同时，实现“变废为宝”，对于传统工业企业走绿色低碳可持续发展道路起到了积极的示范作用。

2021年11月，海螺集团三碳（安徽）科技研究院正式成立，为水泥行业碳减排提供技术突破与支撑，同时设立了碳科技公司、碳资产管理公司等新型绿色产业，联合高校、企业、政府等多方资源，协同发力，助力推动社会发展全面绿色转型。此举在于探索源头降碳技术，实现传统水泥工艺流程再造，力争从每一个环节开展减碳环保。

2022年，海螺在“减碳”的征程上快马扬鞭，向碳捕集利用与封存（CCUS）技术研发投产、原料替代、燃料更新、新能源运用等多领域发力。

绿色环保的“海螺名片”

除了在“减碳”上持续发力，海螺集团对节能减排、绿色能源、绿色产业的探索一直走在国内同行的前沿。

“十三五”期间，海螺集团投入环保资金145.10亿元，用于节能环保改造及环保设施运维项目，减排的成效也异常显著。其中，2021年海螺水泥68家熟料生产基地氧化氮、二氧化硫平均排放浓度分别为较“十二五”末下降了41.5%、62.0%，主要排口颗粒物浓度低于“十三五”时期目标值45.1%。海螺集团各类污染物排放指标达到国内同行业领先及国际先进水平。

绿色生产也打造出了一张张生态文明亮丽名片。白马山水泥厂、宁国水泥厂和宣城海螺水泥公司等6家公司获得“环境友好型企业”荣誉称号；芜湖海螺、铜陵海螺、荻港海螺等30家公司荣获工信部“绿色工厂”荣誉称号；平凉、文山、遵义的3家海螺公司2020年被工信部评为重点用能行业能效“领跑者”；池州海螺公司被国家文化和旅游部评为“工业旅游示范点”；芜湖海螺公司入选我省首批生态环境执法实训基地；建德、铜陵海螺公司取得国家级“绿色矿山”证书。

芜湖海螺矿山边开采边治理

其中，位于贵州省的贵阳海螺公司，被当地人称为水泥窑上的“花园工厂”，作为贵州省水泥单一产能规模最大的工厂，虽然每年要生产水泥粉磨660万吨，但环保除尘却实现了“零排放”。厂区环境优美，成为市民休闲散步的“花园工厂”。

海螺集团开发应用了具有水泥行业特色的光伏发电、风能发电和储能技术，已建成38个光伏项目、3个储能项目，开工建设39个光伏项目和1个储能项目。截至目前，海螺新能源光伏装机量达到234兆瓦，累计发电量6.19亿千瓦时。

济宁海螺公司建设“零”购电工厂，通过节能改造、光伏发电、风力发电、垃圾发电等技术，基本实现了水泥生产外部供电“零”消耗的目标，打造出了高水平的“用地集约化、原料无害化、生产洁净化、废物资源化、能源低碳化”的绿色制造工厂。

变废为宝，一直是海螺的拿手好戏。废石、矿渣、粉煤灰等工业废弃物经过技术研发和处理，都成了水泥生产的原材料，不仅节约了成本，也有效解决了危险废弃物难处置的难题。

铜陵海螺公司的城市生活垃圾处理系统，是世界首个利用新型干法水泥窑协同处理城市生活垃圾系统，彻底解决了铜陵市垃圾填埋大量占用土地、污染环境的难题，相比传统的填埋、堆肥、焚烧等垃圾处理方式，节能减排效果好，社会效益显著。

海螺在开创了世界首个利用新型干法水泥窑协同处理城市生活垃圾系统的基础上，大力开发和应用无害化处理污泥、工业固废与危废等一系列水泥窑协同处置环保新技术，可完全消灭二噁英，杜绝二次污染，真正将废弃物循环利用。2022年6月底，海螺已在安徽、贵州、甘肃、广东、重庆等地成功推广了246个环保项目，包括水泥窑协同处理垃圾系统、固废危废处理系统和垃圾发电系统环保项目，目前年处理生活垃圾设计规模达2528万吨、处置工业固废危废规模1370万吨，年处理规模总量达3898万吨，取得了良好的环境和社会效益。

三、战略突破 绝云气负青天

海螺发展的历程仿佛一盘气势磅礴的棋局，靠着一手又一手的妙招，完成深思熟虑的战略布局。

从迈出山门到迈出国门

海螺的战略创新始于“高位推动”。

1992年，邓小平同志南方谈话进一步阐明了改革开放的重大意义，阐述了建立社会主义市场经济的理论和基本原则。那时的宁国水泥厂围绕建立现代企业制度，开启内部制度改革，加快对外扩张发展步伐，1993年制定并实施了“一业为主、多种经营，跨地区、跨行业”的发展战略。这次从上至下的战略创新，在一定程度上推动了海螺“迈出山门”，也拉开了海螺战略创新的帷幕。

1994年，宁国水泥厂出资3100万元在芜湖市经济技术开发区组建芜湖海螺塑料型材有限公司，开发生产第四代新型节能环保产品——塑钢门窗。这座当时亚洲最大的型材生产基地，有力推动了我国门窗建筑节能事业的发展。2000年5月，该公司成为中国首家以塑料型材为主业的上市公司。这是海螺迈出的从山区到城市、从水泥到化学建材"跨地区、跨行业"发展的第一步。随后，海螺又投资兴办了荻港水泥厂、芜湖水泥厂，以及环保锅炉、智能设备、起重设备等，逐步形成了一个多产业的企业集团。通过收购、兼并、资产重组等低成本扩张方式，海螺完成了从工厂到集团的体制转变，发展成跨地区的建材企业集团。

1999年，海螺集团确立了"以水泥为主、化学建材为辅，谨慎发展与主业相关产业"的发展战略，在全国水泥行业率先打破"全能工厂"的建厂模式，以芜湖总部为圆心向外辐射，拆除了长江和沿海地区一批老企业的立窑和湿法窑，促进了水泥行业技术的进步，加速了产业结构调整。同时，制定并实施了"立足省内、巩固华东、拓展华南"的发展战略，在华东各省设立14个市场部，使企业产品销售的市场区域容量达1.5亿吨。

这种"熟料基地＋粉磨站"的建厂模式，被建材行业和资本市场誉为海螺"T"型发展战略。这一战略既加速了海螺集团的崛起，也极大地推动了我国水泥工业的结构调整。海螺集团由此成为当时中国最大的水泥生产企业。

"T"型发展战略既定，海螺人只顾风雨兼程，冲锋的脚步不曾停歇。"九五"期间，海螺集团相继收购重组了张家港市水泥厂、上海奉贤水泥厂、南通市水泥厂、泰州市水泥厂等企业，通过技术改造、管理输出、制度移植和文化融合，这些企业重焕生机，为国有企业资产重组和建材行业结构调整做出了积极贡献，沿江沿海"T"型发展战略初具雏形。"十五"期间，海螺水泥在大规模建设怀宁等熟料基地，太仓、海门等沿江粉磨站的基础上，重组安徽、浙江、江苏、江西、湖南等省份的7家公司，进一步巩固了"T"型发展战略，完善了长三角水运系统的全面布局。

“十一五”期间，集团遵循以“并购为辅、新建为主”为原则的发展战略，加大新建项目力度。“十二五”期间，在安徽铜陵海螺、芜湖海螺和广东阳春海螺建成的4条日产12000吨新型干法水泥熟料生产线，集成了最优的新型干法水泥熟料工艺和装备技术，使中国水泥生产技术由此登上了世界水泥行业的制高点。

2018年，海螺集团顺利并购重组安徽国贸集团，海螺的经营范围一举拓展到进出口贸易及供应链建设、房地产及建筑施工、类金融等领域，为培育世界一流企业打下了坚实基础。对于奋进者来说，征程永无止境。海螺发展的足迹从皖南到全省再到全国，海螺人的视野从安徽到全国再到世界。

“十二五”以来，海螺积极响应国家“一带一路”倡议，率先“走出去”，足迹遍布东南亚、中亚、南美等地，海外资产逾百亿元，落实21个发展项目，目前已在东南亚、欧洲、北美、非洲等地拥有42家企业，海外员工近4500人，用工本土化率达到80%以上。从产品出口到技术输出，再到资本输出、海外建厂，海螺集团实现了真正的跨国经营，实现了从单一产品出口，到承建国际工程，再到海外投资建厂的大步跨越，成为安徽省属大型企业和中国建材工业“走出去”的先行者。

工业改革的“小岗村”

2002年，安徽省委、省政府决定开展股权多元化改革试点，海螺集团作为试点企业之一，转让部分国有资产筹集资金，补充社会养老保险金和解决复退军人安置资金，探索出一条国有企业的改革路子。这是一次大胆的尝试与摸索。为完成海螺集团改制，2002年10月20日，安徽省经贸委批准由海螺集团、宁国水泥厂等4家企业工会和8名自然人共同出资设立海创公司。由海螺集团公司工会、宁国水泥厂工会、白马水泥厂工会和海螺型材公司工会等4家工会代表7758名员工持有海创公司的股份。2003年1月，海螺集团召开职工代表大会充分征求职工意见，以投票方式评出集团公司工资结余分配额度，审议通过了改制方案，2003年6月23日全部改制工作完成。

据海螺集团党委副书记齐生立介绍，海螺的改制，不仅未给政府增加一分钱负担，还上缴省政府改制资金6亿多元，为安徽省的稳定和发展做出了应有的贡献。通过改制和海创公司的设立，海螺集团形成了以产权为纽带的激励机制和约束机制，打破了国有企业职工身份界限，活化了经营机制，构建了国家、企业和员工的命运共同体，激发了海螺不断进取的内生源动力，国有资产也大幅增值，资产上升了300倍。改制也大大激发了股东的工作热情，参与改制的7000多名海创公司股东，在海螺集团的发展壮大中，大部分逐渐成长为集团的中高管和业务骨干，成为支持海螺发展的“中流砥柱”。

海螺大胆地推进企业体制机制的改革创新可以追溯到2000年3月，彼时，海螺集团在水泥主业产权制度改革探索上就迈出了重要一步。

芜湖荻港水泥项目位于芜湖与铜陵之间，距长江边3千米，石灰石资源丰富，码头选址常年水深在30米以上，是长江中游的深水良港，满足水路运输的需求，也是生产熟料的理想之地。经省发改委批准，海螺以集团工会社团法人名义，设立海螺员工持股会，作为荻港海螺公司的发起人之一，负责员工持股的管理工作。职工投资参股项目，建立起了公司职工利益共同体，构筑对称的报酬和长期稳定的约束激励机制，使干部员工与公司风险共担、利益共享，促进了海螺集团中长期发展战略的实现。

这一成功试点，为后来海螺集团在铜陵、枞阳、池州水泥项目的股份制改革积累了经验，活化了企业激励机制，对增强海螺集团的凝聚力，提高经营管理者和广大员工的积极性、竞争性、责任性和创造性，增强海螺集团的综合竞争能力起到了积极作用。

2013年12月，海创公司成功在香港主板上市，共筹集资金41.3亿港元，成为安徽省首家在香港红筹股上市的企业，这也是芜湖第三家H

股上市公司。

2014年9月，国务院发展研究中心党组原书记、副主任，中国上市公司协会首任会长陈清泰在海螺集团调研后，指出：海螺的改制是“工业改革的小岗村”，是国有企业改制的一个典型。通过改制，实行员工持股，海螺集团为企业赢得了很大的发展空间，为其他国有企业改制提供了借鉴。

四、组织变革 高擎党建大旗铸根魂

是什么保证了海螺的高质量发展？实践给出的答案是：只有坚持党的领导、加强党的建设，海螺才有了不断提高生产力、竞争力和凝聚力的保障。一句话，海螺集团的发展离不开基层党建。

作为企业，生产经营是一项重点任务。如何把党建工作与生产经营深度融合？如何让党建工作和生产经营“两个轮子一起转”？海螺集团党委的经验是：以基层党组织标准化建设为抓手，全面落实和推动基层党建质量不断提升，让401个党支部的组织优势、组织功能、组织力量得到充分发挥，真正成为坚强的战斗堡垒。

党支部是攻坚克难的堡垒，也是服务职工的阵地。平凉海螺矿山分厂一员工的家人突发重病，公司第一时间开展捐款。佛山海螺虽处南方，但冬季也有一段时间天气寒冷，公司为女员工洗手间加装了电热水龙头。巴中海螺打造职工心灵驿站，帮助员工释放身心压力。南昌海螺启用“智慧食堂”系统，提升后勤服务质量。点滴温暖，汇成企业的一股热流。

海螺集团推进党建领航计划，分层分级建立“领航”计划示范库和培育库；全椒海螺党总支入选省级培育库，和田型材党支部、荻港海螺党委、池州海螺党委等3个党组织入选省国资委基层党建工作“领航”计划示范库和培育库。

疾风知劲草，烈火见真金。海螺集团注重在关键事件中考察干部的政治品格和能力素养。在疫情、汛情防控一线，在复产复工前沿，在重大课题攻关上，各类急难险重任务选派年轻干部，以鲜明的用人导向激励各级干部有所担当，有所作为。爱才敬才用才的氛围更加浓厚。海螺集团不仅将中青年干部研修班搬到“互联网+数字经济”最前沿的浙江省和“五大中心”城市上海，学习经验，开阔视野，激发创新创造的热情，还将国际化人才、年轻的优秀干部、新提拔的干部全部纳入培训范围，拓宽培训覆盖面，为集团更高质量发展提供有效的人才支撑。

海螺集团共有9000多名党员，401个党支部，一个支部就是一个战斗堡垒。海螺新材料公司党支部广泛开展“争创党员先锋岗”活动，新人新事层出不穷。

“热点、难点，就是党员工作的落脚点”，铜陵海螺机械大修党员突击队是一支活跃在生产现场的队伍，通过自制专用工具，将设备大修周期从原来一个月缩短到半个月左右。

“平时工作看出来，关键时刻站出来”，宿州海螺党支部的一句口号，成了党员率先垂范的自觉行为。

收购天河环境公司是海螺型材延伸产业链的重要举措。胡龙武、叶发根等“80后”年轻党员，奔赴1000多千米以外的新公司，抓生产、跑市场，全面完成了年度目标任务。

广英水泥管理权交接期间，海螺水泥广东区域50多名专业负责人驻点帮扶，3天完成管理权交接，30天实现平稳过渡，当月恢复产销并取得利润。

宁国厂2号窑检修时，耐火砖运输车突发故障，30余名骨干迅速集结，人工接力传送，争分夺秒保证检修顺利完成。

2022年6月，广东英德市遭遇百年一遇特大洪水，厂区受灾严重。英德海螺成立党员先锋队，党员领导干部24小时吃住在厂。洪峰过后，集团各区域数百名党员干部带头抢修和更换设备设施，仅用25天就迅速恢复了4条熟料生产线和5台水泥磨的正常生产。

王海青，集团最早派出的海外干部之一，扎根印尼10年，他的足迹遍布印尼所有项目区域，开始一句印尼语也不会，最后变为“印尼通”。2020年春节，新冠肺炎疫情暴发，在他的组织协调下，从印尼陆续运回防护口罩约18万个。

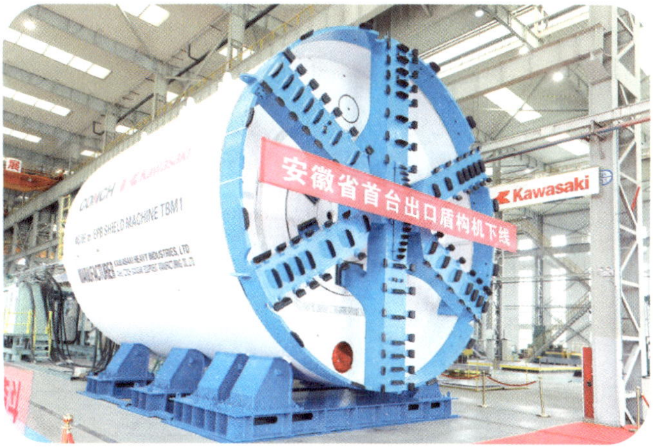

2021年6月2日，安徽海螺川崎装备制造有限公司为印尼雅加达地铁项目制造的盾构机顺利下线，标志着安徽省重大装备制造出口实现新突破

相对于“关键少数”，职工对身边普通党员这个“绝大多数”感受更为真切。每名党员都是一面旗帜，发挥党员先锋模范作用的重要性不言而喻。

“这个部位的螺栓要按照标准扭矩……”“设备检修计划执行率怎么样?”殷亮子，在矿山一线钻研技术10余年，在他的带领下，芜湖海螺建成了矿山大修车间。

王春留，面对公司转型升级的重任，主动承担起新品研发工作，和团队一起历经4个月，成功研发出MC双腔共挤模具，填补了国内外此项技术的空白，使型材产能提升了一倍。

胡燕归、倪杨，海螺医院两名年轻的护士，在疫情最危急的时刻，逆向而行驰援湖北，被亲切地唤作“海螺姑娘”。

他们都是闪耀海螺的“点点星光”。这些党员有的在生产一线挥洒汗水，有的在后勤默默奉献，有的远离家乡支援海外建设……

红色海螺紧紧围绕党和政府的决策部署，积极担负起社会责任，严格落实省委、省政府精准扶贫要求，不折不扣助力脱贫攻坚。扶贫，不仅要输血，更要造血。作为安徽援疆指挥部2017年引入的重点援建企业，新疆海螺型材项目带动皮山县农牧民2000多人就业。2018年3月，西藏昌都八宿海螺水泥项目正式签约，项目投产后可直接解决400余名建档立卡户就业问题，间接带动1000多名群众增收，推动当地产业结构转型升级，带动当地物流、运输等产业发展。

未来，扎根在芜湖的海螺，将以奋进者的姿态，拼搏在新时代的征程上，创造更多的“芜湖速度”“海螺奇迹”，在大江之畔继续吹响金色的海螺。

（执笔：瞿佳龙　黄勇）

“地面风6米每秒，跑道24，可以落地！”

2021年4月30日上午10点30分许，客从云中来，中联航北京—芜宣、南航广州—芜宣航班平稳降落芜宣机场，接受民航界最高礼遇“过水门”仪式迎接。至此，芜湖这座以鸠鸟为图腾的城市，终将曾遥不可及的蓝天揽入怀中。这一刻，近400万芜湖人民、270万宣城人民倍感振奋！

新时代芜湖的飞天梦从筑梦到圆梦，走过了近10年的历程。这一梦想的实现，不仅因时空隧道那头的关关鸠鸣变得浪漫多彩，更因为历史新坐标上城市的进步、时代的呼唤显得愈发真切。

一、飞天梦想 落地成真

把“梦想”列入规划

梦想与现实之间，不变的是跋涉；平淡与辉煌之间，不变的是开拓。芜湖人用行动让“不敢想”落地成真。

追溯历史，芜湖最早于20世纪30年代就开通过飞往上海和武汉的民航班机；20世纪90年代，芜湖湾里机场还曾开通过芜湖至北京和佛山的联航航班。“十一五”后，随着改革开放深入、产业经济升级，芜湖区域交通枢纽地位逐步巩固，与国内主要经济体的联系程度日益加深。然而，在综合交通五大运输方式中，航空运输一直是芜湖的“短腿”。

2011年10月的某晚，在市委、市政府会议室里，讨论声此起彼伏，“芜湖不靠海、不沿边，发展很大程度上依赖通江达海的芜湖港。新时代，只有开辟拉近与世界距离的‘天路’，抢抓日益紧张的空域资源，才能更好地把握发展先机。”“芜宣市域相接，中心城区直线距离仅57千米，两市合建机场可以扩大服务半径，增加旅客流量，带动皖南地区经济发展。”全市相关部门意见逐渐统一：新建民航机场条件具备，而且刻不容缓！说干就干，芜湖民航机场被列入《安徽省“十一五”综合交通体系发展规划纲要》和《全国民用机场布局规划》。2012年，新建机场获得中国民用航空局支持。同年，芜湖成立机场办，芜湖和宣城就共建机场达成共识，机场启动建设选址。

一波三折的选址

起初，芜湖选了10个场址，在其中又遴选了3个预选场址，如何既避开城市规划中心区、发展轴线和发展带，又确保进近航线不过城区上空……

一轮接一轮论证，漫长而艰难，花这么长时间去建设机场，难道仅仅是增加一种交通工具那么简单吗?！翱翔未来，还需要另一只翅膀——布局航空产业发展。

2013年的芜湖，新一轮的招商引资和项目推进热潮滚滚而来。一次偶然的机会，在北京某事务所里，芜湖市有关领导了解到中国电子科技集团拟与包头市合作发展通用整机项目，但卡壳于某问题……经集体决策，芜湖争取到面谈机会，妥善将该问题处理到位。在接下来的20多天里，芜湖还组成专班跟随电科集团远赴奥地利谈判整机项目，朝夕相处、激烈讨论之间，电科集团萌生出将项目落地芜湖的想法。

这一年的秋天，电科集团组团来芜选址，走访了繁昌、南陵等地，最后辗转到芜湖县（湾沚区），只见在一片荒芜之地中竖立起了三块牌子，“芜湖航空产业园”“芜湖宣城机场建设指挥部”“中电科钻石飞机选址”。项目带头人饶有兴趣地询问：“你们怎知我们要选在这里?”芜湖县的一位领导将手往东方一指，自信地说道：“这就是我们未来的民航机场，围绕机场我们将布局整机制造企业及临空产业，钻石飞机来湾沚发展，我们将在这里规划。”

那一天，在湾沚小庄，在三块牌子的见证下，双方一拍即合；而若干年后，重温这些经典画面，人们不禁感慨，其实当时心里也没底，但是机会来了，“无中生有”的湾沚人一定要抓住。

2013年底，芜湖依据先前制造业的发展优势，将航空产业“落子”芜湖县。县里将通航产业暨空港经济发展列入“十大工程”之一，切实加大人员配备、资金投入等力度，组建了航空产业园建设指挥部办公室。

艰难起步中的“孤勇者”

初期的航产园，湾沚“航空人”是从全区相关部门、行业战线上抽调而来的，为了同一个“飞翔梦”，他们放弃了城区的生活，舍弃了温馨的小家，征收了靠近选址区的辉山村的一处废弃的敬老院作为临时办公区域，在一片远离城市的神圣土地上为通航崛起之路默默奉献自己的力量。随后9年间，航产园的人换了一波又一波，从敬老院到九三路，从区政府到南湖路，更换了5个办公地点，涉及100余人次。更多的时候，他们是“孤勇者”，航空事业里的一抹蓝，尽管孤独，却笃行不怠，一直在路上勇敢前进。他们的身影留在了荒坡里简易搭建的工棚中，印在了乡间泥泞的小道上。他们每天行色匆匆，路过的村民很好奇这群人在干什么，谁也没想到高大上的“航空事业”是从这片荒野中诞生的。

惟其艰难，方显勇毅；惟其磨砺，始得玉成。日子一天天在忙碌中度过，艰辛不被辜负，机场选址也迎来了好消息。2014年，小庄场址、红杨场址和平铺桥场址被确定作为预选场址。在进一步比选工程技术及经济因素等条件后，位于湾沚区的小庄场址成为首选。2015年，国家民航局同意以小庄为场址。2016年，国务院、中央军委批复同意新建芜宣机场。最快的步伐不是冲刺，而是坚持——正是这一年，芜宣机场终于从纸上蓝图进入现实空间，轰轰烈烈的机场大建设正式拉开了序幕。

2021年4月30日，芜宣机场建成通航，进一步完善了安徽“一枢十支”运输机场体系

最踏实、最钻研、最拼命的通航人

当2014年初电科集团决定与芜湖合作进军通航产业时，平丽浩在别人眼中已是“功成名就”，组织找其谈话，希望他能牵头创建一个新的通航公司。通用飞机是实现“航空梦”最重要的基础。由于飞机系统复杂，研发难度大，绝大多数厂家都是从国外引进一两款飞机在国内进行简单的复装或装配，缺乏自主创新，最终都沦为了国外通用飞机制造商的加工厂。为了通航崛起，面对组织召唤，平丽浩毅然决然来到芜湖，中电科芜湖钻石飞机制造有限公司由此而来。

创业之初，条件极其艰苦，只有11个人和一片长满杂草的荒地。但是，平丽浩不等不靠，带领大家不分白天黑夜地工作，吃住在现场，不到两年的时间就完成了厂房建设、生产线调试、首架样机制造与装配等工作。连一向“挑剔”的民航局适航专家也不得不称赞：“你们是我们在国内见过的最踏实、最钻研、最拼命的通航人。”

2021年，平丽浩当选全国劳动模范，他时刻牢记“创新”和“自主可控”，以树立通用航空民族品牌为己任，带领团队自主创新，书写了中国通航领域的多个“第一”：2016年首架“安徽造”通用飞机完成总装并下线，次年成功首飞；2017年钻石DA42飞机获颁中国民航局生产许可证，填补国内技术空白；2018年单发双座初级教练机CA20成功研制并首飞；2019年国内首架2吨级大型双发长航时无人机CU42无人机完成了完整试飞；2021年CA42国产双发四座多用途飞机翱翔蓝空，是近10年来国内唯一取得通用飞机型号合格证的机型，打破了欧美企业在该领域的垄断。

让通航飞机装上“中国心”

发展通用航空产业，关键在发动机这颗“心”。作为当今世界上最复杂的工程系统，它要求数万个零部件在有限的空间内要克服1700摄氏度以上的高温、压力相当于3倍蓄满水后三峡大坝底部的高压等严酷条件，被誉为“工业制造皇冠上的明珠”。这一年在引进钻石飞机的同时，芜湖力求以“心”换“心”，紧密部署“交心”工程“两步走”战略。

第一步便是走引进—消化—吸收—再创新之路。基于奇瑞汽车的先进技术和成熟的梯次人才团队，2013年，由奇瑞、中电科航投和芜湖航投三方共同投资成立芜湖钻石航空发动机有限公司，整合奇瑞汽车和奥地利Austro Engine公司的研发力量和先进技术，从与奥地利Austro Engine公司签订AE300航空发动机项目，到取得中国民航局颁发的生产许可证，再到完成配装试飞验证、收获订单，芜湖钻石航空发动机有限公司仅花了3年多的时间。而目前，自主研发的另一款发动机有望取证成功，并将打破国内适航燃料油发动机的零生产制造纪录。

第二步就是走航空发动机自主研发之路。在双向动员之下，2015年，奇瑞副总经理兼奇瑞汽车发动机工程研究院院长、1989级清华大学校友朱航离开奇瑞，成立了安徽航瑞航空动力装备有限公司。当年12月25日，清华大学特种动力中心与航瑞动力合作研发中小型通用航空动力关键技术。一时间，舆论四起，朱航默默承受。一期资金只够盖研发厂房，所有研发人员吃喝住均在实验室解决，一有扶持资金也只顾往科研方面投入，所以即使在后来小有成就时，公司看起来还像是烂尾楼。5年来，市区政府不断扶持，航瑞从里到外从量变到质变。就在2020年，航瑞公司拿到了中国空天动力创新创业大赛一等奖，航天科技直接入股1.5亿元支持其发展。目前，航瑞发动机已覆盖国家第一梯队无人机应用领域，航瑞公司荣获第四届全球无人系统行业金翼奖。

钻石通用飞机在芜湖调试飞行

二、湾沚智造 唱响中国

如果说，“十二五”期间芜湖对航空产业是投石问路的话，那么2013年在芜湖县投下的一枚神奇石子，已经激起了通航产业发展的阵阵涟漪，如今已激荡成产业发展的滚滚波涛，汇聚成通航发展的时代浪潮。这是属于世界的时代，这是涌向未来的浪潮。

芜湖县地方不大，在中国地图上只是“一小点”，但立志于做通航产业发展的大通道、世界“感知”中国的大窗口。这一时期，芜湖航空与企业一体同心，朋友圈越来越大，涌现出一系列感人故事，让更多“想不到”成为现实。

一位“80后”的航模创业路

2015年在芜湖航产园，有一位自称“80后”的老人南雍创办了“安徽劲旋风”。

1963年，南雍大学毕业，担任河南省体校航模队总教练，1965年打破航模世界纪录。2001年，63岁的南雍超龄退休，一封来自大洋彼岸请求制造螺旋桨的信函，让他找到了新的工作方向和定位。于是，他联系好友，组建了郑州劲旋风航模工作室，用纯手工工艺制造出了400支木质螺旋桨。靠着在航模活动中练就的“工匠精神”和过硬的产品质量，这批螺旋桨投入市场后，很快便被抢购一空，随后便是雪花般飘来的国内外订单。2004年提升产能，首次扩厂；2005年冲出国门，走向全球；2006年承接任务，配套军品；2008年建立体系，预研通航；2012年创新工艺，提高产能；2013年二次扩厂，质量升级……

得知南雍的团队要再次升级时，芜湖市组织专门力量多次上门拜访，和他们共同分析论证。2015年公司决定正式搬迁至芜湖县。不同于简单设立分公司或重新创业，这一次搬迁也考验了芜湖的服务质量，

100多个家庭从河南郑州整体搬过来，涉及老人、小孩就医、上学等一系列难题，政府组织服务组一一对应解决。

在芜湖航空专场“畅聊早餐会”上，南雍出席，他真情说道：“之所以选择芜湖，是看中这里通航产业的发展氛围、制造业基础，以及良好的硬件设施，航空产业园的配套设施对研发有很大促进作用。”

回忆这段经历，南雍感慨道：“只要创造性地开展工作，你就能赢得各级领导支持；只要尊重市场经济规律，你就能赢得市场认可；只要真心为国家经济建设服务，你就会赢得社会的尊重和承认。”

迈入耄耋之年，南雍依旧对事业充满热情与执着。一路走来，南雍带着他的团队砥砺前行，终于使公司成为设计、研发、生产、销售及维护通航航空所需各类螺旋桨和旋转翼的专业公司，产品多达6000余种，远销至全球74个国家和地区，在全球范围的螺旋桨领域内刮起了一股中国制造的强劲“旋风”。

通航基地的C—B—A

2016年，芜湖航空产业园入选安徽省战略性新兴产业集聚发展试验基地，航空产业发展至此引起省级层面关注。荣誉的背后更多的是压力，基地名称中始终带着“试验”二字，充满了对未来的不确定，随之而来每年一度的基地评价则是“一年一次、一次一年”的考验。A、B、C、D四个档次的区分，连续两年的D档或降档则会被取消荣誉；产值、税收、创新、项目、效益……环环相扣的指标体系、权重占比直接影响考核结果，对于产值、数值并不占优的航空产业来说，年年都是一场新的考验。

果不其然，2017年的考核结果给了芜湖“当头一棒”，只得了C档。痛定思痛，芜湖在抱团发展中寻找思路，不了解航空就寻找智库和专家委员会，钻石飞机联动省内14家航空企业组建了省通航协会，考核参与答辩时，由地方主政领导作汇报，业内企业高管组成智囊团，在各自领域发挥力量。考核的支撑材料汇编从开始的数十页到后来依照三大体系汇编成册，终于在最终的考核中赢得了B档。基地产值从2016年的50.86亿元上升至2021年的286.1亿元，规模以上企业从21家上升至2021年的84家。2021年基地产值增速32.4%，高于全省战略性新兴产业28.8%，平均增速3.6个百分点，排名全省战略性新兴产业基地第8位、装备制造基地第2位，实现税收4.7亿元，产值和税收完成度继续稳居全省前列。2020年、2021年芜湖通用航空产业试验基地连续两年获评省重大新兴产业基地A档，升级为正式基地，初步构筑全产业链，已吸引新材料、整机、卫星、无人机、核心部附件、运营维修、临空物流等200余个项目，其中湾沚区落户项目120余个，总投资超600亿元。

基地考核结果的节节高升奠定了芜湖航空在全省战略性新兴产业的发展地位，获省政府激励表彰，累计争取并兑现省级奖补资金4.57亿元，重点保障重点研发平台发展。而与之对应的是，基地先后获批国家首批通航产业综合示范区、安徽省通航JMRH产业基地；入列长三角G60科创走廊科技成果转移转化示范基地、产融结合高质量发展示范园区。“国内大飞机看上海商飞，小飞机看芜湖钻石。”诸如此类的赞誉就这样流传开来。

“芜湖蓝”华丽绽放

一时间，芜湖航空的热度不减，引起了业内的关注。慕名而来参观钻石飞机的人越来越多，而在当时，芜湖航空还没有自己的产业展馆。为了全面展现发展成效，根据企业的需求，工作人员连夜布置了一个简易展馆，各个航空企业互帮互助，较为完美地呈现了产业链发展的关系及现状。随后，芜湖航空小镇入选省级特色小镇，争取到2000万元的补助，芜湖航空航天产业展厅建设提上日程。仅仅2个月，当2500平方米的展厅揭开帷幕时，现场所有人的成就感油然而生。伴随着更多企业的入驻，展馆无论是面积还是呈现方式都作了迭代更新，目前已是5000平方米的现场化展馆。

无独有偶，除了展馆的变迁外，珠海航展参展历程也见证了芜湖航空产业的梯次发展和华丽转身：2014年芜湖航产园报名参观珠海航展；2016年随中电科钻石飞机参展；2018年起，芜湖航产园开始有了自己的展区，组织6家企业参展，展区面积120平方米；2021年组织芜湖航产园10余家企业亮相珠海航展，人气爆棚，展区面积近200平方米；2022年芜湖航产园在珠海航展主场馆设立500平方米的展区，携手20多家企业集体亮相。

与时间赛跑 承诺终会兑现

2020年的最后一天，芜湖航空迎来了里程碑意义的突破——华明航电具有完全自主知识产权的CR9综合航电系统获得中国民航局颁发的25项CTSOA证书，一举成为国内通用航空综合电子领域领军企业。

民航华东局负责人2019年4月在安徽的调研会上指出：综合航电技术是中国民机真正“卡脖子”的技术。综合航电系统是飞机上所有带电的智能化设备总成，是飞机的大脑和核心，价值约占先进飞机制造成本的三分之一，系统复杂，技术难度大，国内无相关产品，完全被国外垄断，研发综合航电系统是完善芜湖乃至国家航空产业链的关键一环。2017年9月4日，安徽华东光电技术研究所、芜湖市建设投资有限公司携手杨良勇核心科技团队等投资成立安徽华明航空电子系统有限公司，立志要逆转外国人对于中国通航“缺心少魂”的评价，而这样的结果杨良勇团队等了三年、奋斗了三年，他们把一天当作两天来用，与时间赛跑。2020年中国民用航空华东地区管理局在其官方网站上发布通讯文章中称：华明航电CR9通用航空综合航电系统对我国通航制造业意义重大。2022年2月10日，CR9通用航空综合航电系统关键技术研究与验证项目通过国家级科学技术成果评价，评价结论为：该系统复杂，技术难度大，系统综合性能达到国际先进水平。

现如今，走进航产园区，各条战线上，机器的轰鸣声是产业发展最动听的交响乐。在雄名端齿的周年庆典上，一群日韩友人围绕端齿工艺激烈讨论，他们惊讶于雄名的技术突破。端齿在日本机械工业称为A类部件，也是欧美航空发动机企业一般不愿意外协的部件，是相关项目中机加工精度最高的工件。通过多年的努力，雄名目前是国内唯一能同时设计制造端面弧齿、端面直齿和端面扇形齿的企业，主要的客户有罗罗、西门子、马扎克、斗山、中航、新奥集团等知名企业。“湾沚智造”正在唱响中国。

党建聚合力 链上育动能

百舸争流，破浪者领航；千帆共进，奋勇者当先。

2020年8月，经组织批准，芜湖航空产业党委正式揭牌，是航产企业人才成长进步的“加油站”，更是推动产业创新发展的“发动机”。这标志着芜湖航空产业的顶层建设进一步得到了完善，并为高质量推进产业发展提供了坚强的组织保障。

将党组织建在产业集群上，聚焦“党建聚合力，链上育动能”，推动形成“优势更优”的新态势，芜湖航空打造航空产业链党建的“湾沚样本”。发挥产业集群党委“红翼”品牌、红色领航员作用，统筹党委班子成员联系人才机制，落实党员中的“安商”专员带专班制度，红色“问诊”、人才服务月、人才沙龙等活动常态化开展，为各类人才提供企业注册、分类认定、购房补贴等一站式服务。

在疫情防控期间，芜湖航空产业党委坚持党员在产业一线，持续激活产业“红色细胞”，园区企业研发防疫无人机、应急无人机支援一线，积极履行社会责任，从轮岗值守、物资捐赠等方面为疫情防控工作提供力所能及的帮助和服务。

三、乘势而上 谋划未来

时间转眼来到“十四五”，2021年4月21日公布的《安徽省国民经济和社会发展第十四个五年规划和2035年远景目标纲要》直接提及的

“芜湖航空元素”多达12项，明确支持芜湖高标准推进航空新城建设。

芜湖市“十四五”规划纲要中“航空”被提及97次，“通航”被提及15次，规划明确指出要做大做强航空产业和空港经济，坚定不移发展航空等战略性新兴产业，以只争朝夕的精神，加快“三地一区”建设，将航空新城建设作为“一湾四极”空间布局的重要举措，乘势而上，谋划未来。

共享临空时代

“临空临天下，近港近未来。”融入长三角世界级机场群的芜宣机场，进一步完善城市功能，服务多式联运，强化应急保障，维护城市繁荣。

2020年9月，时任国家民航局局长冯正霖来芜调研民航发展情况，给予了“没有想到、出乎意料”的评价，并表示支持芜湖发展航空货运。同时，一个振奋人心的消息令这片热土再度升温——中国（安徽）自由贸易试验区芜湖片区正式挂牌。芜湖片区打造开放型产业集聚区、战略性新兴产业先导区、江海联运国际物流枢纽区的三大定位，与芜宣机场空港经济发展谋划多点联动、深度融合。

同年10月，安徽省政府、芜湖市政府分别与京东集团签署全面战略合作协议，以龙头物流电商企业+支线机场发展模式成为落实现代流通经济体系建设的生动实践，京东航空货运枢纽、京东智联云（芜湖）数字经济创新示范基地、京东智能供应链产业园等项目同步签约落户。一时间，千亿规模临空项目成为投资亮点，在接下来一年多的时间内，京东与芜湖进行了20多轮的谈判，最后签订投资协议。

芜湖深耕专业航空货运枢纽港，芜宣机场临时口岸得到海关部门支持，推进临空经济区建设、打造国际航空货运枢纽港被写进了长三角民航规划。同时，立足于航空物流对制造链的重塑和再造，一批临空指向型和服务型项目即将拔地而起，“全球123快货物流圈”在期待中逐步形成。

寻找低空改革“最优解”

与此同时，芜湖航空还迎来了另外一个战略机遇。2021年2月，安徽省低空空域管理改革试点方案获国家批准。同年12月，芜湖在安徽省率先组建了市低空空域协同运行管理委员会和办公室，《芜湖市低空空域管理改革试点工作行动方案》应运出台。

“您好，我这边是愿景飞机旗舰店客服，刚刚看到您在我们店里拍下一架CTLS固定翼轻型运动飞机，恭喜您成为我们天猫店铺的首位顾客，我们将在3个月内完成交付。”这是2021年11月11日当天，愿景通航首架线上飞机在天猫平台成交时的场景。至此，芜湖斩获了全网销售飞机“第一单”，也因此开启了低空运营集聚发展的新篇章。

梦想就像热气球，要有热情才不会坠跌。

芜湖已获批16个临时空域14条飞行航线，联动打造低空“走廊”。在三元通用机场的1号、2号机库，16家通航运营企业有序开展飞行任务，来自吉林、浙江等省的小伙们在湾沚实现了个人飞天梦；开通空中旅游航线3条，日平均飞行接近百架次；陶辛香荷飞行营地，三架自转旋翼机蓄势待发，芜湖某学校的研学团队正在有序体验飞翔的乐趣；亚务降落伞携手腾讯，演绎现实版“和平精英”，完成3次飞行、2架次40人次跳伞，并制成该游戏主打宣传视频。

而在湾沚区的陶行知幼儿园中，航空特色办园正在引领风尚，200平方米的少儿航空科普馆在2022年9月开放，真正做到了航空事业从娃娃抓起。同时，全国青少年航空模拟飞行挑战赛（安徽站）将在芜湖市湾沚区举办。

航空智造的“四梁八柱”

每座城市都有它的精神源头，也都有它的精神走向——由于向往飞翔，人们才会寻找飞翔的方法。

伴随着航空智造链条的夯实和配套体系的完善，航天三院海鹰无人机——国内无人机研制国家队来芜发展。为了拿下该项目，承载地湾沚区主动衔接，邀请研发团队来芜考察，历时9个月，经多轮磋商，反复研究，最终敲定合作方案。

2021年9月25日，全省第九批重大项目集中开工动员会主会场设在湾沚区。就在海鹰项目开工的那一年，已经谈判近3年的北京中航智科技有限公司终于将整个巢湖基地项目整体搬迁到湾沚发展。湾沚在当年设置了首支5个亿规模的政府母基金，全部扶持航空重点企业发展。业内标杆投资动向具有一定的引导意义，目前水陆两用大型物流无人机、飞机循环再利用、运动飞行汽车等项目的再推进更加丰富了芜湖智造模式。

也是在这个时期，北京航空航天大学全国首个航空科技主题园区在芜运营成为典范，两年入驻率超90%，航空小镇、标准化机库、1000亩通航零部件制造聚集区、500亩通航运营区稳步建设。正是有这些案例先行，国内以“基金+数据+智库+运营”四轮驱动创新模式的新型资本集团——春光里投资100亿元在湾沚打造春光慧谷·智能航空科创园，118天完成谈判、签约、落地、办证、开工，既刷新了航空发展速度，也为更多科创项目入驻打造了不一样的想象空间。

征途是星辰大海

新时代的使命，是干事创业，是建功立业；新时代的征途，是浩瀚天宇，是星辰大海。

卫星导航系统是重要的空间基础设施，为人类社会生产和生活提供全天候的精准时空信息服务，是经济社会发展的重要信息保障。

认识椭圆时空创始人是源于芜湖城市合伙人春光里集团董事长的推介，至此芜湖发展的维度有了更高层次的突破，从汽车到无人机到通用飞机再到太空卫星。“星池计划”是椭圆时空正在建设的全球首个通导遥一体化星座，是十分重要且具有广阔应用前景的空天信息基础设施。

无独有偶，2022年2月27日11时6分，国星宇航大运号卫星搭载长征八号遥二运载火箭在文昌航天发射场成功发射，湾沚区委书记殷琼受邀参加观礼及庆功仪式，并在会上作了精彩的招商推介。2022年4月18日，双方正式签订投资协议，将共同建立航天品牌，布局未来方向，做优做强做大碳卫星研制及应用产业，构建“产、研、创”一体化平台，打造零碳综合体、零碳园区、零碳城市示范试点等。

拥抱未来最好的方式，就是创造未来。没有一座山峰，不属于回首时的翠微。

仰望长空，航线将城市与世界连为一体，芜湖专业航空货运超级枢纽港，实现“小机场大货运，小中心大基地”。

俯瞰大地，产业强劲驱动城市活力迸发，国际航空器研发制造和维修保障中心引领航空高端智造链条不断拓展。

逐梦未来，“低空经济”推动芜湖站上高质量发展新风口，与时代同行，携鸠鸟腾飞，探索“一往‘芜’前、心梦翱翔”的无限可能！

（执笔：唐建阳）

比亚迪回家的故事

2022年6月10日，这是一个见证历史的日子，国产之光比亚迪股价收涨8.19%，报每股348.8元，创下历史新高，总市值首次突破万亿元大关，达1.02万亿元，成为首个跻身万亿元市值的国产汽车品牌。在全球车企市值排行榜中，比亚迪超越大众汽车，排名全球上市车企第三，仅次于美国特斯拉、日本丰田。对此比亚迪人称：没有奇迹，只有奋斗不息。

比亚迪公司董事长兼总裁、创始人王传福先生与无为有着千丝万缕的联系。有心人也许会从新闻中发现，2022年4月14日至15日，安徽省委书记在芜湖市就落实重大国家战略、统筹推进疫情防控和经济社会发展等工作开展调研，第一站到的就是比亚迪无为产业园。

一、柴门贵子 无为英才

无为市，是一个英雄辈出、文脉源远流长的地方。在这里发展壮大的新四军第七师金戈铁马，纵横大江南北。这里曾涌现出抗日民族英雄戴安澜、擂鼓诗人田间等仁人志士。这里诞生出两位“七一勋章”获得者——“渡江英雄”马毛姐和人民音乐家吕其明。

王传福就出生在这片红色热土上。他的父亲是一名技艺出色的木匠，曾担任过大队书记，一家人以木工手艺活为生。他排行老七，有5个姐姐、1个哥哥和1个妹妹。虽然家里有时吃不饱饭，但一家人生活在一起也其乐融融。

平静的生活因父亲病逝而被打破，家境也由此急转直下。有父亲就有依靠，就有温暖；失去了父亲，一家人就失去了靠山。王传福的5个姐姐先后出嫁，妹妹被寄养，而哥哥王传方不得已辍学，开始打零工赚钱养家。王传福、王传方和母亲相依为命。生活的不易，让王传福比同龄人更懂得要用功读书，在为民小学读书时，村里老人凌井村现任书记朱克宏回忆说，王传福小时候和村里孩子一同上课、玩耍，但他考试时总比别人成绩好，属于天资聪颖型。

屋漏偏逢连阴雨。两年后，王传福在檀树初级中学即将参加毕业考试时，他的母亲又撒手人寰。再次遭受失去至亲的悲痛，又因毕业考试缺考两门课程没有考上当时包分配的热门中专，王传福连遭打击。

祸兮福之所倚。也许正因为没有上中专，王传福才会走得更远，飞得更高。否则，他可能会被湮没在平凡的生活中。当时，面对家庭的困难，王传福继续学习的念头有所动摇，此时哥哥王传方却鼓励他：“再苦再累也要读书，只有读书才是唯一的出路。”

1980年，王传福就读于无为二中。进入高中后，王传福开始了住校生活。学业上的困难没有击败他，但有时候“一文钱难倒英雄汉”。

每个月末，王传方的妻子、王传福的嫂子张菊秀都会给他10元生活费。可有一次，家里实在没有钱，嫂子挨家挨户凑到4元多钱交给王传福，让他不至于在学校饿肚子。高中老师曾提及他，感慨地说："王传福是我教过最努力的学生之一，他每天只睡几个小时。"王传福发奋读书，1983年他以全校第一名的成绩考上了位于长沙的中南矿冶学院（现为中南大学）冶金物理化学系，成为当年无为二中唯一考上大学的理科生，也由此成为村里人的骄傲。从此，王传福由"柴门"成功跃入"龙门"。

长兄如父，长嫂如母。王传福能够考上大学，离不开哥哥和嫂子的全力支持。王传福上大学那天，哥哥将结婚时戴的一块上海牌手表送给他，嫂子变卖了具有纪念价值的嫁妆——一对金耳环，并将所得全部给他交了学费。后来，王传方为了更好地照顾千里之外的弟弟，又把家搬到了弟弟的大学所在地长沙，在学校门口摆摊售卖无为板鸭等。

1987年7月，21岁的王传福大学毕业后进入北京有色金属研究总院攻读研究生，他把时间和精力投入电池研究中去，1990年毕业后留院工作，工作的第二年，就被破格委以研究院301室副主任一职，是当时单位里最年轻的副处级干部。

至此，对于芸芸众生而言，也许可以躺平了，但王传福勇于走出舒适区，经历了人生三次大转身。每一次转身，事后证明他的判断都是正确的。

第一次大转身，下海经商。1993年，研究院在深圳成立比格电池有限公司，王传福为公司总经理。深圳地属改革开放最前沿，当时很多人在用"大哥大"，售价高达上万元，而里面的一块电池就卖到上千元，而电池，恰好是王传福的研究专长。更令他振奋的是，在那个时期，世界电池制造大国日本宣布放弃镍镉电池的生产制造，这对中国而言是一块"大肥肉"。王传福想扔掉手中的"铁饭碗"下海经商，对于这个举动，兄嫂劝，表哥吕向阳也劝，但王传福没有退缩。最终他得到兄嫂支持，吕向阳也在王传福融资无路的时候借给了他250万元的创业基金。1995年辞职后，王传福创办比亚迪公司并进入电池领域。历经与三洋、索尼、富士康商海之战后，比亚迪公司于2003年成长为全球第二大充电电池生产商，王传福成了“电池大王”。中国香港风险投资公司汇亚集团董事兼常务副总裁王干芝评价说：“王传福是我见到少有的非常专注的人，他大学学的是电池，研究生学电池，工作做的还是电池。”正是因为长期专注于电池领域，他才能做出成果。“技术为王，创新为本”，一直是比亚迪公司坚守的理念。

第二次大转身，跨界汽车制造。2003年1月23日，比亚迪集团旗下比亚迪股份有限公司在香港主板上市，以2.54亿港币（2.69亿元人民币）的价格收购了西安秦川汽车有限责任公司77%的股权。消息传开，质疑声四起。有人质疑，为什么外行人要造汽车？为什么不深耕电池行业，不进军手机、电动车行业？有的基金经理甚至威胁王传福，如果不听劝阻执意收购，就将抛售比亚迪的股票。计划宣布的第二天，比亚迪开市就迎来了基金经理的“洗仓”，股价从18元急跌至14.45元。王传福曾说：“业界也有一句传言，‘想害谁就让谁去做汽车’，做汽车这事不好玩。”2003年，这一年中国盛行一股外行造车风，美的、奥克斯、格林柯尔、波导不约而同进入汽车行业，但很快这些资本都从汽车行业败退下来，只有比亚迪成功了。比亚迪先后推出F3、F6等经典车型，特别是2008年9月27日，在美国著名投资者“股神”沃伦·巴菲特的加持下，其投资旗舰伯克希尔·哈撒韦公司旗下附属公司中美能源控股公司宣布认购比亚迪2.25亿股股份，约占比亚迪本次配售后10%的股份，交易总金额约为18亿港元（2.3亿美元）。巴菲特的投资传递了对比亚迪发展前景和品牌价值的认可，比亚迪由此走上快速发展之路。2009年，王传福以13亿美元个人财富名列福布斯全球富豪榜第559位。当年9月28日发布的“2009年胡润百富榜”，这位“汽车大王”又以350亿元身家成为中国首富。比亚迪的成功之路，见证了中国民族自主品牌的发展征程。

第三次转身，全面转型新能源汽车。早在2005年，比亚迪就成为国内第一批进入新能源汽车领域的企业，但直至2013年，中国新能源汽车销量仅1.76万辆。2014年，王传福决定全面转向新能源车时，内部高管质疑时机是否成熟，后来有一段时间企业销量和业绩甚至出现下滑。在这个漫长的产业等待期里，王传福只能一边目送吉利、长安绝尘而去，一边用燃油车赚来的钱艰难地维系着电动汽车的梦。但这种坚持和隐忍，也让比亚迪炼出了刀片电池、DM-i混动等技术，最终在电动车时代到来之际全面爆发。2022年比亚迪宣布，从3月份停产燃油车；7月3日，比亚迪公布的产销数据显示，2022年1—6月累计销量64.14万辆，同比增长314.9%。这意味着，2022年上半年，比亚迪汽车销量超越特斯拉，成为全球销量冠军。而特斯拉2022年7月3日早间公布的数据显示，其上半年销量约为56.47万辆。

“无为无人不识君”。2020年3月9日，王传福荣膺《财富》“年度中国商人”称号。王传福的经历和事业上取得的成功，引起了家乡人的热议，他成为无为的英雄，成为无为老百姓“望子成龙”的榜样。就连无为市情介绍中，也将王传福等商界精英作为名片广而告之、推而广之。

二、浓浓家乡情 拳拳赤子心

水是家乡甜，月是故乡圆。家是永远的港湾，却也是永远的牵挂。

冰心曾写道：“成功的花，人们只惊慕她现时的明艳！然而当初她的芽儿，浸透了奋斗的泪泉，洒遍了牺牲的血雨！”有的人，往往只看到别人光鲜亮丽的一面，却不知道别人背后付出多少努力和艰辛。1995年王传福去深圳创业，虽20多年没有回无为，但他一直心系家乡。

亲情是剪不断的线。王传福和哥哥王传方手足情深。在事业上，王传福得到了兄嫂的全力支持，他们也为比亚迪的创建和发展立下了汗马功劳。据说，王传福在比亚迪内部被称为“王总”，集团唯一的“王总”；王传方掌管比亚迪后勤部门，被称为“王部长”，集团唯一的“王部长”。哥哥和嫂子经常回老家，帮王传福办理一些事务。从10多年前开始，哥哥王传方坚持每年清明、冬至回老家，对王咀和潘头两个自然村村民，按照男60岁、女55岁标准，每月发放200元，让村上老人老有所养。凡是老家两个自然村有什么困难，由王传方出面尽力解决，村上的公路、路灯等都是王传福出资修建。

家在，根就在。王传福老宅原有四间草屋在倒塌多年后，由哥哥王传方张罗，在原址建起了一座带庭院的四层楼房，地上三层、地下一层，整个建筑外墙为白色大理石，近看古朴庄重，远看与周边村民的房屋相比并不显得突兀，这就王传福的个人财富来说，显得低调内敛。

祠堂是王氏的根和魂。离王传福老家房子几米处，由王传福捐资兴建一座坐北朝南的徽派宗祠，大门左边墙壁上有社会主义核心价值观“富强、民主、文明、和谐，自由、平等、公正、法治，爱国、敬业、诚信、友善”24个字，右边墙壁上有“产业兴旺、生态宜居、乡风文明、治理有效、生活富裕”20个字，大门左右对联为“一脉出书门子孙栋梁，三槐生福地枝叶茂盛”。祠堂正前方为一小广场，广场东南角矗立着用五根石柱架起的“百孝亭”。王氏宗祠西边为文化活动中心，安装若干健身器材，是父老乡亲健身、休闲的乐园。

俗话说，儿不嫌母丑，狗不嫌家穷。王传福在实业报国、参与公益事业的同时，从未忘记用拳拳之心反哺生他养他的故乡。

2006年6月，王传福在宣布纯电动轿车F3e研发成功时，向无为县政府捐赠10辆。当时王传福附信一封，信的主题是“紧密合作，共创无为美好未来”。时任县长袁之应回信：“你无偿向家乡捐赠10辆‘精纯、致美’的F3e轿车，这不仅让家乡人民分享了你的成功和喜悦，更是让家乡人民深深地感受到‘游子造车，回馈故乡’的浓浓乡情!”他表示，值此比亚迪汽车突飞猛进发展之际，县政府将在公务用车、出租车市场用车方面优先选择和推荐比亚迪汽车。

2010年，比亚迪表示捐赠2000万元用于无为城市桥梁建设。该桥于2015年9月16日开工，全长872米，宽28米，双向四车道，2017年11月15日建成通车，总投资6400万元。该座桥梁被命名为“比亚迪大桥”，成为国道G347跨越无为西河的一座重要桥梁，是连接无城城南新城和城东新城的重要通道，方便了群众出行。

2016年汛期，无为遭遇百年不遇的特大洪灾，无城镇凌井行政村王咀和潘头两个自然村也未能幸免。灾情牵动着游子的心，哥哥王传方专门赶回无为，在凌井村现场自掏腰包给老家受灾村民们提供伙食补助，缓解了大家的燃眉之急。除现场救助外，王传方还募集了50多万元用于救助受灾村民。当年7月8日，比亚迪宣布向无为灾区捐赠500万元现金，其中300万元定向捐赠凌井村受灾民众，无定向捐赠200万元用于资助6个受灾乡镇“博爱家园”项目建设。在《2016年无为县抗洪志》一书中清楚地记载了爱心单位72个，比亚迪股份有限公司位列其中。这笔捐款，是当年无为县红十字会收到的最大一笔现金捐款。此外，王传福还发动其他社会各界人士进行救灾捐赠。

2020年新冠肺炎疫情汹汹来袭之际，在无为市疫情防控物资紧缺的关键时刻，3月1日（正月初八）上午，比亚迪采购了15万只一次性医用口罩捐赠给无为市，助力抗疫一线人员打赢疫情防控阻击战、人民战，这彰显了比亚迪公司心系无为、关心无为的大爱之心。

三、好事多磨终成事 佳期难得自有期

比亚迪公司一步步发展，家乡也时刻关注着王传福，从总裁、副总裁、高管，再到大量无为籍员工，无为市多层面发挥人脉资源优势，加强与比亚迪高层人员的联系。

联系最紧密的首推两个关键人物。一个是哥哥王传方，王传方多

年来一直与家乡保持密切的联系，他希望能够在无为投资，为家乡做点贡献，将来落叶归根。另一个是王传福的高中老师宇正义。

王传福高中毕业一年零五个月后，王传福的老师宇正义也从教师岗位转为从事行政工作，从1996年5月起开始担任县领导职务，于2017年4月以县人大常委会主任、党组副书记退休。据说，王传福曾向比亚迪总裁办交代，无论再忙，凡是老师宇正义来电，一定要告诉他。

自2005年8月无为县委、县政府设立招商局，并下设广州等5个驻外招商办事处以来，无为历任党委、政府和招商局（投资促进中心）负责同志大都通过其哥哥王传方和老师宇正义沟通对接、引荐拜访，每年前往深圳拜会王传福和其他比亚迪高管。

2011年6月28日，当无为县委、县政府欣悉比亚迪公司A股将于6月30日在深圳证券交易所鸣锣开盘之际，专门发去一封贺信。

2013年，面对中国新能源汽车推广过程中的一些困难，比亚迪加速国内新能源汽车整体布局。比亚迪为进入华东地区市场，迎来了与芜湖市、无为县合作的契机。2013年11月22—23日，芜湖市委与无为县委领导赴比亚迪公司考察对接，在参观了比亚迪公司展厅、试乘试驾了新能源e6电动车后，在随后的座谈会上表态："新能源是国家发展的战略型产业，发展新能源汽车对于加强环境保护、发展公共交通等具有重要意义。比亚迪在这一领域技术领先、市场广阔，发展前景良好，市委、市政府全力支持比亚迪在芜投资项目，努力做好政府服务。"

当时，王传福介绍了新能源汽车项目进展情况。他表示，发展新能源汽车产业算的是经济效益和社会效益两本账，芜湖汽车产业基础雄厚，希望能够与芜湖携手实现共赢。同时他表示，回家乡投资是他多年来的心愿，此次在家乡投资新能源汽车项目正是一个最佳契机。

比亚迪公司回乡投资是家乡人民多年的期待，一直以来，县委、县政府一直与比亚迪公司保持联系，并已为项目落户做好了前期准备工作。

随后，比亚迪公司也派高管来芜湖市、无为县洽谈。拟在无为投资比亚迪纯电动大巴车项目，在无为经济开发区城东工业园区规划占地1000亩，一期项目用地300亩。比亚迪投资方要求，芜湖市从政策和资金上支持比亚迪纯电动车项目，并要采购一定数量的比亚迪纯电动大巴车和电动出租车。

芜湖市、无为县相关工作人员与比亚迪公司高层保持着密切沟通。2013年12月6—9日，芜湖市和无为县专门安排人员，赴西安、长沙、深圳三市考察比亚迪电动车市场运营情况。当时考察组建议，希望芜湖市政府重视“政府公交、公交优先”，排除干扰，从政策和资金上大力支持比亚迪纯电动车项目尽快在无为落户。考察组提醒，比亚迪公司希望年底前能签约成功，以便纳入该公司2014年产能计划。由于种种原因，项目最终被搁置。后来，该项目落户南京溧水区。

四、瞬间触动 重回故土

时间拨转到2018年4月11日下午，王传福一行原计划在合肥转机赴蚌埠市洽谈云轨项目，由于飞机延时，此时，他的哥哥建议他回老家看看。老家无为离合肥市车程1个多小时，王传福思乡之情瞬间被触动，同意回无为。

王传福一行第一站，先回老家凌井村。虽然王传福是临时起意回老家，可家乡的村容村貌却十分整洁干净，他了解到无为正在实施农村垃圾处理一体化，过去脏乱差的环境一去不复返了。王传福老家之行后，在接受采访时表示：在农村看到垃圾站和垃圾回收箱，觉得比广东的一些地方管理得都要好，很令人吃惊。

随后，时任无为县四大班子负责同志陪同王传福一行参观了城南新城。城南新城位于无城规划区东南部，自2009年8月启动以来，新城框架已初具雏形，建成区面积约8平方千米，常住人口约10万人。

当时看到城南新城高楼林立，面貌焕然一新，王传福感到家乡发展蓬勃。

在前往无为经济开发区的途中，经过一座桥梁，王传福询问后得知该桥被命名为“比亚迪大桥”，是王传福当年捐赠2000万元新建的，无为人民没有忘记他。赠人玫瑰，手有余香。此时，他也感受到家乡人民的感恩之情。

在无为经济开发区，王传福一行了解了开发区的建设和规划等情况。无为经济开发区因2011年行政区划调整，于2012年11月重新在福渡镇建设新开发区，当时基本形成“六纵六横”的道路框架，“三只松鼠”产业综合体一期项目、丰原二期项目等正在建设中，园区呈现勃勃生机。

最后一站，当天晚上10时，王传福一行到母校无为二中参观。据介绍，王传福从无为二中正校门进入，参观了名人广场。名人广场排列着一组名人浮雕，杰出校友王传福就是其中之一。一直以来，无为二中以杰出校友为榜样，激励全体学生：“今天，我以二中为荣；明天，二中以我为荣。”浮雕由半身人物像、汽车、BYD商标、“新能源托起明天”文字等元素构成，两边还有对联“门寒意坚成就伟业，行修德立泽被桑梓”。20多年没有回母校，看到此景此情，王传福很受触动，与大家在此合影留念。

随后，王传福一行还参观了无为二中校史陈列馆。二中校史陈列馆分为开篇、回眸篇、校园篇、关怀篇、队伍篇、耕耘篇、收获篇、展望篇等八个篇章。在收获篇中，穿着工作服的王传福半身照片位列无为二中杰出校友第一位。据了解，每年二中都会组织学生参观校史陈列馆，讲述王传福等杰出校友的故事。参观中，王传福对母校近年来的发展称赞不已，当即表示要给母校捐资助其发展。参观校史陈列馆后，适逢高三学生晚自习下课，王传福还受邀与学弟学妹们一起合影留念。

第二天（2018年4月12日）上午8时，在无为宾馆无为厅，王传福接受无为电视台专访，表示母校和家乡都发生了翻天覆地的变化，虽然晚上没能看见山，但水还是原来的水，菜也还是当年的老味道。

多年来，王传福一直心系家乡和母校。采访中记者得知，2021年高考前夕，王传福虽身在深圳，但心系二中，专门录制了短视频祝福高三的学弟学妹们。在视频中，他说：

亲爱的高三学弟学妹们，作为29年前从无为二中走出的一名学长，我虽身在外地，但心系母校。你们即将走上人生重要考场，在疫情重构世界大格局的背景下，能在小城参加高考，是社会和个人的小确幸。值此建党100周年来临之际，启航新征程的大时空节点，一展不负青春的付出和风姿，你们努力的样子最美、最值得点赞。

新时代，有无限成就梦想的路径。一路上，只要带上阳光好心情，用你们勤劳的双手去创新创业，用敢打敢拼的韧劲去克服艰难困苦，二中必将走出更多大国工匠、更多各界翘楚，美丽中国、美丽家乡建设征途中必定有你、有你们、有我们！

我在深圳遥祝学弟学妹们金榜题名，圆梦成真！

五、试水无为 无为速度

招引比亚迪是无为人的夙愿。2018年4月11—12日，王传福的人回家了，无为人更希望比亚迪的项目能回家。此时，王传福也有意在家乡选择合作项目。王传福回无为一个月后，芜湖市、无为县加强了与比亚迪的联系，同年5月17日无为县还专门成立了以时任县长袁发林为组长的比亚迪项目推进协调工作领导小组。

瓜熟蒂落。2018年5月30日，在时任芜湖市委副书记、市长贺懋燮和无为县四大班子共同见证下，在深圳比亚迪总部，无为县政府与比亚迪股份有限公司举行项目签约活动，时任无为县委书记奚南山致辞。双方签署了投资合作协议和城市立体交通项目合作协议，比亚迪股份有限公司在无为投资建设跨座式单轨产业基地。

该项目总投资15亿元，占地面积633亩，总建筑面积25万平方米，年产20万吨综合性轨道产品，主要用于比亚迪云轨、云巴线路建设。项目建设工期24个月，预计全部建成后年产值达30亿元、税收7600余万元，可解决1000人就业。

投资合作协议约定无为县指定无为经济开发区，比亚迪指定总裁办公室作为联络部门，加强沟通协调。无为县把该项目作为招商引资的一号工程来推进，在比亚迪项目推进协调工作领导小组下，设办公室和征地拆迁、协调服务、政策服务、督查四个工作组，各部门相应成立工作专班，建立比亚迪项目推进责任清单，及时协调解决工作推进中的矛盾和问题，全力以赴保障项目尽早落户，做到要人给人、要钱给钱，特事特办、“事不过夜”，确保服务高效、衔接顺畅。

无为比亚迪项目规划图

项目建设中一般征地拆迁是难题，但比亚迪跨座式单轨产业基地项目自同年5月12日启动征地拆迁后，无为县投入精干力量，全力开展征地拆迁工作，在得到群众充分理解、支持配合的情况下，不到两个月的时间，共完成项目区征地880亩、拆迁92户的任务，创造了无为征拆新速度。

2019年3月30日，比亚迪公司董事局主席王传福、无为比亚迪实业有限公司董事长王传方、融捷投资控股集团有限公司董事长吕向阳等一行回到家乡无为，在视察了比亚迪跨座式单轨产业基地项目建设进展情况后，对项目的建设进展予以高度肯定，对园区服务和营商环境表示满意。

六、引凤还巢 加快发展

家乡的发展呼唤比亚迪，呼唤比亚迪投资更大的项目。也许，正是由于无为市委、市政府对比亚迪跨座式单轨产业基地项目给予强有力的保障、良好的发展环境、独特的区位优势，因此增强了比亚迪在无为再投资的信心。

2021年7月，恰逢芜湖市、无为市党委交替换届。7月11日，芜湖市委书记率无为市委书记等一行赴深圳比亚迪股份有限公司拜访总裁王传福。7月13日，比亚迪提供了总投资100亿元年产30GWh新能源动力电池项目协议，经过两天磋商，明确了投资政策及约束条款等内容。项目于7月15日开始启动协议报会程序，得到了芜湖市、无为市两级党委政府的支持，全程“一事一议、特事特办”，仅10天就完成协议拟定、财务尽调、法务尽调、专家评审、合法性审查、公平性审查等前期工作。对比亚迪投资方提出的政策、金融、土地等要素保障，芜湖市、无为市新一届领导班子敞开胸怀，敢于拍板，“应给尽给”，展现了新作为、新担当、新气象。从初次洽谈到正式签约，仅用时15天。

2021年7月26日，王传福、王传方一行回到家乡，在铁山宾馆与芜湖市委书记会见，并参加了签约仪式。这是王传福第一次带着他女儿回老家。为做好这次接待工作，无为市委书记、市长专程到合肥新桥机场接机，建议安排王传福回老家王咀自然村留宿，在行程线路、餐饮、考察等各个细节上尽力体现周到服务。

项目签约后，无为市立即启动项目保障工作，成立以市委、市政府主要负责同志为组长的指挥部和服务专班，芜湖市委、市政府主要负责人多次到项目现场督促指导。同时，指派专人坐镇一线指挥调度、专班推进，与比亚迪建立联合会商机制，协调解决建设过程中遇到的问题，保证项目建设沟通“零距离”、服务“零时差”。指挥部每周印发工作简报，对任务实施清单管理、销号推进；服务专班每周一调度比亚迪项目建设情况，在土地指标、环评指标、能耗指标、用地、供水、供热、供气、招工等方面，顶格推进，特事特办。

无为市委、市政府秉持“比亚迪考虑到的无为要考虑到，比亚迪没有考虑到的无为也要考虑到”的服务理念，落实新能源产业16项专项保障优惠政策，开辟重大项目绿色通道，建立健全“容缺受理”“告知承诺”“一事一议、特事特办”机制，推进重点项目“拿地即发证”“拿地即开工”。具体项目推动工作中，如了解到项目现场手机信号不稳定，市直部门第一时间安排移动、电信等通信运营商现场勘查，在厂区周围增设3座通信基站；为解决项目11万伏变电站建设困难，专门研究方案从20千米外的鸠江区拉通外线；考虑到比亚迪用工需求大，由人社等部门牵头，制定招工考核奖励办法和全面摸排农村劳动力资源等方式，多渠道帮助企业填补招工缺口，到2022年7月已招工11500人，其中无为籍员工约占70%；因员工宿舍还未建成使用，为保障人员短期生活居住，帮助申请公租房138套免租使用。

自2021年8月26日一期项目开工建设以来，到2022年1月12日第一条生产线投产，项目实现半个月签约、一个月开工、半年内投产，创造了重大项目签约、开工、投产的“无为速度”“芜湖速度”“比亚迪速度”。

随着双方合作的深入，比亚迪产业布局的需要，一期项目落户后，比亚迪又陆续与无为市政府签下二期、三期、四期项目。四期项目，统称为比亚迪无为产业园项目，总投资达200亿元，占地2408亩，其中新能源动力电池长三角制造中心项目投资150亿元，新能源动力电池配件及汽车配件项目投资50亿元。一期投资建设年产10GWh磷酸铁锂“刀片”电池6条生产线及PACK项目20条生产线，二期投资建设年产15GWh磷酸铁锂“刀片”电池8条生产线，三期投资建设新能源动力电池配件及新能源汽车配件项目，四期投资建设15GWh磷酸铁锂“刀片”电池6条生产线。比亚迪无为产业园所生产的“刀片”电池，主要供应长沙、西安、常州等汽车生产基地。当前热销的比亚迪海豚小型电动SUV使用的“刀片”电池，正是来源于比亚迪无为产业园。

无为市在服务保障比亚迪无为产业园项目的同时，投入近3.35亿元完善项目配套，实施供水、供电、道路、通讯等基础设施建设项目12个，已配建公租房和商业、文化等公共服务设施，宝迪商业中心、科技孵化器、城东小学、保障性租赁住房、公共停车场等项目稳步推进。

2022年5月29日下午，芜湖市相关领导再次率队赴深圳比亚迪集团考察。座谈中，王传福感谢芜湖市委、市政府和无为市委、市政府对比亚迪无为产业园项目的关心支持。他说，芜湖是比亚迪布局新能源和智能网联汽车产业链中电池项目的重要一环。双方合作以来，签约、建厂、投产、量产等顺利进行，地方政府在招工、培训、能源供应等方面给予了很大帮助，比亚迪高度认可芜湖和无为的投资发展环境，将全面推动合作项目落地落实，为家乡建设发展赋能添彩，希望政企双方抢抓汽车产业变革的重大机遇，谋划更多合作成果，在新赛道上加快培育新动能，早日抢占产业竞争制高点。

截至2022年6月底，比亚迪无为产业园项目进展较快，已有14条动力电池生产线投产，已实现产值18.5亿元。四期项目全部投产后，预计实现年产值300亿元，税收17亿元，可提供2万人就业岗位，高质量实现“带动无为产业、促进无为发展、富裕无为人民”的共同目标。

比亚迪无为产业园属重大项目，实行“一事一议”。据新闻报道：2022年以来，无为市共兑现比亚迪新能源动力电池及PACK生产线项目17.7亿元，为保障项目顺利推进提供资金支持。这一报道传递的信息，一方面说明无为市对比亚迪无为产业园项目政策优惠支持力度大；另一方面也说明在财政极其紧张的情况下，无为市说到做到，这为打造诚信政府、优化营商环境做了最生动的诠释。

“十四五”期间，随着比亚迪无为产业园从无到有、异军突起，新能源产业成为无为市继电线电缆、绿色食品、新材料、羽毛羽绒之后的第五个百亿级的特色产业集群。当前，比亚迪还在与无为市政府洽谈汽车综合试验中心、比亚迪电子等重点项目，双方合作的广度和深度不断向前推进。

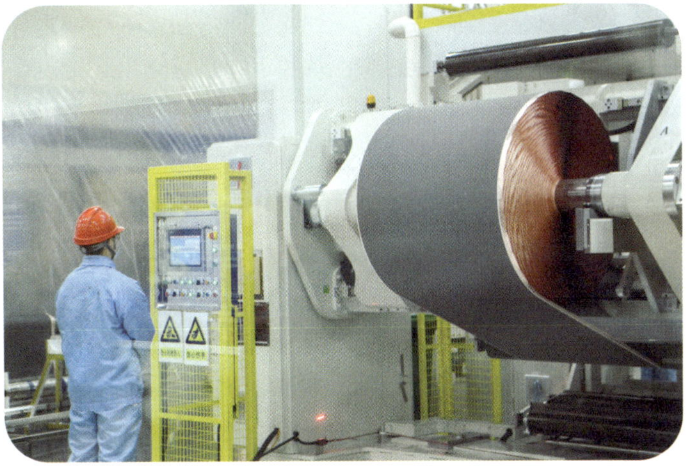

2021年7月，比亚迪投资总额达200亿元的新能源动力电池及配件产业园项目落户无为市

比亚迪和地方政府情意绵绵的良性互动，成为芜湖市、无为市加速创优营商环境的生动注脚，也是无为市多年来实施“凤还巢”工程的成功实践。

近年来，无为市发挥在外成功人士作用，五年共引进“凤还巢”项目313个，占招商引资项目总数的55%，投资金额达882.6亿元；引进无为籍高层次人才团队21支，大中专院校毕业生1.3万人，各类返乡创业就业人员2.1万人，引进的高端人才中无为籍人才占总数的85%。特别是几个大项目都是无为人返乡投资建设的，如姜纯的楚江铜导体产业园、李俊生的徽氏新材料、季学好的贝驰生物、程来凤的荣程电子、王琦的果仁庄、潘晓伟的念果味、陈号新的京森源、蒋洪洲的紫约科技、项旭东的蓝田农业等。

尝到甜头的无为人，于2022年7月28日专门召开市委一届五次全会，推深做实“凤还巢”工程，8月9日出台中共无为市委、市人民政府印发的《关于推深做实“凤还巢”工程的实施意见》的通知，鼓励无为籍在外人士返乡创业就业，放大“凤还巢”工程品牌效应，开展系列活动“唤凤回巢”，完善政策“引凤还巢”，产业集聚“招凤来栖”，搭建平台“筑巢引凤”，优化环境“固巢留凤”，把这个“富矿”充分挖掘出来、使用起来，期待更多的“凤”还“巢”，期待更多的“比亚迪”回家。

我们期待着……

（执笔：潘可田）

芜湖机器人家族不得不说的故事

习近平总书记在2014年两院院士大会上的讲话中指出，“机器人革命”有望成为“第三次工业革命”的一个切入点和重要增长点，将影响全球制造业格局，而且我国将成为全球最大的机器人市场。总书记明确要求：“我们不仅要把我国机器人水平提高上去，而且要尽可能多地占领市场。”

芜湖机器人家族的故事，首先得从一位名叫“埃夫特”的机器人说起。埃夫特机器人从无到有、由弱变强，勇攀工业机器人高峰，努力打破进口机器人的技术壁垒和市场垄断。对今天的芜湖机器人以及机器人产业园来说，埃夫特一路走来发展历程十分艰辛，开创了一条永无止境的创新之路。

一、被“逼”出来的“中国造”

埃夫特，英文名称为“EFORT”，取英文“effort”的“努力”之意，特意减掉一个字母“f”，寓意不断努力，永无止境。

埃夫特原本是奇瑞设备部一个不起眼的板块，最初搞机器人是为了满足汽车生产线对工业机器人的需求。芜湖认准其成长性，迅速启动了机器人项目，面向海内外集聚优秀的企业和团队，导入优质资本，实施四次海外并购，在意大利、美国设立研发中心，伺服电机、RV减速机等核心零部件逐步实现批量化生产，六关节机器人出货量稳居国产机器人第一名。机器人产业园已形成工业机器人、核心零部件、服务及特种机器人、系统集成、智能装备全产业链集聚。

一只只黄色的机械手臂灵巧翻转，精准地完成抓取、焊接等一连贯动作……这是早在2014年就可以在安徽埃夫特智能装备股份有限公司看到的机器人工作场景。这种灵巧的关节型机器人从年销售几十台到年销售量上千台，仅仅用了几年时间。

业外人士很少知道，如今在中国工业机器人领域扛起“自主创新”大旗的埃夫特，前身是奇瑞汽车设备部下面不到10人的装备发展科。一个通常在传统企业中负责设备采购、维护保养的功能科室，为何要承担起勇摘“制造业皇冠顶端明珠”的使命？

“这都是被‘逼’出来的，过去奇瑞生产线上的工业机器人依赖进口，不仅技术受制于人，还常常受气。”时任奇瑞汽车设备部部长、如今的埃夫特公司董事长许礼进坦言，自己当时在奇瑞经常因为机器人“罢工”而挨批。因为没有掌握技术，哪怕机器人出现一个小问题，整条生产线都必须停下来，等着国外工程师打着“飞的”来维修，周期长、成本高，没少耽误生产。

与其仰人鼻息，不如自己造工业机器人！奇瑞高层很快拍板支持机器人项目的落地实施。对于一直拥有自主创新基因的奇瑞来说，“从无到有”的创业故事从来不是天方夜谭。2007年8月，芜湖奇瑞装备制造有限责任公司在芜湖正式成立，也就是现在的埃夫特智能装备股份有限公司。

创业之初没有核心技术，也没有研发经验，许礼进带着团队在全国各地寻找合作伙伴。他们曾前往国内机器人产业集聚地，却没有发现一家企业的现成技术，能符合汽车制造业对六轴机器人的专业化要求。一路寻觅的过程中，埃夫特最终与有着“机器人黄埔军校”之称的哈尔滨工业大学建立合作，共同埋下了机器人“中国造”的梦想种子。整整1年零8个月，双方人员组成的研发团队，从早到晚闷在试验室，吃着学校大食堂，租住着宿舍的高低铺，终于成功打造出第一台机器人样机。

当时奇瑞在建的二焊车间厂房内，专门开辟了一块1000平方米的场地作为机器人的研发车间。2008年9月20日，埃夫特自主研发的国内首台重载165公斤机器人宣告试制成功。看着机器人在生产线上有条不紊工作的场景，大家就像看着自家蹒跚学步的孩子一样激动。时任总工程师的游玮不由迸出了一句豪言壮语：“总有一天，我们要让中国的大中小企业都能用得起高质量的工业机器人!”

创新基因一脉传承。期待“造中国企业用得起的机器人”的埃夫特与立志“造中国人买得起的好车”的奇瑞如影随形。在由“中国制造”通往“中国智造”的创新之路上，出现了越来越多的接力者。

二、机器人家族人丁兴旺

2022年8月26日，第十二届中国国际机器人高峰论坛暨第八届恰佩克颁奖仪式在芜湖市举行。本届论坛旨在大力推动机器人产业集群发展，构建机器人产业发展新生态；贯彻落实数字产业化和产业数字化，加快构建现代产业体系；凝聚行业力量、聚集优势资源，充分发挥行业组织作用。

论坛开幕式上，中国机电一体化技术应用协会发布中国机器人产业综合实力城市排行榜TOP10，分别是：上海、深圳、苏州、南京、北京、广州、杭州、芜湖、东莞、武汉，同时发布了《中国工业机器人产业发展白皮书（2022）》，举行了芜湖市机器人及智能制造“双招双引”重点项目集中签约仪式，13个项目集中签约，总投资逾112亿元。235家单位和个人获得第八届恰佩克品牌奖、产品奖、工程项目奖、产业园区奖、社会组织奖、个人奖。国家芜湖机器人产业园荣获年度优秀产业园区奖。中国机器人城市综合实力排名从上市公司、数值与产值、产业园数量、恰佩克奖获奖次数、机器人上下游市场、政策扶持和人才培养等七个方面进行评分。

近10年来，芜湖市机器人产业取得长足发展，建成全国首个国家级机器人产业发展集聚区，形成了核心零部件自主可控、机器人本体全面接近国际一流水平、机器人系统集成日趋成熟的全产业链集聚态势。目前，全市共有机器人企业200多家，其中规上企业100多家，2021年产值突破300亿元，同比增长30.5%，机器人产业已经成为芜湖产业发展的一张闪亮的名片。

埃夫特机器人及智能装备产业集聚发展

被誉为“制造业皇冠顶端明珠”的工业机器人，是推动“中国制造”向“中国智造”加快转变的突破口。在解决了自主化机器人“从无到有”的问题之后，下一步就是如何实现“从有到优”，由弱变强。而这条路上，埃夫特并不是“一个人在战斗”。

在机器人产业园，和埃夫特一样将“自主创新”大旗插上工业机器人高地的，还有固高科技、翡叶动力等一批整机和关键零部件企业。

2013年10月，国家发改委、财政部批复安徽省战略性新兴产业区域集聚发展试点实施方案，支持安徽加快发展以芜湖机器人产业集聚发展为主体、具有国际竞争力的机器人产业集聚区。同年12月，一个规划面积3.53平方千米的机器人产业园，在鸠江经济开发区启动建设。

沿着“试错—改进—提升”的发展轨迹，埃夫特迅速积累了从单机试制到系统集成的丰富经验。很快，在奇瑞焊接车间上演了多台机器人联动协作的生产景象。

“渐展身手”的埃夫特，并不满足于汽车制造等通用机器人领域的红海竞争。他们坚持与国际接轨的“正向开发”，与关键零部件厂商开展产业链深度合作，推出满足客户多元需求的定制化机型，形成产品竞争优势。特别是在系统集成方面，埃夫特是目前国内唯一开放系统集成工艺包的制造商，抢占家具、卫浴、酿酒等细分市场，开辟出一片蓝海。为了更好地“放开手脚”走出去，埃夫特通过股权改制，从一家奇瑞全资子公司转变为混合所有制公司，为其开辟更加广阔的产业新领域创造了有利条件。

一次偶然的机会，许礼进在火车上遇到广东某知名卫浴公司老总，谈到眼下的招工难、用工难问题，这位老总满面愁容、苦不堪言：现在愿意干苦脏累活、体力又好，还不存在安全隐患的技术工人实在是太难找了。言者无意，听者有心。许礼进回来后就组织埃夫特研发团队定制开发了面向卫浴行业的喷釉机器人，提供给这家公司试用，试用一年后效果不错，第二年这家公司再度追加上百台机器人的订单。埃夫特还设计出适用于卫浴行业的第一台柔性打磨机器人，填补了国内同类工业机器人空白，带来人工成本降低、劳动效率提高、产品品质提升、节能环保等多重效益。

独辟蹊径闯出了一片天地，底气源自实力支撑。埃夫特做足创新能力建设的文章，以关键技术和核心零部件为突破口，围绕产业链布局创新链，通过产学研平台建设、新兴技术研发、开展国际合作等多种形式，不断提升核心竞争力。埃夫特先后组建了院士工作站和博士后科研工作站、国家地方联合工程研究中心、省工程技术研究中心、省级企业技术中心，与哈尔滨工业大学、安徽工程大学合作，分别组建独立法人的哈特、安普机器人产业技术研究院。真金白银加大研发力度，企业的研发投入占销售收入的8%—15%，先后引进核心团队高端人才100余人，获得国家科技进步奖二等奖1项，承担工信部、科技部国家科技重大专项2项，国家863计划项目5项，参与制定机器人行业国家标准、行业标准、团体标准17项。

2021年10月22日，第十届中国(芜湖)科普产品博览交易会开幕。
埃夫特智能装备股份有限公司生产的系列产品精彩亮相

目前，埃夫特产品已替代进口机器人，甚至进入韩国、意大利、德国、巴西等海外市场，形成了“学生”与“老师”同台竞技的局面。

“随着我们这样一批自主品牌工业机器人进入市场，日本、德国等国际知名机器人制造企业的在华同类产品市场价格，都出现不同程度的降幅，有的降幅高达20%到30%。”埃夫特公司负责人如是说。

芜湖市一直把机器人产业作为战略性新兴产业重点扶持，鸠江区更是将其作为首位产业，以十年磨一剑的定力，围绕“国内领先、国际知名”的定位，全力打造具有国际竞争力的机器人产业集聚区。机器人基地已集聚机器人企业160余家，连续5年获评全国最佳机器人产业园奖，连续3年安徽省机器人产业发展分类考核第一。

机器人产业园区已集聚埃夫特、酷哇机器人、清能德创等机器人龙头企业10家，埃夫特智能装备科创板A股首发上市，成为中国工业机器人行业第一梯队企业。鸠江区不遗余力扶持这些现有产业链头部企业做大做强，充分发挥头部企业的引领带动作用，促进形成产业集聚效应。2022年以来，全区机器人重点在建项目34个，总投资128.2亿元；投产项目13个，总投资42.5亿元；新签约项目15个，总投资112.1亿元。他们将继续瞄准先发地区的优质机器人企业，聚焦重点薄弱环节和拓展方向，充分做好产业链招商、平台招商、以商招商文章，发挥产业基金、招商顾问、行业协会等作用，和园内企业家朋友一道，想方设法招引一批规模体量大、影响力足、带动作用强的龙头企业，抓住一个上游头部，引来一群中下游配套企业，不断促进产业集聚。

同时，推进产业链延长、聚集。目前鸠江区已经形成了以奥一精机等为代表的关键零部件，以星途科技等为代表的服务及特种行业机器人，以东旭装备等为代表的系统集成，构建了较为完善的机器人及智能装备全产业链，并将继续坚持“重点发展工业机器人、同步发展服务机器人、延伸发展智能制造装备、深度融合人工智能”的发展思路，持续做好延链、补链、强链文章，逐步延长全产业链条，努力扩大产业集聚规模。

三、“走出去”到欧洲“结亲”

2014年，是埃夫特发展史上特殊的一年。2014年6月之前，埃夫特作为奇瑞科技子公司，主要为奇瑞汽车提供整机及配套服务。这一时期，埃夫特没有系统集成业务，只有一些简单的机械化业务。2014年6月以后，埃夫特进入快速发展阶段，一路高歌猛进，在自主研发形成一定的技术承载基础上，寻求海外优势技术资源进行嫁接，产品线性能和技术水平不断提升。基于对制造业的深度调研和精准研判，埃夫特从机器人整机出发，逐步实现机器人整机国产替代，同时实现“换道超车”。

2016年3月初，谷歌智能AlphaGo与韩国围棋九段棋手李世石举世瞩目的“人机大战”，让人们再度聚焦机器人产业发展的广阔前景和无限可能。在发达国家纷纷“回归”制造业和我国拥抱“工业4.0”的大背景下，一场全球范围的机器人产业革命，正在不知不觉中悄然兴起。

风乍起，吹皱“智造”一池春水。就在世纪“人机大战”拉开序幕的前一天，2016年3月8日，埃夫特智能装备股份有限公司成功收购意大利EVOLUT公司。

“在中国制造全面升级和人工智能等技术逐步产业化应用的大背景下，埃夫特与EVOLUT的合作，是我们打通产业应用的一个重要战略举措。”时任埃夫特智能装备股份有限公司总经理许礼进在签约仪式上表达了埃夫特推进国际化战略的信心和思路。

此番“联姻”意大利EVOLUT公司，并非埃夫特的第一次海外收购。2014年11月，埃夫特宣布收购意大利CMA机器人，强化埃夫特在喷涂领域的竞争力。短短一年多之后，埃夫特又“看中”了在金属加工和系统集成方面有着25年经验的EVOLUT，为其强势介入铸造行业的五金件打磨、修边、切割，汽车零部件的智能装配等领域积攒实力。

“无论是CMA还是EVOLUT，我们都是以技术为导向、有方向性地开展收购，整合优化产业链。”埃夫特销售部负责人说，当初收购CMA，正是瞄准国内自主化机器人缺少高端喷涂，特别是防爆机型的市场机遇。而CMA早在2006年就通过了欧洲防爆认证，2012年又通过了粉尘防爆认证，具有成熟技术和经验优势。双方在芜成立的合资公司希美埃机器人技术有限公司，主攻喷涂机器人研发销售和成套喷涂解决方案。一批针对中国市场研发的拥有自主知识产权的喷涂机器人，面市后很快得到国内数十家知名家具、陶瓷企业的青睐。

“强强联手”的国际合作，让埃夫特找到一条迅速突破核心技术壁垒的“捷径”——通过双方成立合资公司的形式，实现技术的消化吸收再创新，加快在产业链关键节点落子，不断缩小与国外先进水平的差距。“埃夫特将致力于打通产业应用、提升本体性能、实现核心部件突破，通过‘国际化战略’和‘人才战略’促进自主化机器人发展。”许礼进如是描述埃夫特的产业发展路径。

时隔一年有半，意大利时间2017年9月28日，埃夫特智能装备股份有限公司收购欧洲知名汽车装备和机器人系统集成商W.F.C集团的交割仪式在都灵举行。

埃夫特的加速并购，旨在通过双方的强强联合和优势互补，进一步完善埃夫特自身的下游产业链布局，以提升在汽车焊接自动化，尤其是新能源汽车铝制车身机器人焊接、高铁、航空制造等领域的核心竞争力和整体实力。

同时，双方通过在研发、技术、销售、跨领域协作等方面的资源共享和深度合作，产生最大化的协同效应，进一步扩大双方在中国及海外市场的竞争实力和市场占有率，实现共赢发展。

事实上，作为国家级芜湖机器人产业集聚试点的领军企业，埃夫特一直以来依托“自主创新”和“海外并购”并行的双引擎模式，通过兼并引进和吸收海外机器人及工业自动化领域的先进技术和经验，已经形成从核心零部件到机器人整机再到高端系统集成领域的全产业链协同发展格局。

“先后并购的4家欧洲企业，都能够和埃夫特形成深度互补，真正能够补短板、强能力。”许礼进说，埃夫特切切实实拿到，并消化吸收了国外的先进技术，不仅守住了中国市场，更借力国产化智能装备的超高性价比，抢到了欧洲甚至全球的市场。

这个过程中，公司的使命也更加清晰，即由“制”造智能化装备变为“智”造智能化装备。许礼进认为，必须创新，必须学习，必须要有国际化的视野，必须打造国际一流的水准。许礼进坦言，从2008年埃夫特第一台焊接机器人的诞生，到现在成千上万家企业应用了埃夫特的产品。历经时间的考验，埃夫特机器人毕生的追求，就是为全球客户提供用得起、好用和会用的智能机器人，以及跨行业智能制造整体解决方案，打造中国工业机器人第一品牌，成为全球工业机器人第一梯队企业。

四、机器人在与技术工人抢饭碗吗?

2022年8月9日，虽然已立秋两天，但依然处于三伏天的中伏，天气十分炎热。由于一段时间以来持续晴热少雨，芜湖各大公园保洁、植被补水都成了问题。但芜湖雕塑公园的环卫工人在机器人的协助下，各项环卫工作都在有条不紊地开展。

当日上午，尽管酷暑难耐，雕塑公园环公园的主道及铺设在主道上的塑胶跑道依然干干净净。正在忙碌的园林工人说，除了我们看到及时清扫外，也和公园机器人“清洁工”不停工作有关。说话间，一台无人驾驶的扫地机器人正沿着公园塑胶跑道自动作业，仔细观察发现，这台扫地机器人“行走”过后的路面非常整洁，大小落叶都能轻松清理干净。

这台扫地机器人来自芜湖机器人工业园的酷哇公司，每天上午都会环雕塑公园对道路进行保洁作业，中午充一次电后再工作一下午也是家常便饭。这样既能有效提高保洁效率，也可以大大减轻环卫工人的劳动强度。

机器人在与技术工人抢饭碗吗？埃夫特机器人用自身的创新实践回答得铿锵有力，我们的使命是“智”造智能化装备，解放人类生产力！

1921年，捷克作家卡雷尔·恰佩克发表了新剧作《罗素姆的万能机器人》，剧名中的“Robota”一词被用来形容一种经过生物零部件组装而成的生化人——为人类服务的奴隶。这个词后来演化成了“Robot”，成为人造人、机器人的代名词。

一百年前，人们对机器人的美好想象，今天已经逐步变成了现实。

业内人士分析认为，全球市场对机器人产业的大规模投入，反而会刺激研发和生产领域就业人数的增多，进一步解决就业问题。对于中国而言，工业竞争优势主要来源于劳动力数量，而非高科技创新。在此前提下，推动机器人普及的同时，必然会在短期内对就业形成较大冲击。然而，伴随国内各种新工艺、新科技的运用，部分旧工种会被淘汰，但同时也会派生出新的就业机会。按照价值链的倍增效应，一个高端制造业岗位通常可以带动三个以上的中低端领域的岗位。所以，不能简单看机器人取代人工顶替就业机会，被淘汰掉的劳动力会随着新兴产业链的形成而自动转移。就像在信息产业链生成之前，很难想象人类坐在家里就能在网上开店、购物。

此外，在更宏大的时间轴里，人类正在从体力时代转向物力时代，再转向智力时代，这也是人类文明不断升级的大趋势，这种进化是不可逆的。

埃夫特机器人的创业者们身处中国改革开放的滚滚洪流之中，当时中国的制造业步履蹒跚，而代表高端制造业的汽车工业更是如此。虽然当时汽车是奢侈品，买一辆车甚至可以买三至五套住房，但当年的奇瑞生产车间和那种艰苦的工作场景，有过汽车制造经历的人都记忆犹新！

传统汽车制造业的工作环境相对较差，劳动强度大，产品质量也无法得到有效保障。

冲压车间：以手工线为主，工序件的上件、取件主要依靠人力，安全性不能百分之百保证。如果部分生产线使用陈旧的机械离合器压力机，冲压过程中摩擦产生的噪声和粉尘就较大。工人们抬着几十公斤重的钢板在压力机边成型、冲边，沉重的冲压件压得人透不过气，巨大的噪声震得人耳朵嗡嗡直响，稍不留神就容易被碰伤、划伤或压伤。

焊装车间：悬挂点焊机加手动气动夹具就是车间的主要装备，对焊接尺寸、焊点强度方面一致性保障能力欠缺，工人不停地翻转焊钳，劳动强度较大。焊机火花四溅，特别是盛夏时节，暑气蒸人，工人们抱着几十公斤重的焊钳，穿着厚厚的防护服，累得汗流浃背，一不小心就会被飞溅的火花和焊屑烫伤。

涂装车间：中涂和面漆采用人工传统的空气喷枪，喷涂质量得不到保障，且油漆利用率较为低下。涂装PVC采用人工操作，产品一致性较差，油漆车身内表面均为人工喷涂，效率低，局部喷涂一致性较差，空气中散发着油漆味。尽管穿戴了防护用具，但长年累月工人们在给车子喷上鲜艳的“外装”的同时，也不可避免地吸入了油漆和粉尘。

总装车间：人机工程运用不尽合理，自动化装备不普及，沉重的零件只能通过简单的吊具辅助安装。工人们卖力地搬着沉重的零件，一个接着一个装上汽车，繁重而又枯燥。

2002年的一次机会，许礼进随团去德国大众等汽车厂商考察学习。发达国家汽车制造车间里全是机器人、自动化流水线，工人们只需要坐在监控室看看现场视频，远程启动和诊断设备，一按按钮，从冲压车间顺递至总装车间，一辆辆汽车就下线了。全自动化的生产场景，让许礼进醍醐灌顶，这才是真正的先进制造业！当时中国的制造业还是靠着人海战术支撑，如果有先进的“机器人”，我们也可以把工人从危险繁重的劳动和苦脏差的环境中解放出来。同时考虑经济性，中国有门类齐全的制造业，如果在可以替代的工序上都使用自动化设备，也是巨大的贡献和伟大的事业！

由此，埃夫特机器人的使命产生了——“制造智能化装备，解放人类生产力”。

发端于偶然，却行之于必然。当年中国还不具备自己制造机器人的条件，那就得买！汽车企业进口国外的机器人高端装备，虽然改变了车间生产条件，但驾驭这些高端装备的能力和财力却不容小觑。若生产现场的机器人出现故障，请求国外工程师技术支持，不仅价格高昂，更耽误生产周期。创业者们深深感受到“技不如人就得被动、受气甚至挨打”。

为了曾经的使命和初心，创业者们有了研发和制造工业机器人的想法，就这样，创业者们走上了机器人高端装备的研发和制造之路。

由此可见，创业者的初衷是将产业工人从苦、脏、累等繁重的体力活中解放出来；特别是存在安全隐患、对人体可能带来不同程度侵害的生产现场，不适合人类在现场从事简单劳动的岗位，由机器人来代劳。所以，机器人从工人手中抢去的是苦脏累的重体力活，抢去的是那些有安全隐患而且对人体有伤害的危险岗位。

机器人恰恰是在保护人类，解放人类生产力。

不仅如此，机器人走上这些机械工作岗位，还会带来生产成本的降低。业内人士帮广东的那家卫浴公司算了一笔账，以使用一个10套机器人喷釉工作站为例，从事有毒有害工种的三班制工人，可由420人减少到45人，每年节约工资福利、废品损失、培训招聘等成本约2000多万元。埃夫特研发的另一款四轴冲压机器人，不仅能满足高速冲压的速度要求，还能解决冲压行业危险系数高的安全生产问题。

2021年9月14日,第十一届中国国际机器人高峰论坛暨第七届恰佩克颁奖仪式在芜湖开幕,600余名行业专家和知名企业家齐聚江城共话创新、共谋未来

五、上海科创板成功上市

2020年7月15日，埃夫特智能装备股份有限公司在上海证券交易所科创板上市交易，公司证券代码为688165。

在上市仪式上，许礼进激动不已："埃夫特坚信，唯有科技创新才能助力中国汽车产业甚至中国制造业赢得全球化竞争。工业机器人关键核心技术要不来、买不来、讨不来，只有自主研发，技术才能掌握在自己手上。"

埃夫特选择科创板股票代码为"688165"，后三位数字"165"代表埃夫特第一款自主研发的165公斤重载点焊机器人。

埃夫特之所以能在较短时间内顺利上市，首先得益于上海科创板成功开通。

机会总是留给有准备的人。一路走来，许礼进深切体会到，高端装备制造确实不像做鞋子、做杯子一般容易，不是仅仅靠借鉴就能做出来的。机器人产业需要更高的技术含金量，但当时机器人行业，几乎都在国外发达国家聚集着。要摘得制造业皇冠上的“明珠”，无论是自主创新，抑或是海外并购，还必须利用资本的力量。

埃夫特此次上市，拟募集资金总额扣除上市发行费用外，将投入到下一代智能高性能工业机器人研发及产业化项目、机器人核心部件性能提升与产能建设项目和机器人云平台研发和产业化项目，进一步提升埃夫特研发核心技术和产业化应用能力，为埃夫特未来发展奠定基础。

下一代智能高性能工业机器人研发及产业化项目将采用自主知识产权核心技术，新建和改造约35000平方米的实验、测试实验室及生产配套设施，用于埃夫特下一代智能高性能工业机器人研发和产业化项目，建成后可实现年产8000台高性能工业机器人的产业化能力。

机器人核心部件性能提升与产能建设项目将建设约12000平方米的研发和生产厂房及配套设施，完成埃夫特机器人软硬件核心模块研发提升和产能提升。项目建成后每年可生产智能工业机器人控制系统、工业机器人驱动系统以及工业机器人精密减速器系统，满足机器人制造需求。

机器人云平台研发和产业化项目将构建基于混合云架构下的高并发、大容量、高实时混合工业机器人云平台，并在此基础上建设面向多行业的应用示范生产线。

工业机器人云平台采用“公有云+私有云+边缘计算”混合云架构，打造工业机器人应用生态，项目建成后可实现每年服务于10000台工业机器人实时接入和运维的最大承接能力，通过共享示范工厂推进共享工厂商业模式落地和复制，利用基于云平台机器人智能算法实质性提升共享工厂运营效率，并通过共享模式和云平台实现耗材的批量销售。

六、机器人与人类共成长

中国工程院院士、哈尔滨工业大学蔡鹤皋教授曾在全国机械工程博士生论坛开幕式上动情地说：“我终身从事机器人研究，经历了无数挫折，成果最终在芜湖这块产业沃土上落地、生根、发芽，长成参天大树。”

芜湖机器人产业走过了十多年风雨历程，承载了机器人领域众多专家、国家部委和省市数任决策者、广大技术人员的光荣与梦想，彰显了江城儿女敢为人先的创新精神。

谈及未来机器人产业的发展，许礼进提出了“工业机器人生态圈”的概念，即依托机器人产业园，打通上游机器人关键零部件的研发制造，中游机器人整机厂和下游机器人集成应用、终端用户的全产业链。注资成立的芜湖滨江智能装备产业发展有限公司，承担着产业谋划、投融资平台等多重功能，为这个“生态圈”提供资本支撑。滨江智能公司产业发展部负责人说，除了企业自身的实力，“生态圈”内还将形成包括政策、科技研发、投融资、应用推广、人才支撑等在内的一整套支撑体系，增强整体竞争力。

2022 年 6 月 25 日，聚焦机器人及人工智能产业，为芜湖打造具有国际竞争力的机器人产业集聚区蓄势赋能——以“智聚鸠地，对话未来”为主题的鸠江区“鸠地聚”企业家沙龙活动第三期在中国视谷举办。

目前，全球正处在对第三次科技革命的总结和推广阶段，也被看作第四次科技革命的前夜。在这个过渡期间，机器人作为高科技集大成者，或将加速新一轮科技革命的到来。畅想未来，机器人给人类社会带来的变革主要体现在三个方面：一是加速传统产业、先进制造业、高科技产业发展；二是加速产业转型，形成新的产业链，优化劳动服务市场；三是改变人类的生活模式，极大解放劳动力。着眼于变革，通过互联网交互、通过云计算提高智能化水平，或将成为未来机器人产业的发展趋势。

怎样成为机器人及人工智能产业领域的“领跑者”？如何进一步提升芜湖机器人及人工智能产业在全国的影响力？与会企业家围绕核心竞争力提升、人工智能场景应用、产业未来方向等踊跃发言、分享经验，现场气氛热烈。

工业机器人起步早，应用范围广泛，产业成熟度高。在关键零部件领域，我国企业与国外同行相比还存在较大差距，短期内难以企及国际巨头。因此，针对工业机器人，芜湖机器人企业应积极采取措施，谋求进一步发展。

要利用我国制造业形态丰富齐全的优势，大力扶持机器人集成应用企业，拓展工业机器人应用领域，深耕工业机器人应用细分领域，促进我国工业机器人整机企业成长。

工业机器人整机企业应通过参股和优先选用国产零部件等形式，继续扶持和帮助工业机器人关键零部件企业，通过规模化使用倒逼国产零部件技术升级和工艺改进，在性能、精度和可靠性方面，争取早日接近国外同类产品先进水平。

在智能制造视角下，要积极融合人工智能和工业互联网技术。打造国家级机器人产业创新中心，选定下一代工业机器人技术发展方向，重点突破机器人环境感知、自主学习、自主决策、自我适应执行等关键共性技术，抢占工业机器人技术制高点。

创新工业机器人产业发展模式，由工业机器人整机企业牵头，指导和授权工业机器人服务型企业，开展工业机器人租赁、维保和市场推广，以及技能型人才培训、工业机器人使用和维护人员劳务外派等业务，延伸工业机器人产业价值链，扶持一批特色鲜明的生产服务型企业，着力开展增值服务。借助特色服务弥补当前产品在可靠性方面的差距，抢占国内工业机器人市场份额。

围绕工业机器人产业链，做大做强龙头企业。在产业链的每个关键环节，培育3—5家上市企业，在人才、创新能力、技术水平、规模和市场占有率等主要指标达到国际先进或领先水平，形成强大的产业影响力和竞争力。

引导和鼓励工业机器人整机和关键零部件企业，注重品牌创建，重视标准的制定和执行，实施专利布局，苦练内功。

与工业机器人相比，服务机器人产业成熟度较低，只在少数特定应用场景下获得初步商业化应用。我国在服务机器人领域与国际同行几乎同时起步，在技术、产品和市场推广方面不存在代差。同时，在人工智能技术应用、市场规模、人才和成本等方面，我国服务机器人产业拥有国际同行难以比拟的优势。从市场规模角度看，服务机器人远胜于工业机器人；从对社会和大众生活方式影响的角度看，现在还难以预料服务机器人如何深刻地影响社会大众的生活方式。可以确信，工业机器人是机器人产业的基础，服务机器人代表机器人产业的明天。

一份份建言，无不饱含着对埃夫特和芜湖机器人产业园对未来发展的真知灼见和殷殷期盼。

明确差距就是明确了发展方向，找出短板和不足就是找到了发展潜力。站在新的历史起点，在构建新发展格局的时代背景下，芜湖市及鸠江区的决策者们坚信，芜湖机器人产业一定能够走得更稳更远。

（执笔：金昌龙）

打造一座方特 成就一城传奇

芜湖，地处中江，从古老鸠兹的嬗变中走来，从干将莫邪的传说中走来，浩浩汤汤的长江水，在她身畔奔流不息，给这座古老而年轻的城市注入源源不竭的创新发展的动力。

华强方特高科技主题乐园，就在芜湖这片热土上，比肩“天造黄山”“佛造九华”，缔造了“人造方特”的传奇，成为中国文化旅游产业版图上熠熠生辉的亮点。这不仅是一个企业的神话，更是一座城市创新发展的大手笔。

一、从无到有 悄然崛起

“芜湖与华强方特的合作看似偶然，其实是一方有转型需求，一方有发展眼光，最终促成了方特花开芜湖。”作为见证者，现任华强方特集团副总裁、芜湖方特总经理陈祖尧的话，让我们回到16年前。

那时候的华强方特远没有现在这么壮大，还只是国内一个不知名的文旅企业，来芜湖之前，也去过南京、合肥这样一些省会大城市进行商务考察，都没有落地成功。芜湖，作为安徽省第二大城市，又是一个沿江城市，从发展的履历中不难看出，它血液里一直流淌着创业的激情和创新的基因。这也是吸引华强方特的最重要的特质。

想当年，华强创立之初，从最早的军工企业到民企；到20世纪80年代初与日本三洋合作，成为全国少有的中外合资企业；到20世纪90年代初，被列入全国现代企业制度试点企业名单；再到2002年成为第一批国有企业改革与改组试点等：一路走来，每一次的改革和试点，都让华强在苦修内功、增强实力的同时，提升了市场竞争力。作为老牌的国企之一，它一路补充着新鲜的血液，改革和创新的基因与生俱来。

华强方特带着一张图纸来到芜湖，到芜湖市政府作了一场汇报。谁也没想到，小事件往往撬动的是大历史，这看似不起眼的一次碰撞，却引爆了华强方特与芜湖创新发展的一次新挑战、一次大机遇。

2007年是我国建设创新型国家道路上极为重要的一年。党的十七大报告明确指出，“提高自主创新能力，建设创新型国家是国家发展战略的核心，是提高综合国力的关键”，从社会主义现代化建设全局的高度对自主创新提出了新的要求。

芜湖，就这样走到了创新发展的十字路口。海螺水泥、奇瑞汽车、华东光电等企业秉承自主创新的模式，发展的马力强劲。但与高歌猛进的工业经济相比，芜湖第三产业却略显疲软，三次产业发展不协调。芜湖开始主动寻求转型突破，提出了三产兴市战略，以高度的产业自觉主动调整产业结构，探索第三产业，特别是文化产业、旅游业的新空间。

早在第七次党代会上，市委就提出了“文化强市”的目标，到2006年9月的第八次党代会上，再一次强调了文化强市的目标。市委、市政府有决心有魄力，大力构建和弘扬“崇尚创新、宽容失败、支持冒险、鼓励冒尖”的创新文化，积极倡导“开放、包容、进取、创新”的城市人文精神，加强“信用芜湖”建设，营造良好的社会风气，深化文化体制改革，完善促进文化事业和文化产业发展的经济政策，大力培育一批具有较强实力和竞争力的文化企业和集团。这也和华强方特的诉求不谋而合。

华强方特以销售特种电影设备起家，最开始他们瞄准的市场是室内的娱乐中心，并于2005年研发出了室内数字游戏项目，为国内20多家主题乐园、大型商场购物中心提供技术支持。但卖设备显然无法满足华强方特打进国内市场的雄心。在文化产业领域，他们最早涉足的系统集成业务，其实就是个“技术+工程”的活儿，很辛苦，而且靠天吃饭，逼得企业必须转型。于是，他们谋划建立第四代主题乐园，打造一座“东方迪士尼”。

但是，当时中国的主题公园正处于行业发展的一个徘徊区，数量很多，但规模比较小，大多是“买来主义”。除了自然山水人文，就是简单复制的主题公园。华强方特集团想要通过高科技手段打造一座乐园，对于处在创新发展突破口的芜湖来说，既符合文化产业发展的既定目标，又是一次全新的挑战，但机遇总是与挑战并行。这一块烫手的山芋，看着又香又甜，要接住却是难上加难。机会稍纵即逝。转型发展，既需要高瞻远瞩，深谋远虑，又需要当机立断，拿出巨大的魄力，具备创新发展的敏锐眼光。

芜湖市委、市政府崇尚改革，敢于创新，秉承“把别人没想到的事情干成，把别人没干成的事情干好”的精神，积极争取，给予了一系列优惠的条件、扶持的政策，并配置了2300亩土地供开发商开发，在房地产占主导地位的经济发展模式下，这无疑是巨大的商机。芜湖，以开放包容的胸怀接纳了华强方特，华强方特主题乐园也在芜湖开始了“从无到有”的旅程。

“华强方特集团仅用了13个月时间就完成了乐园建设，我们对芜湖的投资环境高度认可。”芜湖方特负责人如是说。

一年多的时间，从中央到省市，都给予芜湖方特极大的支持。中央的批复，省里的重视，市委、市政府不但有鼓励创新、包容失败的态度，更有敢闯敢干、能做实事的精神，解决了方特建设中遇到的一系列难题。比如拆迁征地中的资金问题，大量的动员、协调、疏导工作；高科技主题乐园的配套问题，尤其是银河路上的光伏电缆，在供电部门的日夜施工下，仅用了7个月的时间就完成了埋线任务，全力保障了芜湖方特一期的工期。

经历了几起几落，2007年10月18日，芜湖方特欢乐世界建成并试营业，没想到，却遇上了2008年的第一场雪。那场雪下得非常大，开业不久的方特基本上没有游客，对于刚刚规模性地进入这个行业的方特来说，极端恶劣的天气也给他们带来了发展上的寒冬，那是一个非常难过和煎熬的时期。

好在不久之后，就迎来了春暖花开。2008年4月18日，芜湖方特欢乐世界正式对外开放。凭借着高科技手段打造的一系列产品和提供的沉浸式良好体验，芜湖方特欢乐世界吸引着数以万计的游客，撬动了整个华东的旅游市场，也迎来了企业发展的春天，并迅速成长为国家级动漫创意产业基地。方特开业的第一年，游客量就达到了180万人次，使芜湖从过去的旅游过境地成长为旅游目的地，促进了芜湖的餐饮、住宿、娱乐行业的发展。

芜湖方特欢乐世界是一座以文化产业理念打造的主题乐园

芜湖市委、市政府也将方特作为一张响亮的名片打出去，方特成为城市会客厅，党和国家领导人亲临芜湖方特考察，形成了良好的社会效益，为方特打开国内市场奠定了良好的局面。

在方特的强力带动下，芜湖旅游业快速崛起并进入全省第一方阵。持续增长的游客，给芜湖带来商贸业的持续繁荣，服务业快速跟进，为城市调转促注入了强大动力。文化创意产业也成为芜湖这座城市新的名片。到2021年，全市产业结构进一步优化，三次产业比为4.0：47.6：48.4。

16年，弹指一挥间，如今的方特已经今非昔比。它从一座主题乐园，发展成为包含方特欢乐世界、方特梦幻王国、方特水上乐园、方特东方神画四座主题乐园以及动漫基地、酒店、旅行社等配套设施在内的芜湖唯一一家国家5A级旅游景区，在推动芜湖市、长三角地区经济发展中一直扮演着重要角色。在全球水上乐园排行榜中，芜湖方特水上乐园也是稳居亚太地区第2名，全球第10名。作为国家5A级旅游景区，芜湖方特依托强劲的品牌动能，不仅为芜湖经济发展持续注入动力，也通过芜湖方特夜产品的不断丰富，拓展游客消费场景，为芜湖夜经济的发展强势赋能，让游客欢乐夜游，开心留下，助力“欢乐芜湖”旅游目的地建设。截至2022年7月，芜湖方特累计接待游客

6694.62万人次。

如今的芜湖，是国家长江三角洲城市群发展规划中的一员，又是皖江城市带承接产业转移示范区的核心城市、合芜蚌国家自主创新示范区，创新发展的趋势不可阻挡。这些都为芜湖方特的后续发展提供了源源不断的强劲动力。

从无到有，悄然崛起。芜湖迎来方特，也迎来了自身创新发展的高潮；方特来到芜湖，也完成了自身里程碑式的一次转型。

二、从“东方迪士尼”到“东方奥兰多”

华强的主题乐园为什么命名为“方特”呢？

这里包含着英文和中文的双重寓意。它的英文品牌名称来源于英文单词“Fantawild”，是“Fantasy”和“Wild”的联合缩写，寓意为梦想和欢乐。它的中文品牌名称“方特”“与众不同方为特”，寓意公司以创新打造“与众不同”的欢乐产品为己任，以独具匠心的文化创意、独树一帜的科技创新致力于“让世界更欢乐”。

自2003年十六届三中全会以来，中国文化改革大发展大繁荣的机遇再现，随后政府一年比一年更重视文化产业的发展，芜湖市委、市政府更是屡次提出“文化强市”的目标，华强方特真正遇到了行业发展的春天。

2008年，芜湖市委、市政府出台了《关于推动社会主义文化大发展大繁荣的实施意见》，该实施意见还提出了五条保障措施，提出了大力发展文化创意产业等实施意见。2012年，芜湖市委、市政府出台《加快文化强市建设的意见》，明确提出支持华强集团等优势企业大力发展文化产业。

随着方特欢乐世界的建成运营，华强方特实现了打造“东方迪士尼”的梦想，在芜湖成就了最初的欢乐梦想。方特欢乐世界的成功也促成了华强方特集团与芜湖市的深度合作。芜湖方特顺势而为，确定了打造“东方奥兰多”的目标，在芜湖建设系列主题乐园。

芜湖方特二期的建设提上了日程，当时的市中心已经没有土地了，芜湖市委、市政府就在城东鸠江区批了两块地给方特，鸠江区政府做了大量的前期工作，包括拆迁动员和协调疏导，仅一个多月的时间拆迁工作就完成了，成功为方特的开工建设保驾护航。

在拆迁过程中，芜湖方特负责人以拆迁工人的身份深入老百姓当中，了解他们的真正想法。老百姓坦言：方特在芜湖这个地方发展了，我们也是受益者，我们也希望他们来。

在方特二期的建设中，有一天，方特总经理陈祖尧加班到很晚，然后就出来在方特公园门口，找了个小吃店，一边吃一边跟小吃店的老板攀谈。老板听说他是方特的工作人员，执意要给他打折。陈祖尧问老板理由，老板说方特是个好企业，来了之后，给他们带来了发展的机会，也带来了工作的机会，方特好了，他们的生意也跟着好了。

老百姓质朴的言行，温暖着创业者的心，也有力地证明了，不但方特和芜湖市政府的合作已经形成了高度的默契和信赖，而且方特在芜湖的发展也是深入民心的。这无形中更增加了企业的责任感和使命感：要让企业和这座城市，和这座城市的老百姓同呼吸、共命运。这也更加坚定了企业下定决心去打造一座“东方奥兰多”，让这座城市的老百姓一起感受到创新发展带来的美好和福祉。

2010年12月8日，方特梦幻王国正式开园，芜湖方特进入了2.0时代；2014年6月28日，方特水上乐园正式开园，芜湖方特进入了3.0时代；2015年8月16日，方特东方神画正式开园，芜湖方特进入了4.0时代。

芜湖方特，一跃成为国内规模最大的第四代主题乐园，也是方特欢乐世界家族中唯一一个国家5A级旅游景区。芜湖，也成为国际罕有的主题乐园聚集地。

四个乐园里的每一个项目，从文化创意、项目设计到设备生产、项目运营，方特拥有完全自主知识产权。方特从一起步就瞄准了世界主题乐园的制高点。这是中国人自己的主题乐园，是芜湖市委、市政府坚持自主创新，为中国文化改革的大发展加上的浓墨重彩的一笔。

2016年芜湖方特旅游区荣膺国家5A级旅游景区

芜湖方特还不断探索运营模式和产品创新，形成了“四个乐园、五个产品”的独特景象。

第五个产品是2013年推出的主题夜场，有全新夜光花车巡游、主题演艺、梦幻烟花秀、无人机表演等特色活动演出，跨年夜、万圣节等主题活动，开启了文化消费新模式，成为众多旅游企业对标的样本。芜湖方特夜产品，实现了经济效益与社会效益的双赢。它不仅是带动方特发展的引擎，也是城市经济发展的新动力，在促进芜湖经济产业结构优化的同时，丰富了夜经济的业态发展，带动了相关产业链的完善和升级。2021年，芜湖方特旅游区入选第一批国家级夜间文化和旅游消费集聚区。

十多年来，芜湖方特不断推陈出新，项目升级、主题夜场、专题演艺等都极大提升了方特的产品竞争力。方特从芜湖崛起，又走向了全国，游客量连续四年位列全球前五，荣膺国际主题娱乐协会TEA“杰出成就大奖”。如今全国已投入运营七大品牌三十多个主题公园，不断给全国各地的人民带来更多欢乐。

华强方特也从国内主题公园设计、研发、内容制作、建设、市场运营全产业链运营的企业，成长为大型文化科技主题公园成套设计、制造、出口的企业，输出到乌克兰、中东等国家和地区，开中国首个自主品牌主题公园“走出去”之先河，给全世界带去欢乐。

芜湖方特从“东方迪士尼”到“东方奥兰多”，不断把梦想和欢乐带给芜湖，带给全国，带给全世界，在系列主题乐园的探索和建设中迈出了坚实的步伐，使得企业在创新发展中迅速成长壮大。同时，主题乐园也深刻改变了芜湖这座城市的气质，助力“文化强市”建设，极大地推动了文化的大发展和大繁荣，为“欢乐芜湖”注入了恒久的动力。

三、深耕“文化+科技” 打造动漫IP

“太刺激了，简直身临其境!”这是方特欢乐世界明星产品“飞越极限”收获最多的评价。

在这里，游客随悬挂式座椅凌空飞起，被巨大的半球形银幕包围，忽而盘旋在金字塔的尖顶，忽而飞跃在万里长城的上空，穿过埃菲尔铁塔，触摸自由女神，体验最真实的飞翔感受。

在《生命之光》大型立体巨幕剧场，18分钟的时间，观众随着解说员的娓娓道来沉浸式揭开生命的起源与奥秘，感受生命与大自然的神奇和壮美，领略从宇宙大爆炸到人类文明发展上亿年的宏伟历程。

这是文化的力量，也是高科技的力量。芜湖方特是国内率先实施文化科技融合战略的企业。华强集团的高层说：“我们的主题公园，从第一代‘方特欢乐世界’到第四代‘方特东方神画’，一个最大的特点就是科技先行，文化与科技融合。”

为此，除了主题乐园，华强集团在芜湖投资文化创意产业还有一个重要组成部分——芜湖华强文化科技产业园，包括动漫基地、特种电影基地、影视拍摄基地，形成“前店后厂”的发展模式。主题乐园是供游客体验的场所，文化科技产业园则生产所需要的文化创意产品，并根据游客的实际需求进行完善。华强方特集团总裁刘道强说：“依靠文化科技产业园强大的研发能力，不断研发新产品，来补充、更新‘方特’的内容，‘方特’才能始终保持国际一流的服务品质。”

以前的方特，只做主题公园里单体项目的3D/4D电影，主要在景区播放，只能给观众带来一时的新鲜刺激，而真正能吸引人并产生持续影响力的应该是文化内容，没有文化内容的东西不能长久，文化的影响是深远的。既要用科技改变文化的生产和传播方式，创新文化表现形式，同时，又要用文化引领科技创新的方向，让科技更好地为文化内容创作服务。芜湖方特运用特种电影、飞行模拟器、动感轨道车、激光道具和虚拟现实空间等一系列高科技手段和设备，营造出科幻的、梦幻的、古朴的独特环境，让游客沉浸其中，实现欢乐梦想。

在芜湖方特，科技不仅打造出如火流星、海盗船、大摆锤、极速飞车等“迪士尼”般的速度与刺激，更是赋予了文化可感知、可参与的巨大魅力。同时，文化也让科技变得更有内涵、更容易亲近。女娲补天、西游传说、化蝶传说、孟姜女、牛郎织女……每一个项目的背后都是“文化+科技”的结晶。

当然，从“东方迪士尼”到“东方奥兰多”，芜湖市委、市政府一直是芜湖方特最坚强有力的后盾，先后出台了《促进数字出版产业发展的若干意见》《打造欢乐城市的意见》《加快文化强市建设的意见》《促进文化产业发展的若干政策意见》等文件，对发展文化创意产业、数字出版产业的热情和支持力度始终如一，瞄准“欢乐芜湖”“东方奥兰多”这一目标坚持到底，始终不变。

方特对“文化+科技”的深耕还体现在主题项目的创新上，作为中国VR主题乐园的领跑者，《水漫金山》是极具代表性的经典VR项目，运用了实景、真人、全息投影技术，通过灾难模拟、室内漂流、水幕电影、幻影成像等高科技表现形式，带领游客回到当年白娘子和许仙生活的江南水乡，还原当年的市井风貌，再现白娘子在金山寺怒斗法海解救许仙的激烈场面，让游客沉浸在凄美悲壮的爱情传奇中。雷峰塔运用机械手、立柱倒塌、地板断裂、喷雾和喷水等特技，使游客在感官互动中达到超越现实的体验。

《牛郎织女》将室外景观和传统建筑进行融合，再配以天空元素的外墙设计，人间山水农田，天宫祥云阁楼，亦真亦幻的唯美场景，打造出一座充满浪漫气氛的“天宫”建筑，让游客穿越到远古，亲身感受牛郎织女相遇、相守、分离，七夕鹊桥再相聚的凄美爱情故事。

《千古蝶恋》采用的是国际首创四面环绕虚拟投影系统，如梦如幻的漫天飞碟和花瓣，在视觉盛宴中为我们细腻地呈现一段刻骨铭心、惊天动地的爱情。

科技的进步为文化娱乐事业提供了有力的支撑，文化娱乐事业的需求反过来又成为科技创新的驱动力和牵引力，“文化+科技”的结合，不仅能够提升旅游的内涵，也能更好地呈现文化的价值。华强方特总能在不断的自主创新中适时抓住机遇，走出一条“文化+科技”的发展之路，充分发挥企业优势，用科技为文化的腾飞插上翅膀。

当然，方特在深耕文化与科技融合的同时，也一直致力于发展动漫产业，从一期的嘟噜嘟比农庄、儿童王国、海螺湾到二期的卡通城堡、熊熊乐园，再到四期的熊出没山谷，无不融入了大量的动漫元素。早在2008年方特欢乐世界开业不久，芜湖方特就成为国家级动漫基地，连续举办4届中国国际动漫创意产业交易会。

尤其值得一提的是，华强方特参与芜湖动漫基地的30余部原创动漫作品，其中，电视动画作品《熊出没》占了25部，在国内200多家电视台和新媒体热播，多次在央视收视夺冠，新媒体全网点击量超3000亿次，多年位居中国动漫网络点击榜首；出口覆盖美国、德国、法国、加拿大等100多个国家和地区，进入Disney、Nickelodeon、Discovery Kids、Netflix、Amazon、DirecTV等国际主流媒体。

华强推出的动漫大电影《熊出没》系列，从2014年的《夺宝奇兵》到2022年的《重返地球》，《熊出没》在春节档坚守了8年，刷新多个国产动画电影票房纪录，还在加拿大、俄罗斯、西班牙、土耳其、墨西哥、哥伦比亚等30多个国家影院持续上映并创造佳绩，实现票房口碑双丰收。方特动漫也荣获中宣部“五个一工程”奖、中国文化艺术政府奖等重磅奖项，备受亚洲电视节ATA最佳3D动画奖、法国昂西电影节水晶奖等国际大奖青睐。这是中国自主知识产权的动漫，是演绎中国文化的动漫。《熊出没》已经成为动漫大IP，成为极具影响力的国产动画品牌之一。

芜湖方特堪称“熊出没”的老家，在芜湖方特四个主题乐园，随处可见“熊出没”动漫文化元素。尤其是方特梦幻王国主题公园被称为“熊出没奇遇国度”。这里汇集诸多“熊出没”景观，这里上演的“熊出没”主题人偶剧精彩纷呈。“熊出没”大电影中的各类形象角色，游客都能在园中与之邂逅，并进行“零距离”互动。

方特没有止步于此，而是坚持创新发展，先是复制迪士尼的“内容IP+渠道+衍生品”的闭环生态产业链模式，再通过电影及主流媒体平台塑造自己的IP，随即对其进行二次开发，把成熟的影视IP引入主题乐园，再将这些成熟的IP形象流入销售渠道，成为衍生品开发，最终实现内容IP的长线价值。

“文化+科技”为何能够有如此大的魅力？芜湖方特的动漫产业何以能够做大做强？诚如华强方特（芜湖）动漫有限公司总经理李斌所说：“有创新的沃土、鲜活的种子、丰沛的养分，何以不成为森林？”

创新是播种机，把“开放、诚信、务实、创新”的精神播种进这座城市发展的热土中，让芜湖和华强方特共生、共长、共荣；发展是宣言书，让华强方特在芜湖砥砺奋进，不断开拓进取，让“欢乐芜湖”的城市名片越来越亮丽。

四、讲好中国故事 传递中国力量

主题乐园如何在10年乃至更长的时间里保持吸引力？

“以文化为内核，以科技为引领，持续创新。”华强方特集团副总裁陈祖尧的回答简单而坚定。

作为一家文化企业，弘扬主旋律、激发正能量是义不容辞的责任，用文化科技主题乐园的形式去诠释爱国主义精神和中华民族伟大复兴的中国梦，以娱乐与互动的体验，让游客接受传统文化和红色文化的熏陶，这无疑是最有益的创新、探索和实践。与此同时，芜湖市委、市政府在2012年9月出台了《加快文化强市建设的意见》，2012年12月又出台了《促进文化产业发展的若干政策意见》，促进自主创新，重点打造数字动漫、创意设计、数字出版、影视传媒、文化旅游等园区。同时实行奖励扶持，加强非物质文化遗产的保护传承和开发利用。

2013年，芜湖方特迎来了创新发展的一个新的里程碑。

“重新打量传统文化的魅力，在碰撞中传递价值观，这是方特作为自主知识产权主题乐园的使命，我们要讲好中国故事，讲中国好故事，这也是我们的核心竞争力。”“方特要深耕芜湖，为助力芜湖打造欢乐之都，建设国家级旅游目的地城市再立新功。”“芜湖方特正开启二次创业，有义务当好领头羊，发挥好领军作用。”方特高层如是说。

凭借着1.0和2.0时代积累的创新经验，芜湖方特更加深刻地体会到文化是一种软实力，五千年历史的文明古国，灿烂的东方文化，是方特取之不竭的创意源泉，给方特带来自主创新的无穷想象力，为方特文化创意产业的繁荣输入了源源不断的动力，也必将引领着方特不断创新，不断跨越。

“芜湖方特是华强方特的一块试验田，我们对园区、项目、营销模式的全新探索，新产品在芜湖接受反馈，都为集团产业发展提供了参考。”深耕芜湖是华强方特集团的产业布局，随着华强方特在全国的快速扩展，芜湖方特的示范效应将更加明显。

2015年8月16日，方特东方神画主题乐园——芜湖·中国非物质文化遗产博览园项目在芜湖开园，这是非遗文化与现代旅游完美结合的主题乐园。乐园大气恢宏地展现出五千年华夏文化的魅力和气魄。见证了华夏五千年的文明历程，让游客感受到了中华文化的博大精深。从时间跨度上看，从上古时期的《伏羲女娲》的故事，到秦始皇统一中国时期的《仙岛探秘》，再到当代56个民族大融合的《缤纷华夏》；从内容上看，从《牛郎织女》的神话故事到《女娲补天》的传说，从《西游记》到以《封神演义》为背景的《大闹水晶宫》；从表现形式上看，从非遗小镇到中国龙的图腾，从魅力戏曲到民俗建筑；从科技手法上看，从全息AR表演项目《千古蝶恋》到4D巨幕项目《九州神韵》：这些游戏项目融入了中国灵巧精湛的杂技、武术、竞技等文化元素，融入非遗文化、戏曲文化、神话传说等，提炼百家武艺、杂技、舞蹈的精髓，营造出宏大的舞台氛围，运用震撼的高科技影视特技与舞台特技、环形的立体升降舞台、360°的环形喷泉水雾等功能，不仅体现出科技力量带来的震撼，而且代表了中国自主知识产权技术的巅峰水平，同时把中国故事的精髓表达得淋漓尽致，在潜移默化中打动观众，让观众切身感受到中国传统文化的巨大魅力。

而东方神画只是启动二次创业的第一步，它是方特精心打造的“美丽中国”三部曲的第一部曲，“美丽中国”三部曲包含“华夏历史文明传承主题园”“复兴之路主题园”“明日中国主题园”三大主题园区，创新传承、弘扬和展示中国文化。第一部曲“方特东方神画”已在芜湖、绵阳、荆州、长沙、宁波、厦门、济南等城市盛大开业。

2021年是中国共产党建党100周年，回首百年峥嵘岁月，那些革命先辈们的英勇事迹，如今都深深印刻在我们每个中华儿女的脑海中。第二部曲“方特东方欲晓”就是运用方特独有的现代高科技，打造了十余项大型高科技主题项目，将建党100周年以来那些可歌可泣的经典故事，以沉浸式体验的方式，重现在每一位游客的眼前。如今，已经在宁波 、赣州、淮安等地开业，芜湖方特也正在规划中。

大型多媒体表演主题项目《圆明园》，高度还原圆明园当年建成后的盛景，以及英法联军火烧圆明园的屈辱历史；动感轨道船游览项目《致远致远》，让游客亲历洋务兴起、“致远”归国、海战爆发、“致远”沉没等重大事件，重现甲午海战的悲壮场面，领略近代中国海军百年发展的伟大历程；大型投影艺术舞台表演项目《巾帼》，重温秋瑾、杨开慧、刘胡兰、赵一曼等巾帼英雄为国为民英勇就义的伟大场景；大型轨道动感球幕项目《突围》，重返著名战役“阳明堡战役”现场，带领观众深入敌营执行摧毁敌方机库的艰巨任务，体验一场惊心动魄的历史战役；多自由度轨道车体验项目《铁道游击》，带领观众与英勇的铁道游击队员们一起在飞驰的铁轨上与敌人斗智斗勇，突破重重危机；全景式无轨剧场表演项目《岁月如歌》，在新中国成立后各个年代的歌声中，见证中国共产党带领下每个时代的巨变腾飞和人民生活发生的翻天覆地的变化；巨型球幕立体影院体验项目《飞翔》，带领游客俯瞰祖国的名山大川，游历令人叹为观止的中国著名伟大工程，见证新中国在飞速发展中取得的伟大成就；《鹰击长空》展示了歼-20等新型国产战斗机的雄姿，展现了近代国防事业的伟大成就；超大巨幕立体影院项目《东方欲晓》，展现了中国共产党从困境中崛起，带领中华民族从危亡走向复兴，从苦难走向辉煌，最终带领中华儿女走向光荣复兴的伟大征程。

作为国内唯一一家以中华民族伟大奋斗征程为主题的乐园，它不仅是对中国共产党建党百年的光荣献礼，而且可以成为党史学习教育的重要基地，文化领域的一面旗帜，标志着在中国共产党的领导下，新一代的中国人用自己的高科技手段，表达自己的爱国情感。中国人可以通过新的展现形式阐述中国故事，传播中国声音，让国人牢记党史、重温经典，激发爱国主义情感。

此时的华强方特，业务涵盖“文化科技主题公园”和以特种电影、主题演艺、动漫产品等为主的“文化内容产品及服务”两大类，形成优势互补的全产业链。方特自主研发十多类特种电影形式、百余个国际领先的特种电影项目，不仅应用在芜湖方特主题公园中，为讲好中国故事助力，而且远销40多个国家和地区。

方特创意推出众多艺术水平精湛的主题演艺项目，并摘获中国舞蹈“荷花奖”、IAAPA“铜环奖”等海内外大奖。华强方特还整合产业资源，广泛开展文化衍生品的自主创意开发设计、品牌授权与跨界合作、市场渠道搭建，目前已有30多类约20000余种产品上市销售，年销售额突破30亿元，极大提升了品牌附加值。

坚定文化自信，讲好中国故事，致力于推动文化和科技融合，不断完善传播中国文化的承载体系，大力拓展国际市场，代表中国文化走向全世界。这是方特二次创业的发展方向，也是芜湖方特这块“试验田”上再次收获的硕果。

芜湖方特从无到有、悄然崛起，到“文化+科技”的创新实践，打造动漫IP的创新发展，再到“讲好中国故事”的创新探索，它用自己的前生今世，践行着在创新中谋求发展、在发展中不断蜕变的企业追求，成就了自身的传奇，也成就了芜湖这座城市的传奇，并且见证着芜湖创新发展的坚定信念和创新实践的非凡魄力。

（执笔：王玉洁　苑仁尊　施方宇杰）

芜湖雕塑公园成长记

芜湖雕塑公园群山逶迤，绿树成荫，群山环抱湖水，湖水绕山而行。这座山水相依的公园占地3782亩，内有大小五座山——神山、赤铸山、大火炉山、小火炉山和马鞍山，统称为神山。公园内小桥流水，亭台楼阁，曲径通幽，奇花异草，古木葱茏。尤其是中国·芜湖“刘开渠”雕塑大展精品摆放其中，为这座主题公园增添了神韵。2011年雕塑公园一经开放，立即受到业界和游客的啧啧称赞，公园因此而一举成名。随后各地政府考察学习、学术机构观摩交流、游客观光休闲纷至沓来，每年游客多达100万人次。

国际雕塑公园联盟主席格楚·爱希理曼女士曾评价道：“雕塑作品与自然共生共融，芜湖雕塑公园建设水平可跻身全球前五位。”2016年，芜湖被中国雕塑学会授予“雕塑之城”的称号。

芜湖为何能在雕塑艺术领域取得如此佳绩？这是因为芜湖市的决策契合了当代社会公共艺术的发展节拍。

芜湖雕塑公园的建设，伴随着中国·芜湖“刘开渠”雕塑大展的连续举办，始终坚持政府机构组织实施，学术团体全过程监制，艺术院校积极参与的城市公共艺术实践，被业界广泛称为“芜湖模式”。中国美术家协会副主席、中国雕塑学会会长曾成钢说：“芜湖市政府与中国雕塑学会、中国美术学院共同打造的‘芜湖模式’已成为文化、艺术与城市合作的成功范例，在国内具有‘唯一性’。芜湖抢占了先机，其他城市很难复制。”

“芜湖模式”还受到国家建设部原副部长宋春华的关注。宋春华专程来芜湖调研考察，并应邀出席了第四届中国·芜湖“刘开渠”雕塑大展开幕式。他热情洋溢的发言，充分肯定了芜湖城市公共艺术与城市文化建设的高度契合，称赞芜湖走出了一条展示城市风采、体现城市特色、具有时代精神的公共艺术发展之路，希望芜湖雕塑大展和雕塑公园建设能立足当前基础，着眼未来，长远规划，不断创新和提高，为芜湖这座“创新之城、欢乐之城”增添新的文化品牌。

一、公共文化初探索

芜湖城市雕塑建设起点比较迟，20世纪80年代全市雕塑只有12座，90年代建有35座，直到2002年城市雕塑才有114座。城市雕塑不仅数量少，而且大师级的雕塑作品少之又少。当时只有城市标志性雕塑《鸠顶泽瑞》由中国艺术大师韩美林创作，中山路步行街的孙中山塑像由中央美术学院书记、副院长侯一民创作（他也参与了第三套、第四套人民币设计），张孝祥塑像由著名雕塑家、画家、书法家钱绍武创作。当时因为对公共文化艺术认识的局限性，城市雕塑大多是以纪念性为主题，多以人物写实雕塑为主，题材单一，表现风格不能呈现多样性，芜湖城市雕塑发展缓慢。

2005年九三学社芜湖市委提议：把芜湖鸠兹广场、镜湖和中山路步行街整合以“芜湖故事”为主题的开放式雕塑公园。此议案得到芜湖市委、市政府的高度关注，要求城市规划局、市建委、文化局等调研论证。多部门专家共商论证，一致认为，镜湖一带的陆地面积很小，在有限的用地上已建成张孝祥塑像、萧云从塑像、步文亭等，再增加雕塑已很难找到适合的位置，况且镜湖风景区为市民休闲观光的场所，过多地设置人物雕像与步行街环境不协调。

虽然镜湖周边没法落实，但建设雕塑公园项目已经被列入了芜湖城市规划，发展城市雕塑、建设雕塑公园是芜湖人的共同愿望。

芜湖人的“雕塑情结”源于一次国外考察。有一年工作人员去挪威考察，那里的雕塑公园内650个人物雕像将生命的内涵诠释得淋漓尽致，使人极为震撼。工作人员在感叹艺术之美的同时，发展芜湖的城市雕塑，建设雕塑公园的愿望越发强烈。

芜湖滨江公园一期开始施工建设，有政协委员建议：在滨江公园中放置城市雕塑，讲好芜湖故事。委员的建议立即得到市委、市政府的采纳。

滨江公园建设办公室通过招投标方式，创作了4件雕塑作品《长江鲥鱼》《长江刀鱼》《白鳍豚》《长江航运》，但仅靠这几件雕塑作品还不能完全准确地刻画出滨江文化。于是相关部门联系了中国美术学院，经过双方协商，芜湖拟定了以滨江文化为主题的16组人物（含长江螃蟹一组）雕塑作品方案，由于小平教授（中国美术学院公共艺术学院书记、副院长）带领团队创作、制作完成，落地滨江公园。

一件件传神的雕塑作品备受市民和游客的喜爱，有栩栩如生的《长江纤夫》《芜湖米市》《江边浣洗》《打鱼归来》，有生动有趣的《螃蟹上岸》《兄妹钓鱼》，也有展示西方文化的《牧羊人》《祈福》等，2009年10月底全部安装到位。2010年滨江公园一期建成开放后，立即得到市民的交口称赞，参观游客络绎不绝。

尤其是“一家三口”背纤的《长江纤夫》雕塑成为2016年网红。那年6月下旬，长江水位持续上涨，长江沿线城市告急，芜湖告急，除了参加抗洪的人员日夜坚守外，广大市民也在密切关注长江水位。如何得知水位涨落，有网友每天拍摄《长江纤夫》并称之为“一家三口”发到网上，此雕塑立即被成千上万网友转发关注，迅速走红。

如今，“一家三口”背纤的雕塑也象征着芜湖人民勇于战胜困难、不屈不挠的顽强精神。

二、雕塑大展出精品

滨江文化的系列雕塑在滨江公园落成后，催生了芜湖加快雕塑公园建设的步伐。就如何建设雕塑公园，芜湖市审时度势，客观地分析了当时公共艺术领域的弊病。比如，有的艺术家为满足投资方的要求，没有坚持艺术至上的原则，而是为投资者量身定做；有的艺术家为了一己私利，创作一些低级趣味的作品来迎合观众；有些地方政府领导对雕塑艺术了解不多，盲目追求“高、大、奇”，以博得观众眼球等。这些行为其实都是对艺术作品的亵渎。为此，芜湖市坚持不盲目、不盲从、不跟风、不攀比，以创新手法建设雕塑公园。

建设雕塑公园，首先是坚持精品战略，坚守对艺术的尊重和敬畏，克服急功近利、急于求成的浮躁心态，一步一个脚印，注重积累，积淀厚重的文化底蕴，为当代社会奉献艺术精品，为子孙后代留下文化遗产。

雕塑精品从哪来？通过与国家专业学术机构和高等艺术院校联合举办雕塑大展的形式，鼓励艺术家积极参与，发挥他们的聪明才智，努力创作出优秀作品，接受专业团队的评审。大展面向全球征集作品，充分显示市委、市政府长远的战略眼光和博大的胸襟。

2010年8月，芜湖市政府分别向中国雕塑学会、中国美术学院发出邀请，联合承办首届中国·芜湖“刘开渠奖”国际雕塑大赛（后改为中国·芜湖“刘开渠”雕塑大展）。中国雕塑学会、中国美术学院复函同意合作。之后，三方各司其职开始承办雕塑大展。

为何以“刘开渠”命名大展？雕塑大展艺委会秘书长于小平教授说：“大展以‘刘开渠’命名，因为刘开渠是中国雕塑学会第一届会长，中国现代雕塑大师。1904年刘开渠出生在安徽淮北，早年赴法国留学，归国后致力于艺术创作，领导和参与了《人民英雄纪念碑浮雕》等大型主题雕塑的创作，曾任中央美术学院副院长、中国美术馆馆长。雕塑大展以刘开渠名字命名，既是纪念先生的不朽成就，彰显其代表的开拓进取、勇于创新的艺术精神，弘扬先生为国、为民的伟大情怀，也是激励广大艺术工作者承前启后、继往开来，践行先生融贯东西方文化的崇高理想，把中国文化和艺术推向国际，促进国际的人文交流。”

第一届大展收到来自全球40个国家和地区的521名艺术家共2000多件投稿作品。收到稿件后，主办方组织了权威的评委会进行初评，根据初评结果制作模型小稿，又对模型小稿进行第二轮复评。这种专业化的严格把关、层层筛选的运作模式保证了作品的质量。

为了防止投稿者重小样设计、轻作品制作，大展艺委会组织了有经验的雕塑家，对入选的方案作品制作进行全程监制，以确保雕塑作品最终的质量。

2011年11月首届中国·芜湖“刘开渠”雕塑大展结缘芜湖、落地生根，最终66件雕塑作品从2000多件投稿中脱颖而出。

为了确保每件作品都能找到合适的落地位置，几乎每届入选雕塑作品落地前，曾成钢会长都带领大展艺委会专家来雕塑公园现场选址布点，尽可能使作品与公园环境形成最佳艺术效果。因此，雕塑作品有的放置在路旁，有的设在山坡，有的矗立在山脚下，有的则立于水塘中央……

尤其是董书兵的雕塑作品《沉》，那个趴在沙滩上的睡着的孩子，其情、其景相得益彰，成为在沙滩上玩耍的孩子们最喜爱的雕塑。

中国雕塑学会常务理事唐尧说：“在芜湖市人民政府充分授权的前

提下，从发出邀请，到初评、复评和小样终评，到加工监制，再到现场选址落地，都体现了充分的专业性。”

一位退休的市领导在巡视芜湖雕塑公园时感慨地说：“这是雕塑汇聚的艺术殿堂，这是精神广阔的自由空间。走进芜湖雕塑公园，首先感觉到非常美，同时一件件精美雕塑发人深思，让人意犹未尽。我们要把‘刘开渠’雕塑大展办得越来越好。”

三、价值审美定方向

芜湖雕塑公园建设及雕塑大展举办中，体现了正确的学术导向、积极健康的审美取向，具有较高的艺术水准和文化品位，摒弃了一度在城市雕塑建设中出现的低俗、艳俗、粗俗及攀高比大的不良倾向，为我国雕塑事业健康发展输入了正能量，具有很好的示范作用。

中国·芜湖“刘开渠”雕塑大展，举办的主题是鲜明的，它体现的是正确的学术导向和价值观。第一、第二届大展的主题是“创新·超越”，第三、第四届的主题是“人文·生态”，第五届的主题是“芜湖故事”，第六届的主题是“汇聚·融合”，第七、第八届的主题是“转化·创造”。每届大展通过主题的设置，把那些不符合主题、水平不高、低级趣味的雕塑作品淘汰，把内容积极向上的雕塑精品留下来。

著名文艺理论家、《中国雕塑》主编、中央美术学院教授殷双喜认为：“雕塑家们紧扣每届大展的主题，展示了各自完全不同的创作风格，具有极高的艺术和学术价值。相比之下，中国雕塑家对传统文化与地域文化理解更为深入一些，而国际雕塑家对于人类的基础价值和自然生态关注更为执着。”

如今，芜湖市共举办了八届中国·芜湖“刘开渠”雕塑大展，吸引了102个国家和地区4100多位知名的雕塑家参与征稿，征集作品达13200余件。最终，来自19个国家的316件雕塑入选作品落户雕塑公园。其中，国内雕塑作品261件，国外雕塑作品55件。

一件件精美的雕塑作品，呈现出多姿多彩的艺术风格和品位，或古典或现代，或具体或抽象，既有江南山水的灵动多姿，又有塞北的雄浑壮美；既有都市的繁华时尚，又有乡村的古朴怀旧；既有精美绝伦、炉火纯青，又浑然天成、惟妙惟肖；既精雕细琢、鬼斧神工，又美轮美奂、栩栩如生。一件件作品让人回味无穷。

雕塑·天马行空

芜湖市民说："过去只能在美术馆博物馆里见到的雕塑艺术，不再是难得一见的陈列品，如今在自家门口就能欣赏到国内外雕塑大师的艺术作品，也感受到不同民族文化的艺术风格。"

德国北方艺术中心总策展人沃夫冈·格兰说："以评委身份参与到这项事业中，我不仅是一个裁判和评审，更是一名学习者。芜湖雕塑公园自一开始便证明了它是一个了不起的项目。"

中国雕塑学会副会长兼秘书长、著名文艺评论家孙振华博士评价说："通过中国·芜湖'刘开渠'雕塑大展，传递出中国城市雕塑的三大转变——从单纯注重数量向注重质量转变，加工工艺从粗放向精细化转变，从过去仪式化空间向市民的公共空间转变。雕塑作品更具亲民性，为市民提供了新的游览休闲方式。"

雕塑不再是单一以人物雕塑为中心，强调西式写实技巧模式画上了句号。通过雕塑大展，可以看出一个多元的表现方式——雕塑新时代已经到来。

四、自然生态融雕塑

芜湖雕塑公园设在风景秀丽的国家级神山森林公园之中，在众多的城市公园中，以雕塑文化与自然景观结合的主题公园非常少。雕塑公园以雕塑为主，用保留原生态贴近自然的造园手法，结合山体地貌，以山为背景，因地制宜，依托园中一汪湖水，营造出山水相依的江南园林风格。

提到神山森林公园，不能不提到一个人——侯仁之，他是北京大学教授，1980年当选为中国科学院学部委员（院士）。1978年秋，侯仁之教授带领学生参加芜湖市城市规划工作，进行“城市历史地理为城市规划服务”的课题研究。之后他提出“神山是芜湖最富于传说的一处名胜古迹”，建议“开辟神山风景区”。作为全国政协委员的他，在全国政协会议上，呼吁保护芜湖神山淬剑池——这是中国和世界上最早的炼钢遗址。可是铁路部门把一个大型江南铁路编组站规划在此，神山区域内的三座小丘陵要被铲平。侯仁之教授建议编组站挪位，以保护芜湖历史文化。但是更改规划必须有严谨的科学论证和烦琐的程序，但侯仁之教授坚持己见，几经讨论，一直上报到国家建委，后经国家建委与铁路部门的协调，加上时任安徽省委书记万里的大力支持，最终铁路编组站规划建设避开了神山。

芜湖人民没有忘记这位提出神山保护的第一人。2013年10月22日，102岁的侯老先生不幸因病去世。得知侯老先生去世，芜湖市政府专门派员去北京参加吊唁，以表达全市人民对侯先生的哀思，更是对他保护神山的敬意。

2003年，有市政协委员提议把神山一带建成高档别墅区，向企业家出售。这又是对神山这片风景区的考验，但历届市委、市政府高瞻远瞩，不为眼前经济利益所左右，而是长远规划神山公园建设。

芜湖雕塑公园一角

2009年神山公园规划定位为森林型的城市公园。在大力发展经济的浪潮下，在寸土寸金的城区保留3782亩土地，建设神山森林公园，这是芜湖市委、市政府秉承“绿水青山就是金山银山”的科学理念，造福一方的远见卓识。

2010年规划仍然遵循“走进森林、回归自然”的指导思想。

2011年6月，市住建委、市规划局联合市相关部门，采用竞争性谈判方式，最终确定由世界一流设计集团对神山森林公园概念性总体方案进行深化及施工图设计。

2013年，市领导主持召开神山森林公园建设会议，决定神山森林公园商业街建设暂不实施，四个主要出入口不再建设门楼，改为自然生态的通透式出入口。

现任园林集团的负责人说：“公园尽可能保持原有的地貌，比如通往神山、赤铸山的车道由原小路改建而成，决不新开道路。公园原有的湿地尽可能保持原生态。”公园建设保留自然景观，不搞商业模式，不建商业街，不建门楼，不收门票，真正体现了“走进森林、回归自然”的建设理念。

正是因为原生态，如今神山森林公园有香樟、朴榆等乔木近千株，又有红花檵木、阔叶麦冬等100余万株的四季花木，形成了春季花开、夏日成荫、秋季多色、冬日有绿的优美景色。

五、地域人文显特色

芜湖雕塑公园原本设在神山森林公园之中，雕塑公园第一期用地约150亩，永久地展示了第一届中国·芜湖“刘开渠”雕塑大展入选作品66件。雕塑大展举办得非常成功，受到了业界人士、广大市民和游客的一致好评。第二届大展又从神山森林公园中划出100亩地，永久展示入选的43件作品。随着大展的持续举办，原本规划的雕塑公园用地远远不够作品的展示，于是市委、市政府充分放权，完全开放神山森林公园，雕塑作品在神山森林公园有适合的位置即可永久展示。如今雕塑公园已不是过去神山森林公园中的一个园，而是与神山森林公园融为一体，神山森林公园就是雕塑公园。

随着芜湖市雕塑事业的持续发展，以神山森林公园为主的雕塑公园不断扩展，第四、第五届雕塑大展入选的69件作品放置在相邻的中江公园之中，近期拟在大阳埠湿地公园建设“新四军在芜湖”主题雕塑公园。

芜湖雕塑公园向南来北往的游客展示着城市风采的另一面，讲述着不朽的历史人文故事。长春、西安、郑州、杭州等兄弟城市的同行前来考察，参观过雕塑公园后，纷纷评价道：“芜湖雕塑公园最大亮点就是雕塑与自然景观结合得很巧妙，既有历史人文，又有现代雕塑，值得称赞。”

公园里青山绿水、亭台楼阁、乔木花卉无不体现江南古城的特色和魅力，春天万紫千红，夏天满塘碧荷，秋天丹桂飘香，冬天红梅傲雪。桂花树、香樟树、银杏树、柳树，迎春花、桃花、玉兰花、荷花无一不展现出江南水乡特有的韵味。

神山充满着“神奇”色彩，令游人们感慨不已。干将莫邪在神山铸剑的故事，历经千年仍被后人传颂，史志中记载的铁门槛、淬剑池、试剑石遗迹仍在公园之中。宋乾道三年（1167年），因为芜湖遭遇大旱，当时的县令沈端节在神山李卫公祠祈雨成功，更为神山增添了神秘的色彩，神山顶上的“志喜亭”便为此而建。

为讲好芜湖故事，2015年第五届中国·芜湖“刘开渠”雕塑大展以“芜湖故事”为主题，展出了入选的31件雕塑作品。

获得本届金奖的作品《先行者·安徽公学》以具象群雕手法展现了在风云激荡的年代，创办芜湖安徽公学的先行者——黄兴、李光炯、苏曼殊、陈独秀的塑像。公学的历史虽已湮没在时光深处，但安徽人追求进步与解放的精神永存。

作品《熔身铸剑》取自芜湖神山干将莫邪铸剑的故事。相传春秋时期干将奉命铸剑，可百炼却一直不能成钢，眼看铸剑失败，情急之下妻子莫邪跳进火炉，用生命熔成铁水，终于铸成了宝剑。

《芜湖缘——宋代三大家：苏轼、黄庭坚、陆游》展现了宋代大家苏轼、黄庭坚、陆游与芜湖这方水土的特别情缘。尤其是黄庭坚在芜湖居住过，在赤铸山上读过书，也留下一首诗：“读书在赤铸，风雪迷青箩。汲绠愁冰断，村酤怯路蹉。玉峰凝万象，绿萼绕群螺。古剑摩空宇，寒光启太阿。”作品将三位宋代大家进行穿越组合，三人或坐或立或卧，以大气、豪放的雕塑手法表现了三位诗人的豪迈之气。

一件件作品讲述着芜湖历史事件、名人故事和地域特色，这些雕塑作品贴近百姓生活，富有感染力，多方位展现了芜湖这座城市所独具的人文历史。

六、多彩文化展新貌

芜湖雕塑公园就雕塑作品而言，体现了多元表现方式，以不同的形式和内容，满足市民和游客不同年龄、不同层次、不同文化身份的需要，极具开放性、包容度和国际化。中外雕塑作品的汇聚，也给业界提供一个相互学习、相互借鉴的交流平台，让市民和游客近距离地欣赏到不同风格的中外精品佳作。

芜湖雕塑公园建设不落伍、不守旧，与时代发展同行。

雕塑公园建设以雕塑为主题，同时建有阳光草坡、植物园、盆景园、书院、休闲运动场、动物园、沙滩、休闲驿站，游客之家等，满足了市民和游客观光、休闲、读书、运动、娱乐、摄影、学术交流等多种需求。

阳光草坡和沙滩区的设置，给雕塑公园带来了巨大的人气。公园里的阳光草坡建成后，成为市民踏青赏春的好去处。每逢春暖花开时节，绿意葱茏的大草坡上游人如织，蓝天白云下漫天的风筝与游人开心的笑脸相映成趣，大家或坐或躺，与大自然来一个亲密接触，尽享春游的乐趣。公园里的沙滩区则是孩子们最爱的场所。一到周末，沙滩区人气爆棚，家长带着孩子一起在这休闲玩耍，度过一段快乐的亲子时光。

雕塑·童年记忆

公园里有种植了各类花卉的植物园，有郁郁葱葱充满神秘感的神秘园，有姹紫嫣红、美不胜收的千米花道，这些地方都是游客观赏游玩的好去处。

公园里分布着大大小小的湖泊，形成了山抱湖泊、湖水相间的独特自然景观。占地50亩的芙蓉湖，湖水清澈，倒映着蓝天、白云、山川、树木、凉亭、花草。几只野鸭和黑天鹅悠闲地游弋着，打破了平静的湖水，泛起一道道涟漪。环湖步道两旁，垂柳依依，芳草萋萋，各种颜色的花朵，红的、白的、黄的、粉的，纷纷映入眼帘。近年来，为了让游客更好地休闲观光，公园除了增设座椅外，还修建了亲水木栈道平台，同时配备了救生圈和救生竹竿。

为了满足游客需要，神山盆景园“红杏出墙”向公众开放，20多个品种的盆景共1000余盆，吸引着游客一睹其芳容。一到春暖花开的季节，盆景园内人头攒动，摩肩接踵，游人与造型各异的盆景拍照留影，流连忘返。同时，盆景通过标牌标识、二维码介绍，让游客了解到更多的园艺知识。

保留公园原生态样貌的同时，雕塑公园的服务功能和内容也在不断拓展，尤其是将文化和体育元素融入其中后，为公园赋予了“网红”的气质。2021年环绕公园的红色塑胶健身步道建成后，吸引了众多跑步爱好者沿着步道环神山奔跑，更好地享受运动带来的乐趣。

公园里建有篮球场、足球场、休闲运动场。休闲运动场既有成人健身器材，又有儿童游乐设施，丰富了市民在雕塑公园的游玩体验。

处于绿树青山环抱的赤铸书院，环境幽静雅致。书院总面积近1000平方米，藏书三万余册，临窗而坐，窗外葱茏的绿意尽收眼底。书院不仅为公园增添了更多文化气息，也让市民游园时有一个可供休憩的雅致场所。

雕塑公园绿化覆盖率超过80%，“城市绿肺”的美称当之无愧。雕塑公园的功能和定位在不断优化，内涵也在逐步提升，不断焕发出新的生机与活力。俯瞰芜湖雕塑公园，几处湖水像是几块蓝宝石镶嵌在绿色的地毯之中，6.7 千米的红色塑胶跑道像一条项链环绕其间。雕塑公园用其自然景色和精品雕塑，吸引着广大市民和南来北往的游客。

为了更好地提升城市品质，塑造城市名片，满足市民需求，芜湖规划出 2016 年至 2030 年《芜湖市城市雕塑系统规划》，创建中国雕塑园林城市。实施途径依然沿用创新的“芜湖模式”，以中国雕塑学会为依托，续办中国 · 芜湖“刘开渠”雕塑大展，实行雕塑家领衔、市民参议、专家评选、政府决策、部门推进、分期实施的建设模式。

目前，芜湖已规划建设“中国雕塑学会艺术馆”，建成后的艺术馆将展示国内外雕塑家优秀作品，开展雕塑学术交流，举办雕塑教学等系列活动。

前不久，在一次例行早餐会上，中国雕塑学会会长曾成钢建议，在“芜湖模式”的基础上，打造“中国雕塑第一城”概念，将芜湖更好地推向全国推向世界，即在芜湖打造雕塑创作、场馆、院校、教育、市场、史论研究一体化系统，让雕塑更好地融入城市建设，同时使芜湖真正成为中国的雕塑中心和雕塑家向往的精神家园。

当前，雕塑公园已经成为芜湖建设文明城市的软实力，广大市民休闲游乐的重要场所，芜湖形象的一张新名片。国内外知名雕塑家这样评价芜湖雕塑公园：“中国一流，世界名园。”园林部门也在努力加强雕塑公园内部的绿化建设和养护，引进天鹅、松鼠、黇鹿等野生动物，开通观光车，培训一批讲解员，以崭新的姿态服务市民与游客。

（执笔：王月　后其荣）

“企业成长得如此之快，与芜湖良好的创业环境和氛围密不可分。作为一个有着6年创业经验的‘过来人’，我想对更多的年轻人说，在安徽创业，首选芜湖！”谈到芜湖的营商环境，薛振赞不绝口。2016年，他辞掉外企工作，怀揣着2万元的启动资金在芜湖创办了安徽斯高德农业科技有限公司，开启了未知的创业之路。“几个月时间里，弋江区政府相关负责人一次次陪着我找厂房，在政策上给予了最大的支持。”保姆式的服务，让这个山东汉子感激不已，他不仅选择了在芜湖创业，更是下定决心在芜湖生根发展。

企业点赞的背后，是芜湖对创优一流营商环境的孜孜以求。长期以来，芜湖始终坚持“好的营商环境就是生产力、竞争力”的理念，强化企业需求导向，顶格倾听、顶格服务、顶格推进，打出为企服务组合拳，构建“1+1+4”为企服务生态圈，努力打造绝对便利、相对便宜、本质公平、全面安全、持续开放的一流营商环境。

一、抓住服务核心，“1%工作法”应运而生

企业是逐利的，也是“长脚”的，一座城市能否打动企业家的心，让他们愿意留在这里投资兴业，一定取决于在这个地方赚不赚钱、能赚多少钱、能比其他地方多赚多少钱。近年来，受国内外形势和新冠肺炎疫情影响，企业的原材料、用工、能源、税费、物流、融资和制度性交易等方面成本不断上涨，不少企业利润下滑，芜湖也不例外，一度陷入了工业企业利润总额增速趋缓的困境之中。根据经信部门统计数字，2020年芜湖市工业企业主要利润指标在全省相对落后，利润总额增速落后于长三角部分周边城市，38个工业大类行业中21个行业利润总额同比减少。如何降低企业经营成本、提高企业利润率，让芜湖成为“铁打的营盘”，使企业既“引得进来”，又“留得下去”，成为芜湖创优一流营商环境必须破解的难题。

企业想要赚钱，主要靠两个方面，一方面是自身的核心竞争力，就是能否向市场提供有竞争力的产品和服务，另一方面是产业生态竞争力，就是能否以最低的成本获取生产经营必备的各类要素。前者是企业主体的事，政府无法干预，后者是政府需要做也必须做的。基于此，芜湖市提出“1%工作法”的理念，围绕影响企业利润的制约因素，突出精准、集成、务实，努力实现重点企业、行业和全市企业平均利润率在现有基础上提高1%，或比周边同类城市利润率提高1%的现实目标，并成为长远追求，努力实现政府服务成效可量化、企业发展获得感可量化、营商环境优化可量化。

精准就是突出对象精准、问题精准、措施精准、目标和效果精准，把1%落在具体企业和行业上，落在企业的利润和成本构成上。集成就是以“小切口”带动“大系统”，内容上涵盖产业升级、数字赋能、绿色制造、服务体系等方方面面，实行市区联动、部门协同，社会专业

服务机构多方参与，市级重点谋思路、出打法，载体重在抓落实、出成效。倒逼就是创新企业服务量化的倒逼机制，以具体量化的经济指标作为工作成效的度量衡，倒逼思维模式、载体平台和方式方法的创新，最大程度帮助企业降本增效。

找准痛点 聚焦突破

想要提高企业利润率，前提是摸清影响企业利润的制约因素。芜湖市以全市2000户规上工业企业为重点，在综合分析成本和利润构成的基础上，聚焦解决重点企业个性问题、行业共性问题和全市面上问题，明确物流、能源、用工、税费、融资、制度等影响企业利润率的主要因素，逐一组建专项工作组。选取占全市规上工业增加值80%的前300强企业为样本，科学设计监测指标，建立全市重点工业企业利润常态化监测平台，动态监测企业利润变化情况，有针对性地调整工作措施，全力以赴帮助企业降本增效。

顶格推动 系统谋划

市委、市政府成立了市委主要负责同志任组长、市政府主要负责同志任第一副组长的高规格领导小组，下设9个工作组，涵盖25个市直部门，出台《芜湖市服务企业“1%工作法”实施方案》及9个子方案，建立定期调度、工作会商、利润分析、问题办理常态化工作机制，将“1%工作法”落实情况纳入市政府年度考核任务，迅速形成部门协同、上下联动、齐抓共管的工作局面。委托知名咨询机构安策智库，开展实施路径研究，编制“1%工作法”路径研究报告和操作指南，常态化、制度化、科学化推进“1%工作法”走深走实、落地见效。

精准施策 务求实效

“1%工作法”既是服务企业的工作目标，也是优化营商环境的重要方法。围绕影响企业利润的制约因素，专项工作组逐一分析研究，实施重点企业“一企一策”、重点行业“一行一策”、全市面上“综合施策”，千方百计帮助企业降本增效。2021年实施以来，规上工业企业营收利润率由5.85%上升至6.26%，提高了0.41个百分点，排名由全省第10位前移至第5位。“1%工作法”被列入国务院第八次大督查发现的48项典型经验做法，获国务院办公厅通报表扬。

芜湖市全面实施“1%工作法”助力企业降本增效，
有关做法获国务院通报表扬

工作成效好背后是工作举措实。

物流成本方面。芜湖坐拥长江黄金水道，芜湖港是长江溯水而上的最后一个深水良港，芜湖及周边地区很多外贸企业都通过芜湖港将产品运往全球各地，在便利的同时一度也存在一些“中梗阻”。芜湖美的、格力等企业反映，企业的进出口集装箱在上海洋山港通关后，无法直接通过水路运抵芜湖港，需要通过集卡将货物从上海转运到芜湖来，物流成本很高。为有效破解这一难题，芜湖市创新推行洋山—芜湖“联动接卸”和“船边直提”模式。在该模式下，芜湖港作为洋山港的延伸，芜湖及周边地区企业报关的进口货物，可在洋山港办理进口放行手续，经专用驳船转运至芜湖港后直接提离；出口货物运抵芜湖港并办理报关手续，经专用驳船从芜湖港运抵洋山港放行后可直接搭载远洋货轮离境。该模式实施后，一体化通关货物可以在洋山—芜湖之间直接运输，变“陆水中转”为更加便捷的“水水中转”，省略了转关申报和二次运抵等环节，货物留港时间由1—2天压缩至1小时内，定期班轮运行时间由7天压缩至5天以内，大幅缩短了进出口货物整体通关时间，每个集装箱可降低运输成本约30%。此外，芜湖还建成安徽港航大数据平台、垂直细化行业供应链综合服务平台，为货主企业降低物流成本20%以上。

能源成本方面。出台延伸高低压中小微企业电力投资界面政策，延伸投资费用由财政和电网企业承担。推行用水用气“一站式”办理和“互联网+”管家式服务模式，取消企业申报材料，外线工程审批时限由5天下降至3天。鼓励企业参与电力直接交易，推动1465户企业参与电力直接交易，节约用电成本1.81亿元。湾沚区创新推行“能效账单”服务，利用电力大数据优势，对电力使用情况进行峰谷分析、负载分析、功率因素调整分析，并向用户推送一体化能效提升方案，一企一策帮助企业降低用电成本，提升用能效率。综合测算，通过“能效账单”，企业每用1度电可节约2分钱，总体客户用电成本下降3%，全年帮助区内企业节约电费成本约2000万元。

用工成本方面。为破解中小城市人才招引难、企业用工难等问题，芜湖市创新人才招引新模式，在全省率先成立人才发展集团，作为全市“人才总服务商”和“城市HR”，将市级人才职能统一归口到集团，为企业用工和人才发展提供专业化、一站式服务。注重立体化推介，开展“全国百所高校大宣讲”，市级负责同志带头赴上海、南京、广州、西安、武汉、重庆等地知名高校，带着企业、带着岗位开展政策宣传和现场招聘活动，拿出上万个岗位招引高校毕业生。2021年全市引进大学生3.3万人，同比增长85%；2022年前10个月招引超过6万人，是2021年全年的2倍。常态化赴市外开展劳务对接招聘活动，与河南南阳、云南镇雄等地合作设立劳务基地，以政府服务下的“走出去”帮助企业把职工“引进来”。芜湖美智空调等一批企业一到春节后就面临“缺工”困扰，为了解决这一问题，市经开区建立了重点企业“一企一策”招聘机制，组织企业前往市外劳务基地开展专场招聘对接，采取委托劳务公司代招，对接协调企业进行驻点招聘、走进镇村招聘，打造企业帮扶、镇村输工的村企直连合作模式，为芜湖美智空调招聘1600余人，基本补齐企业年后复工用工缺口。同时，政企合力及时兑现就业补贴，改善员工生活条件，让员工招得来更留得住。2022年以来，在员工工资上涨6%的情况下，芜湖美智空调用工成本占营收比重同比下降0.28%，新员工流失率同比下降11.2%。

税费成本方面。聚焦降低企业税费支出，深入开展工业重点样本精准监测，对影响利润的税费因素加强季度分析，及时研究利润率提升对策并指导企业实施。通过对历年税收数据的深入分析，发现大部分企业正处于技术改造、转型升级期，研发费用投入较高。对此，税务部门安排专人指导企业申报研发费用加计扣除，享受税收优惠政策，缓解资金困难。芜湖欧宝机电有限公司是国内最大的冰箱压缩机生产基地，由于钢材和人工成本上涨，公司一度出现资金紧张、用工难等问题。在有关部门的专门辅导下，欧宝机电第一时间享受了增值税增量留抵退税和研发费用税前加计扣除政策资金1100多万元，资金紧张问题得到有效缓解。“研发费用加计扣除政策减轻了我们的税费负担，公司新上的智能机器人生产线不仅解决了用工难题，还实现了上下游企业的智能对接，企业生产质量和效率都得到了很大提高。”芜湖欧宝机电有限公司副总经理吴大奎高兴地说。

聚焦提高企业办税效率，芜湖市创新搭建网上办税、掌上办税、自助办税等平台，整体办税时间压缩50%以上。南陵县税务部门开设“南税e办·远程问办中心”，通过平台提供的实时语音、视频聊天、图文互动等功能，实现“实时交互”式辅导，需求快速响应，政策精准送达。芜湖华陵劳务服务有限公司的财务人员袁小玲因财务报表数字变动，急需调整对应属期的企业所得税申报表，抱着试一试的心态，她选择了人工辅导，短短几分钟内，税务机关工作人员就与她取得联系，并通过平台在线转发图文步骤、实时视频辅导，“手把手”引导她完成了自主更正申报表的操作。“之前办业务的时候遇到不会的问题，打电话总感觉说不清楚，现在可以向税务人员实时发送信息和图片，还可以进行视频咨询，就像在面对面交流一样，太方便了。”袁小玲感慨道。

融资成本方面。聚焦中小微企业贷款难、贷款贵等问题，芜湖市创新推行“信用服务机构+银行+担保”的中小企业信用融资新模式，以中小微企业为服务主体，以政府大数据为基础，以金融科技为手段，以政策性担保增信为支撑，实现“线上+线下”一体化金融服务，构建基于大数据风险识别的中小企业信用融资新体系。在风险管控上，通过使用国家及省市224个部门1837大类46.44亿条基础数据，实现对企业的政府大数据自动采集，对企业经营情况及风险状况进行多维度、深层次分析、研判、预测，生成企业信用评价报告及信用评价验证报告，适时推送给金融机构作为审贷放贷的依据，与信用服务机构出具的信用评价报告交叉验证，并运用金融科技手段对贷款企业进行实时贷后跟踪监测，最大限度避免金融风险，助力企业快速融资。该模式推广应用以来，受到轻资产、初创型的中小微企业一致好评，也形成了维护良好信用记录的社会氛围。截至2022年上半年，全市已有3000多家中小企业在信用服务机构注册建档，生成中小企业大数据信用评价报告2000多份，累计为1800多家中小微企业提供信用贷超过80亿元。持续搭建银企对接平台，线上建立综合金融服务平台，开辟了科技金融、绿色金融服务模块，线下实行信贷需求与金融供给协调对接机制，每月摸排企业融资需求，并及时对接金融机构，真正让企业发展“不差钱”。2021年，芜湖市金融机构各项贷款余额增速由2020年全省倒数第1位上升至第5位。

提质增效方面。大力实施工业互联网创新发展三年行动计划和标杆示范培育行动，启动实施工业节能绿色技改行动，助力企业绿色化智能化转型。信义玻璃通过上线浮法智能集控中心，每年为信义集团节约能源成本2%以上。“三只松鼠”通过建立食品行业工业互联网创新应用平台，强化生产管理数据共享，700多家供应链企业整体产品质量提升33.3%，平均生产成本降低20%，整体库存资金占用费用降低35%。

戎发公司是专业从事高端装备研发生产及安装服务为一体的高新技术企业，也是非常典型的非标设备单件小批量生产企业，一度存在内部信息化、自动化程度依然比较低，管理水平和生产效率不高，员工工时无法统计，能耗合理性不清楚等痛点问题。通过指导企业实施数字化升级，加强数据联通，打破企业内部各部门之间的信息孤岛，设备使用率提高到75%，设备能耗降低15%，无纸化图纸传输让传递效率提升10倍，纠错改图效率提升20倍，仅每年节省打印纸张、油墨一项就有20万元，并探索出一套可供推广应用的低成本数字化转型方案。

二、强化流程再造，惠企政策网上超市“门庭若市”

过去公共政策兑现普遍存在政出多门、申报流程烦琐、资金下达缓慢等问题，企业和人才经常多头找、多头跑。为了切实破解这一难题，芜湖市在全省率先开展依法推进公共政策兑现、创优法治化营商环境专项行动试点，依托“皖事通办”平台，上线发布“惠企政策网上超市”，推动政策资金“一键直达”，像“网购”一样方便。截至目前，网上超市累计兑付政策资金超14亿元。

政策兑付“在线直达”。打通安徽省政务服务网法人（个人）用户体系、社保卡银行账户、市场监管局企业信息等基础数据，人社、住建、市场监管、教育等部门业务数据，以及财政、银行与支付平台在线支付数据，通过数据共享、流程再造，对各类数据资源进行整合，把各部门政策归集到一个平台，只要在平台上输入个人或企业信息，即可查出“享受什么政策、如何申报”，有关申报材料直接从数据库中捞取，系统自动核对，变以往政策兑付层层上报、层层下拨的线下兑付机制为数据协同、信用承诺的在线兑付模式，着力打造“即申即享”“免申即享”“限时即享”新模式，企业和人才无须线下跑。

以“高校毕业生吸纳引进生活补贴”政策为例，以前个人在提交申报材料阶段时，首先需要在学信网上获取申报人的学历学位证明材料，然后准备身份证复印件、企业营业执照、劳动合同、社保缴纳等一系列证明材料，统一提交到相关部门审核，等待时间长，无法追踪办理流程。现在通过惠企政策网上超市，个人只需点击兑现按钮，输入社保缴纳日期，签署信用承诺函，系统会自动核对个人信息，无须上传任何证明材料，真正做到政策在线申报“零材料”、政策审批“零人工”、政策兑现“秒到账”。目前政策申报材料精简76%，申报办理平均时长由46个工作日压缩至10个工作日，压缩率达78.3%。“网上超市”发布以来，累计上线政策912项，其中即申即享、免申即享事项占比82%。

政策推送“精准送达”。“网上超市”每发布一条新政策，通过短信等方式自动推送给符合申报条件的企业，提醒企业及时申报，实现被动的“坐店等客”转变为主动的“上门服务”，真正做到把政策资金兑现在企业开口之前。“我们还没申报，奖补资金就直接到账了！”2021年底，芜湖通航创新园有限公司收到一笔10万元的资金，公司财务核实后才知道，这是该公司获评省创业创新示范基地的奖补资金，同样收到奖补资金的还有另外5家企业，他们成为湾沚区第一批在“网上超市”享受到“免申即享”福利的企业。

投诉质询“协同受理”。科学设置协同响应处置机制、限时办理机制和星级评价体系，通过政府端、企业端、个人端“三端一平台”互联互通，构建“受理、办理、反馈、监督”闭环运行机制，打通企业和个人投诉、质询流转流程，实现“一键质询、协同响应、限时办理”，让服务贴心更暖心。引入线上评价机制，实现企业、个人对政府兑现政策情况在线评价，推动规则公开透明、监管公平公正，依法保护企业合法权益。网上超市开设以来，共收到各方投诉407条，已解决407条，回复解决率达100%。

惠企政策网上超市通过数字赋能实现政、社、企立体联动，是利用技术创新驱动新型政商关系的城市治理革命，进一步优化了政府现有组织模式、工作方法和服务行为方式，增强部门业务协同，有效降低了企业成本、政府行政成本，大大提高政府的行政效率，实现了政府管理的数字化、网络化、智能化和精细化。同时，推动政策兑现从定期兑现转变为随时兑现，从烦琐过程转变为简便办理，从多次跑转变为不用跑，从过程不清转变为全程可查，市场主体的获得感显著增强，法治化营商环境持续优化。

三、搭建四级平台，政企沟通交流“亲而又清”

企业对营商环境有较强的期盼，对城市发展有很多真知灼见，建立政府和企业之间简单、高效、长期的沟通、倾听、服务机制，一直是为企业服务的重要方面。芜湖市强化系统思维，创新搭建“畅聊早餐会”“企业家接待日”公开办公活动、政企服务联席会议、企业服务中心四级为企服务新平台，为企业提供可预期的诉求反映通道，真正做到了好时不扰，难时出手。

畅聊早餐会——亲清政商的“沟通桥梁”

小笼汤包、鸡汁干丝、虾籽面、小锅贴……这些芜湖人每天都在吃的特色小吃，如今成了火爆全网的网红美食。这一切都源于芜湖市推出的为企服务新机制——畅聊早餐会。自2021年3月起，芜湖市在全省独创畅聊早餐会，通过顶格倾听企业诉求、顶格服务企业发展、顶格推进涉企问题解决，着力构建亲清政商关系的重要平台、为企业服务的重要载体。

真诚相邀，细节之处尽显敬意。2021年4月27日，第五场畅聊早餐会正在进行时，天空突然飘起了细雨，餐桌要从院落转移到屋檐下，重新落座后，芜湖启迪半导体有限公司董事长赵清深有感触地表示：领导们全部坐在靠外的一侧，让我们坐在靠里的位置，为我们企业“遮风挡雨”！这种场景不是偶然，细致入微的服务贯穿早餐会的各个环节。畅聊早餐会每周举办一次，一般安排在周末，每次邀请3—5名嘉宾参与，从七八点开始到九点多结束，一个半小时保证每位受邀者都有二十分钟的发言时间，吃好早饭谈好事情，还不影响回去继续工作。每一位早餐会的受邀者都会收到一封来自市委、市政府主要负责同志发出的邀请函，充满仪式感。早餐一般都是芜湖当地的特色小吃，也会根据受邀者的口味和特殊节日做精心调整。第九场早餐会由于邀请了外籍企业家，因此还特别安排了三明治、海苔寿司和鳕鱼排等西点；第十场恰逢端午节前夕，服务员还端上了热气腾腾的粽子，现场顿时有了节日的气氛。每场早餐会结束后，市领导都会邀请大家合影留念，伴随着“咔嚓”一声，企业家们都被定格在合影的“C位”。一封精致的邀请函、用心准备的早餐、站在“C位”的合影……这些细节让每个受邀者铭记于心，倍感亲切，也释放着芜湖的诚意和尊重。

坦诚相聊，刻不容缓解决问题。以往的政商互动交流，通常以会议形式召开，诸如恳谈会、座谈会、协商会等。既然是会议，就有议程、主题和发言次序，大家说话就会有顾虑，心理距离就会拉开。比起正襟危坐的会议，畅聊早餐会侧重在“聊”而不在“会”，不设置话题，不安排主持人，不准备发言材料，不刻意筛选受邀者，呈现完全开放的畅聊状态。在轻松自在的环境中，聊天者不拘于身份约束，市领导和受邀者零距离接触，更能够打消顾虑、敞开心扉，大家谈天说地、畅所欲言，讲实话诉真情。第三场畅聊早餐会上，芜湖东方雨虹建筑材料有限公司总经理李佳坦诚地说出了企业面临的难题：“我们的二期项目建设需要390亩土地，目前只拿到了120亩用地指标。企业要上新项目，土地不够用呀。”听到李佳的“苦恼”，芜湖市政府主要负责人立即要求相关部门跟进，为企业解决实际问题。早餐会当天，相关部门工作人员就赶到东方雨虹二期项目现场，了解用地情况。第二天上午，芜湖市政府及时召开会议，拿出方案，为东方雨虹解决用地问题。会上，李佳还领到了一张反馈表，就相关举措落实情况、是否达到企业期望等问题进行反馈。“早餐会的效率太高了，吃着早餐就把问题解决了。”李佳感慨地说，“这个活动对企业很有意义。企业遇到的问题，有时不是单个部门能解决的，通过芜湖市政府负责人的协调、调度，可以快速推动多部门协同解决。”

畅聊早餐会不仅实现了企业问题的高效解决，还解决了很多涉及民生的“急难愁盼”问题。“为提升救援能力，更好地发挥社会组织的作用，希望市政府提供应急救援装备和车辆，以及建筑面积500平方米的场地，供救援队集合、训练、出警。”第十八场畅聊早餐会上，当芜湖市蓝天救援队党支部书记、队长赵军提出这些诉求时，现场瞬间炸开了锅。近年来，芜湖市蓝天救援队在抢险、抗疫、抗洪、搜救方面积极发挥作用，深受市民群众认可和尊敬，可大家都没想到，他们竟然面临这么多困难。同时参会的芜湖悠派护理用品科技股份有限公司董事长、总经理程岗当即表示，公司的仓库可以供蓝天救援队储放物资，安徽奇瑞瑞弗特种车辆技术有限公司总经理柯传灯也说，在车辆使用问题上，他愿意给予帮助。问题当场得到了很好的解决。

赤诚相交，合力增添发展动能。早餐会为每一个受邀者提供了一个跨领域、跨行业沟通交流的平台，在畅所欲言中擦出了许多新的火花，碰出了许多真知灼见。一次早餐会上，有企业家提出加大人才招引力度，激活高质量发展“第一资源”。市委、市政府很快出台并启动了“紫云英人才计划”，在全省率先组建市人才发展集团，打造全市人才工作的“总服务商”和“城市HR”，释放出芜湖求贤若渴的信号和广纳英才的决心。不仅如此，早餐会还提振了企业投资芜湖、深耕芜湖的信心，催生了一批项目创意。总投资100亿元的春光·慧谷航空科创产业园项目，就是春光里创始人杨守彬在参加第二十七场畅聊早餐会时产生的想法，该项目从招引到落地开工仅用118天。75岁高龄的芜湖梅溪塘文旅开发公司董事长吕向东，在2022年4月参加第四十六场早餐会时明确表态：再投资5亿元在芜湖市湾沚区红杨镇建一座芜湖京师艺术学院。他说："芜湖是安徽最具活力的城市之一，有着高效的政务环境、优良的投资环境、和谐的社会环境，我们特别看好！"

从最初的政企"畅聊早餐会"到现在的"畅聊早餐会"，受邀参加的群体从企业家扩展到社会各阶层，影响越来越广泛。"早餐会"不仅成为芜湖的一个品牌，更是优化营商环境、促进经济高质量发展的金字招牌，集中展现了芜湖对一流营商环境的孜孜以求。

企业家接待日——纾困解难的"最高门诊"

为进一步提高企业服务的精准度和企业家对诉求反映渠道的预期，芜湖市创新建立"企业家接待日"公开办公制度，通过一把手带头示范，推动更多干部一线办公、上门服务，营造"只要企业家有困难，就一定有人关心"的良好氛围。

公开公示、广泛受理。坚持不设限、不过滤，面向全社会接受预约，直面营商环境中的堵点、难点、重点、痛点问题，企业家接待日每月至少举办一次，开通电话预约、网络预约和现场预约等报名渠道，提前6天在市级新闻媒体和企业家接待场所进行公示，内容包括领导干部姓名、职务、分管领域、接待时间和地点等。

现场接待、现场会商。市委、市政府主要负责人主持接待，并根据需要安排市领导，涉及所在县区、开发区和市直有关部门主要负责同志参与接待，面对面倾听企业家呼声，现场协调解决具体问题。接待现场，针对企业家提出融资保障、项目推进、办证等方面的困难和问题，逐一提出解决方案和路径，并指定专人负责。

跟踪问效、闭环管理。根据接待领导提出的明确意见，整理形成接待纪要和登记事项台账，按照接待、交办、办理、报告、督办、回访、归档等流程，实行清单化、闭环式管理，原则上半个月内反馈办理情况，一个月内必须办结，因客观条件限制难以办结的，及时向企业说明情况，办理结果由市委督查办全程跟踪督办，确保事事有回音，件件有着落。

企业服务工作联席会议——非标事项的“专家会诊”

针对企业遇到的涉及多部门、多领域的疑难杂症、个性化问题，芜湖市早在2018年就建立市企业服务工作联席会议制度，由市政府分管负责人牵头，问题涉及的相关部门参加，每月召开一次联席会议，会商研究解决久拖不决问题、企业发展重大问题、因企业自身短板而没有解决的问题。2018年8月，南陵县出现“非洲猪瘟”疫情，芜湖双汇食品有限公司自觉履行社会责任，主动暂停生产。由于当时“非洲猪瘟”疫情形势不明朗，加之省内部分地区依然存在疫情，省里严格限制生猪跨市调运，市内猪源较少，致使双汇食品屠宰业始终无法恢复生产，企业损失较大。该问题提交市企业服务工作联席会议研究后，明确由市农业农村局协调做好全市生猪调运车辆备案及跨市点对点对接工作。农业部门立即上门调研，了解实情，积极与省防指汇报沟通，在得到“允许芜湖双汇与省外非疫区的双汇集团内部企业进行生猪产品互相转运”的回复后，又协调芜湖双汇与省养猪协会、皖北规模养殖企业对接，实行生猪省内跨市“点对点”调运，及时解决了芜湖双汇生猪屠宰来源问题。截至目前，市企业服务工作联席会议已累计召开42次，研究破解企业发展难题300多个，涉及企业150多户，一些多年遗留的难点问题得到妥善解决，受到企业家的一致好评。

企业服务中心——服务企业的“贴心前台”

组建实体化运作的市县两级企业服务中心，作为服务企业的专门机构，坚持线上、线下同步发力，着力为企业提供融资、技术、人才等常规性服务，解决企业发展过程中的一般性问题。

强化技术赋能。搭建涉企线上服务平台“易企网”，强化7×24小时

“不打烊”服务，努力实现企业问题办理、政策申报、需求对接“一次不用跑”。依托易企网综合金融服务平台，企业在线上发布融资需求或申请金融产品，政府通过大数据等金融科技手段为企业量身定制金融服务。企业最高可在线获得2000万元信用贷款，最快获贷时间仅需一周。截至目前，全市2.3万户企业通过平台发布融资需求217亿元，完成融资142亿元。

搭建对接平台。免费为企业提供要素对接、业务培训等活动场所，打造机器人产业沙龙、青年创客论坛、企业管理大讲堂等一批品牌，累计开展各类活动347场，参与企业户数2.1万户次，线上线下参与人数达63万人次。分类分层实施企业家培训四大工程，开展各类涉企培训活动177场，受训人数13万人次。

芜湖市举办服务企业“1%工作法”专题培训活动，助力企业充分享受政策红利，激励企业加大研发投入、提升创新水平

优化专业服务。面向全国公开招募中介服务机构，广泛招引高水平投融资、管理咨询、法律财务、智能制造等生产性服务机构，已有海尔卡奥斯、中国检验集团等21家国内一流的专业服务机构成功入驻，累计服务各类企业1.7万户次，服务均价降幅3%，中介服务满意度达99%；管理咨询中介通过研发项目（费用）管理帮助近百家企业减税2亿元。

通过搭建多层次为企服务平台，努力做到只要企业有困难、有诉求，都能在芜湖找到一个适合自己的渠道去反映，都能第一时间得到有效回应，都能及时得到妥善解决。

一座城市的快速发展，离不开良好的营商环境。创优一流营商环境，只有起点，没有终点。奇瑞控股集团党委书记、董事长尹同跃在应邀为芜湖市委理论学习中心组作专题报告时说："如果芜湖是鱼缸，奇瑞就是金鱼；芜湖是大海，奇瑞就是鲨鱼。"芜湖市全力构建"1+1+4"为企服务生态圈，目的就是为企业生长和发展开拓一片纵情畅游的大海，让更多的"鲨鱼"快速成长，游向五湖四海。为了这个目标，芜湖一直在路上。

（执笔：朱灿金　牛艳秋）

芜湖『紫云英』的春天

江南寒月艳阳天，碧壤云英万里连。

冬播春耕培沃土，夏耘秋种育良田。

浅红淡紫花娇小，墨绿微青叶厚圆。

朴实清纯甘奉献，翘摇应得一诗笺。

何为“紫云英”？芜湖为什么要以“紫云英”冠名人才工作？紫云英是一种生长在长江流域的草本植物，在一些地方又叫翘摇、红花草等，因其具有强大的固氮能力，所以是我国传统的农业种植绿肥作物之一。芜湖作为中国古代四大米市之一，种植紫云英的历史已有近两千年。土地孕育了紫云英，紫云英又反哺土地。城市和人才的关系也是如此。只有不断提高城市发展质量，提升城市功能品质，为人才发展创造良好的创新创业和生活环境，人才才能引得来、用得好、留得住。同时，人才加速集聚则会给城市发展注入更多活力动力，城市发展能级不断提升，也会吸引更多的优质资源要素流入城市。因此，芜湖市委、市政府以“紫云英”冠名人才工作，充分释放了芜湖愿与人才携手共赢、双向奔赴的鲜明信号，充分表明了芜湖致力于打造一座人才发展的向往之地、荟萃之地、成就之地的坚定决心。

一、人才工作迎来“总服务商”

城市发展绕不开竞争，城市之间的竞争归根结底是人的竞争，是人才的竞争。新发展阶段对人力资本的数量、质量、结构和分布提出了新要求，然而国内存在人才结构与经济发展需求不匹配，人才区域分布差异较大等现象。新一轮区域竞争犹如千帆竞发，各地都把人才工作摆在极端重要的位置，“抢人大战”频频上演，这对地方党委、政府抓人才工作的水平提出了更高要求。

芜湖历来尊才爱才、重视人才工作。2013年，全面启动“5111”计划，即通过5年左右时间，在全市具有明显产业竞争优势的各类企事业单位，建设100个左右“产业创新团队”、100名左右“创新团队带头人”和1000名左右“创新团队带头人助理”。2015年，以“一号文件”出台《关于进一步提升人才特区建设水平的意见》，拿出3亿元人才专项资金，在企业引才和平台载体建设、个人职业发展等方面给予充分保障。2017年，市委出台《关于深化人才发展体制机制改革推进人才优先发展的实施意见》，着力破除人才引进培育过程中的藩篱。2019年，面对产业发展的新形势、新需要，芜湖出台“战新人才专项政策”，聚焦培育壮大机器人及智能装备、新能源汽车、通用航空、现代农机等10个战略性新兴产业，推动产业链、创新链、人才链、资金链和政策链深度融合。

近年来，全国各地纷纷成立人才发展集团，通过市场化手段开发配置人才资源，提供全链条人才服务，为经济社会高质量发展提供人才支撑。2017年11月1日，国内最早由政府主导的人才集团——深圳市人才集团成立，给各地作出了示范。此后，长沙、武汉等地政府所属经营性人才市场先后转型为人才集团，福建、山东等省份以政府出资形式，成立了全新的人才集团，定位上升为服务地方人才战略，人才集团模式得到进一步提升发展。

2021年7月30日，芜湖市人才发展集团正式挂牌成立，这意味着安徽省首家人才发展集团由此诞生。很多人提出疑问，芜湖为什么要成立人才发展集团？答案其实不言而喻。芜湖作为长三角城市群的重要成员，与上海、南京、苏州、杭州、合肥等先发城市比，对人才的吸引力相对较弱，且近年来先发地区对人才的“虹吸效应”越来越明显，芜湖正面临着人才招引难、人才留不住和人才流失的风险。在竞相发展的态势下，如果芜湖人才工作做不好，势必会在新一轮区域竞争中陷于被动、错失发展良机。如何破局，如何更好地引才、育才、用才、留才，是摆在芜湖市委、市政府面前必须答好、亟须答好的一道必答题。如果仅仅依靠行政手段、传统路径招引人才，机制不活，体制不顺，效果一般；倘若单纯依赖人力资源公司，全部交给市场解决，则又可能偏离人才工作的主航道。人才发展等不起，企业发展等不起，城市发展更是等不起。所以，成立人才发展集团是芜湖摆脱人才发展困局的一项大胆尝试，也是适应城市发展新形势、推动城市高质量发展的客观要求。2021年6月，市委、市政府提出组建市人才发展集团，短短一个月时间，从组建筹备组，到学习各地经验制定组建方案，再到明确集团功能定位、运营机制等，承载着“聚天下英才而用之”厚重期望的芜湖市人才发展集团应运而生。

芜湖市人才发展集团注册资本金5亿元人民币，是规模较大的国有独资公司，由市委组织部主管、市国资委履行出资人职责，下属市劳动保障人力资源有限公司和芜湖高新技术创业服务中心两家子公司，后期按照“应划尽划、能转则转”的原则，逐步将市本级与人才、人力资源开发管理、人才发展集团业务相关的企业和经营性资产划拨注入，将市属相关事业单位人才工作职能移交划转到人才发展集团，提升市场化经营与资本运作能力，待条件成熟后逐步划归。集团按照“党委领导、政府引导、市场运作、服务人才”的原则，坚持“市场化招引、全链条培育、多元化投入、全要素支持、全周期服务”的理念，立足芜湖，面向长三角，连接国（境）内外，通过建立健全现代人才发展新体系，加快推进人才链与产业链、创新链、金融链、项目链、生态链的深度融合、一体发展，力争经过3—5年努力，实现“人才资源链接全球、项目投资精准赋能、平台运营合力高效、人才服务温情暖心、人才蝶变成就城市未来”的目标，成为国内一流的综合性人才发展集团，推动城市人才生态和发展能级迈上新台阶。

2021年7月30日，芜湖市在全省率先组建人才发展集团，着力打造全市人才工作的“总服务商”和“城市HR”

二、人才工作踏上“变化之路”

2021年9月27日至28日，一场高规格的重磅会议——中央人才工作会议在北京召开。这是时隔11年后，党中央召开的又一次人才工作会议，具有里程碑意义。习近平总书记出席会议并发表重要讲话，站在实现民族振兴、赢得国际竞争主动的战略高度，为新时代人才工作擘画蓝图。会上，习近平总书记深刻阐明人才对党和国家事业发展的重要性，强调要深化人才发展体制机制改革，并作出重要部署。

体制顺、机制活，则人才聚、事业兴。深化人才发展体制机制改革，是构筑人才制度优势、实现高质量发展的战略之举。从2017年起，芜湖就开始探索通过分类改革人才评价机制、下放资金扶持决策权、打造高能级产业创新平台等方式，推动人才发展模式创新。成立芜湖市人才发展集团，就是为了进一步打破原有人才发展体制机制不顺、活力不足等问题，推动人才工作加快向市场化、专业化、产业化方向发展，为芜湖加快打造省域副中心、建设全省经济增长第二极提供更加有力的人才支撑。

人才工作更加市场化。海阔凭鱼跃，天高任鸟飞。市场化的广阔空间，进一步增强了人才工作的内生动力。组建市人才发展集团，打破原有人才管理"行政化"格局，让芜湖人才工作突破"体制内"，更加市场化。通过打好人才发展"引、育、留、用"组合拳，做好"公益+公用、基金+飞地、建设+运营、合作+合资、线上+线下"文章，让各类人才引得进、育得强、留得住、用得好。组建"紫云英人才猎聘公司"，实施走访百名高端人才、深入百企调研人才需求、走进百校畅通人才对接"三百行动"，持续开展系列招才引智活动，面向全球广泛延揽、精准猎聘引才。打破唯论文、唯职称、唯奖项、唯学历等条条框框，突出人才能力、业绩和实际贡献，推动人才评价标准从"政府主导"向"市场评价"转变。比如，企业人才标准由从前的四个层次55条优化为4条，直接以人才薪酬和纳税情况进行评价，凡年薪200万元及以上且纳税超过20万元的人才为A层次人才（国内外拔尖人才），最高享受120万元购房补贴、1亿元项目支持；年薪100万元至200万元且纳税超过10万元的人才为B层次人才（领军人才），最高享受80万元购房补贴；年薪20万元至100万元且纳税超过2万元的人才为C层次人才（高端人才），最高享受40万元购房补贴；年薪6万元至20万元且在芜湖纳税的人才为D层次人才（基础人才），符合青年英才购房政策的最高享受20万元购房补贴。鼓励人才技术交流合作，建立"揭榜挂帅"引才机制，通过张榜公示的方式，靶向引进高层次人才，精准破解一批关键核心技术难题，对立项的市重大科技成果工程化项目，给予项目研发总投入30%、单个项目最高500万元补助。

2022年6月29日，芜湖市紫云英人才产业对接会暨名校师生芜湖行活动举办，来自哈尔滨工业大学、合肥工业大学、湖南大学等全国28所知名重点高校近百名师生代表参加。活动中，由市人才发展集团、奇瑞控股集团共同出资组建的安徽紫云英人才咨询有限公司正式揭牌成立。该公司的成立是市人才发展集团突出产业需求导向，市场化运作高效招募人才的重要尝试，活动现场还实时发布了汽车及高端装备制造产业125家企业3200多个需求岗位，引起来芜大学生的高度兴趣。

人才工作更显专业化。人才工作涉及面广，政治性、政策性都很强，必须让专业的人干专业的事。在学习借鉴深圳、青岛等地人才发展集团运营模式基础上，芜湖市人才发展集团聚焦人才招引猎聘、人才项目投资、创新创业孵化、人才公共服务等七大业务板块，设立招才引智部、投资运营部、人才服务部、战略发展部等部门，专业化推进人才发展工作。2021年9月，启动“全国百所高校大宣讲”，由担任产业链链长的市级负责同志，带领市直相关部门和产业链头部企业、重点企业，组团赴上海、广州、南京、西安、武汉等地知名高校，开展政策宣讲和现场招聘，企业带着职位、带着公章现场敲定就业合同。开展紫云英人才援企稳岗攻坚行动，在河南南阳、安徽亳州、安徽芜湖经开区开展4场专场招聘，赴贵州毕节、凯里、剑河等地开展协作引才，同步开展紫云英人才春季线上对接会、2022年春季云直播经开区专场招聘会、“工会送岗位·乐业在江淮”五一专场云直播招聘会等活动。创新推出紫云英人才芜湖城市体验券，青年人才凭券免费享受人才驿站7天入驻、企业参访、美食品鉴、景点游玩等城市参访体验服务，首届紫云英人才日线上派发体验券3000万元，吸引超1300万人观看，2万多名大学生成功抢券，累计收到简历11000多份。有的大学生表示，“第一次遇见城市体验券，特地邀请了外地同学来芜湖一起参加体验活动，感受芜湖本地的生活味道”。有的表示，“以前芜湖给我的印象是宜居江南小城，这次参访活动让我看到了芜湖产业蓬勃发展之势，感觉大为震撼”。有的表示，“芜湖很懂青年人在想什么，诚意满满的政策很打动人”。有的表示，“如今的芜湖处在历史发展机遇期，是我们青年学子的首选地”。

“紫云英花开，芜湖等您来”

人才工作更趋产业化。人才作为一种特殊资源，通过“生产、分配、交换、消费”四个环节，对人才资源整体性、系统性地进行开发，使各个环节相互关联，形成一个完整的产业体系，这就是人才产业化。芜湖聚焦做好人才产业规划顶层设计，积极发挥人才资本优势，实现人才、产业、发展的良性互动，以人才兴产业，以产业聚人才，紧盯人才与产业匹配度，让招引人才最大限度为经济社会发展发挥作用。2017年以来，芜湖围绕重点产业领域，开展“借脑研发、柔性引才”，联合中国科学技术大学、西安电子科技大学、哈尔滨工业大学等高校院所建设重点研发平台50多个。经过几年发展，平台汇聚了全市10%以上的发明专利、12%以上的科研投入，营业收入超过千亿元。针对企业对前沿技术人才的巨大需求，芜湖市与上海松江区跨省协作，在松江设立“科创飞地”，为在沪注册的芜湖企业集中延揽高端人才，形成了“研发在上海、产业化在芜湖”的产业协同新模式。注重发挥金融活水作用，芜湖打造“政府母基金+产业引导基金+市场化基金”联动发展的“基金丛林”，吸引更多社会资本支持人才创新创业，用资本为产业赋能，用产业为人才搭台，以投带引集聚人力，培育更多高端人才项目落地见效，让人才与产业共同发展，让人才与城市互相成就。

三、人才动能带来无限发展机遇

发展是第一要务，人才是第一资源，创新是第一动力。一座城市的硬实力、软实力，归根结底要靠人才实力，人才的“强磁场”必将激发高质量发展的澎湃动能。芜湖大力实施人才强市战略，坚持把培养人才与促进发展结合起来，建设了分布领域广、创新能力强、带动作用明显的创新人才队伍，涵养人才发展“蓄水池”，为全市经济社会发展汇聚起“洪荒之力”，带来了无限机遇。

2021年9月29日，中央人才工作会议刚落幕，芜湖市委主要负责同志就来到安徽师范大学，以“紫云英花开 芜湖等你来”为主题，为线上线下十几所高校20多万大学生讲授新学期公开课。“一名本科生在芜可享受20万元补贴，博士生能拿到40万元。”宣讲中，市委主要负责同志不仅给大学生送上政策“大礼包”，还发出诚挚邀约，“你们是芜湖最期待的城市合伙人！芜湖的C位永远属于你们”。“留下来和我们一道拼！”精彩演讲在大学生中引起强烈震动，超过800万网民在线收看。“从没想过市委书记会来给我们讲课，而且内容还十分生动。原来市领导也在关注我们的动态、喜好，觉得很是亲切。”活动现场的一位在校大学生说，听了之后，瞬间在这座城市找到了归属感。大手笔带来的是大成效、大丰收。2021年，芜湖共招引高层次科技人才团队74个、领军人才150人、高端人才1500人，吸纳3.3万名大学生就业创业。2022年前三季度，芜湖新引进高校毕业生5.7万人，比2021年全年还多2.4万人，实现了历史性突破。

河南安阳“90后”杨蕊姣，2015年毕业于南京航空航天大学导航制导与控制专业，毕业时受到全国各大航天企业的青睐，摆在她面前的选项很多，但她在了解到芜湖建有通航产业园，政府对通航产业的支持力度、给大学生毕业的安家补助，尤其是针对高科技人才的专项计划之后，心潮澎湃地决定来到芜湖生活奋斗。2022年5月21日，来自芜湖徽氏新材料科技有限公司的研发工程师朱润雨受邀参加第四十九场畅聊早餐会，清华大学化学工程专业硕士研究生毕业的他，一年前受芜湖紫云英人才计划的感召，基于理性基础上的慎重判断后，毅然决定带着妻儿回乡发展，利用自己的专业和特长，回报这片热土。2022年3月，奇瑞集团董事长尹同跃、北京旷视科技有限公司董事长兼CEO印奇、科大讯飞股份有限公司董事长刘庆峰等知名企业家，受聘为芜湖首批“招才大使”，为芜湖招才引智工作增添强劲动能。杨蕊姣、朱润雨等既是创新驱动发展的参与者，也是受益者。正是有着像杨蕊姣、朱润雨这样成千上万的专业人才，在各行各业各条战线上艰苦奋斗、把握机遇，乃至实现梦想，芜湖经济社会高质量发展方能得以保障。

人才动能给企业带来了巨大发展红利。芜湖市2022年政府工作报告中提出，未来五年，将把新能源和智能网联汽车作为首位产业，支持企业在上市融资、扩大产能、跨界融合、提升品牌、完善配套等方面取得突破，打造世界级产业集群。顺势“新四化”浪潮，新能源已成为奇瑞集团销量的新增长点。奇瑞雄狮科技总经理邬学斌在接受新华社记者采访时指出：“汽车企业的人才结构发生了重大变化，从过去对工程、机械、材料学的人才需求多，到如今对人工智能、算法、光学等方向的人才需求越来越紧迫。”针对当前智能网联、无人驾驶、软件、芯片、电芯、电子电气等人才缺口较大的短板，尤其是产业工人短缺、新型人才缺乏、核心人才难留等情况，芜湖紧紧抓住人才发展的关键动力，千方百计帮助企业解决问题。2022年5月29日，由市委组织部、市委党校（芜湖行政学院）、奇瑞控股集团主办，市人才发展集团承办的芜湖紫云英人才企业管理人员培训高管战略班在华为总部深圳坂田基地开班，奇瑞控股集团近50名高级管理人员参加灯塔企业实训课程学习，帮助企业人才开阔视野、提升能力、淬炼企业家精神。这一服务企业的“升级版”“套餐”，全国罕见。结束此次学习后，奇瑞汽车执行副总高新华深情感慨道：“芜湖给了奇瑞这么大关心和支持，如果我们不把奇瑞做好，就是历史的罪人！”奇瑞集团公布的销量数据显示，2021年集团累计销售汽车96.2万辆，增长31.7%，其中新能源车10.9万辆，增长144.6%；2022年前三季度，累计销售汽车89.4辆，增长37.3%，其中新能源车22.2万辆，增长135.8%。奇瑞曾经用10年时间累计下线100万辆汽车，2022年仅用10个月就实现产销破百万，全年营收入破2000亿元。

强劲的人才动能，让“芜湖起飞”的资本和底气更足。芜湖现有人才总量超过百万，“十三五”期间，全市累计招引高层次科技人才团队500多个，高端人才2700多人，年均引进大学生2万人左右。人才的集聚，对产业转型升级、创新发展的推动作用效果明显。数据显示，芜湖是国内近30年GDP排名位次提升第三快的城市，1990年芜湖GDP排名全国第175位，从2008年开始芜湖稳居安徽省经济总量第2位，2021年芜湖GDP突破4000亿元大关，达到4303亿元，增长11.6%，增速居长三角41座城市第1位，排名跃升至全国地级市第58位，30年时间前进了127位。2022年上半年，芜湖GDP达2220.3亿元，以5.2%的增速再次领跑全省，居长三角第2位。芜湖的实践充分证明，哪里人才发展体制机制活，哪里就是人才的“强磁场”；哪里服务好，哪里就是创新的丰厚沃土；哪里环境优，哪里就能让企业大显身手，助推一方经济社会高质量发展。

四、人才发展的未来充满希望

芜湖依靠人才走到今天，也必然依靠人才走向未来。当前，芜湖人才发展面临的内外部环境正在发生深刻变化，人才作用从支撑到引领转变，人才引力从政策到环境转变，人才队伍从扩容向提质转变，人才治理从传统到现代转变，这都要求芜湖以更大力度推动人才工作创新变革。通过成立人才发展集团，推出“紫云英人才计划”，芜湖正加快破除制约人才发展的瓶颈障碍。

2022年5月，芜湖出台《奋力打造区域人才中心和创新高地的具体举措》《关于加强紫云英人才驿站建设促进人才来芜参访体验实施办法（试行）》，明确提出要在人才平台建设、体制机制创新、服务保障优先等方面先行先试、重点突破。将通过“六个围绕”打造区域人才中心和创新高地，即围绕建设综合性国家产业创新中心集聚领军人才，围绕建设“智造名城”集聚科技创新人才，围绕建设中国（安徽）自由贸易试验区芜湖片区集聚开放合作人才，围绕建设“四个中心”（区域消费中心、现代物流中心、区域教育中心和医疗中心）集聚专业技术人才，围绕建设特色产业集群集聚产业人才，围绕建设乡村振兴先行示范区集聚高素质乡村振兴人才。

2022年6月，芜湖市委人才工作领导小组成员单位联系服务重点企业机制正式建立，通过进一步加强与重点企业联系，做优做好人才精准服务，助力企业高质量发展。重点开展五个方面工作。一是创建“政策保障清单”，各单位依托清单，精准向联系服务重点企业宣传政策，指导企业弄清弄懂、用足用好政策。二是创建“用工需求清单”，动态掌握企业招工工作需求和存在的问题，以集中招聘活动为基础，多措并举帮助企业解决问题。三是促进校政企共建合作，建立和拓展对口院校名录，促进省内外大中专院校与企业开展校企共建合作，吸引更多高校实习生、毕业生来企实习、就业。四是继续深入对接皖北、河南等劳动力资源丰富的地区，为联系服务重点企业搭建更多的劳务合作基地，提升劳务基地合作成效。五是对联系服务重点企业用工需求应实现100%服务，引导企业通过提高员工薪资待遇、改善生产生活环境、加强人文关怀等，有效降低员工流失率，实现长期稳定用工。

奋进新征程，芜湖将以提升发展能级为重点，加快集聚各类人才，力争“十四五”时期新招引高层次科技人才团队300个，引进领军人才1000名，集聚高端人才10000名，累计引进高校毕业生30万名，推动全市人才结构持续改善、人才发展环境明显提升，努力把芜湖打造成新思路的试验地、新事物的生发地、新产品的首发地，成为全省乃至长三角生机勃勃、活力迸发、势不可当的重要增长极。实施重点人才集聚行动，依托“紫云英人才计划”，坚持引进与培养并重、数量与质量共增，打造规模宏大、结构优化、素质优良、充满活力的人才队伍，包括汇聚高层次人才、引育青年俊才、加大本土英才培养、加快企业家素质提升、打造芜湖工匠、集聚教育卫生人才、加强社会工作人才培养、强化党政人才立体化培养等。完善升级“芜湖紫云英人才服务平台”，实行一站式专窗服务，提供包括人才认定、配偶就业、子女就读等方面服务，推动政策兑现“秒批秒办”；探索以社保卡为载体，将“芜湖人才绿卡”“芜湖人才服务卡”并入社保卡，实行人才服务“一卡通”，着力营造人才服务好环境，形成特色人才服务品牌，让芜湖真正成为人才“归谷”。进一步完善人才创新创业金融扶持体系，破解人才和企业的抵质押融资难题，吸引更多人才和市场主体来芜创新创业。按照“有中心、无边界”的理念，建设安徽创新中心，在人才平台建设、体制机制创新、服务保障优先等方面先行先试、重点突破，为全省集聚人才、用好人才、留住人才发挥辐射带动作用，力争建成面向长三角的全国重要人才中心和创新创业高地。

“紫云英绽放，诚邀天下伯乐；千里马奔腾，感召八方骏才。”当前，长江经济带发展、长三角一体化发展、中部地区高质量发展等一系列国家战略在芜交织叠加，“东数西算”芜湖数据中心集群、芜湖专业航空货运枢纽港、中国视谷等重大项目加快建设，芜湖迎来了跨越发展、垂直崛起的最关键阶段，加快打造省域副中心、建设全省经济增长第二极，芜湖比以往任何时期都更加需要人才、渴求人才。芜湖将始终对各路人才敞开怀抱，以最高能级要素保障、最高品质城市环境、最高效率政务服务、最高规格社会礼遇，全方位服务人才发展，努力做到真心爱才、悉心育才、倾心引才、精心用才，聚天下英才而用之，让各类人才在芜湖都能大显身手、大有作为，把芜湖建成让各方人才心驰神往、近悦远来的城市，真正让人才成长与城市发展相得益彰，让人才蝶变成就城市未来。

（执笔：匡千秋　张强）

管好村级微权力 推动基层大治理

2015年，芜湖县（2020年9月区划调整为湾沚区）结合省纪委“整治群众身边不正之风和腐败问题专项行动”要求，抓住全省“党的纪律检查体制改革试点县”契机，以芜湖市纪委“工作创新项目化”为抓手，大胆创新、积极探索，着力加强对村级“小微权力”运行的制约和监督。从规范、公开、监督三方面入手，理清村级“小微权力”清单，线上线下全面公开“小微权力”运行过程，以考核、监督检查为手段压实镇村实施“小微权力”监督制约机制的主体责任，取得了显著成效。

2016年8月，在市委统一部署下，“小微权力”监督制约机制在全市各县区全面推开。后经省纪委调研论证，全省各地开启了村级“小微权力”监督制约工作。2021年，湾沚区将“小微权力”监督制约机制再次升级，把计划理念引入村级管理，实行村级财务、项目计划管理，从责任、制度、编制、监督四个方面构建完整体系，初步实现规范管理、降低成本、提高效率、预防腐败等多重效果。

“小微权力”监督制约新制机日臻完善，是芜湖市纪检监察机关贯彻落实党中央全面从严治党向基层延伸的生动案例，已成为芜湖纪检工作的创新实践。

一、党风督查到基层

十八大以来，党中央从落实中央八项规定精神破题，率先垂范，既抓思想引导又抓行为规范，执纪问责，严肃查处和曝光典型案件，形成高压态势。省、市、县各级也结合实际制定了具体细化措施，党风政风逐步向好。但在农村，村干部的思想认识和行动似乎没有多大改观，群众举报数始终处于高位，基层组织党风廉政建设亟待加强。

群众举报村干部

红杨镇岗山村支部书记许某、村委会委员兼报账员高某，一个受贿，一个贪污，被县检察院立案查处。一波未平，一波又起。2014年五一假期后的第一个工作日，芜湖县委信访室又接连收到多封举报信，绝大多数是举报村干部违纪违法的，其中有几封是内容相同的举报信。查处当然必不可少，但治标的同时要治本，还需要在监督管理上下大功夫。

2014年，群众举报、审计发现、纪检监督检查发现全镇各村居两委班子不少问题，绝大多数都是村干部优亲厚友、吃拿卡要、虚报冒领、贪污侵占。红杨镇有9个村21名村干部被查处，其中有3人移送司法机关。短时间内大量村干部被查处，导致有的村几乎不能正常运转。不少村干部一天三餐都不在家吃，有的人甚至整天都喝得醉醺醺的，在群众中造成很恶劣的影响。镇纪委、县纪委也查处了不少违纪违法村干部，但效果并不明显，常常是“按下葫芦浮起瓢”。如何整治乱象、规范村级管理、提升基层组织的堡垒作用，成了摆在镇党委面前最迫切的问题。

上下共谋求突破

一段时间以来，县纪委一直在思考这个问题：如何彻底整治村级存在的问题，加快推进不敢腐、不能腐、不想腐有效机制建设，把农村基层党风廉政建设和反腐败斗争引向深入，不断增强基层群众对全面从严治党的获得感和满意度，同时也做到对广大基层党员干部关心、爱护。如今红杨镇党委提出创新基层监督管理的想法，立即得到了县纪委的充分肯定，同时提出，探索建立一套农村基层“小微权力”监督制约机制，规范村级权力运行，减少和杜绝村级干部擅权、专权造成的各种问题。

针对2014年12月省委第六巡视组巡视芜湖县反馈指出“村级管理混乱、腐败现象时有发生”的问题，县委组织开展巡视问题整改“百日会战”。这是从根本上治理农村基层组织乱象的有益尝试，要治本，这是个很好的切入点。认真落实省委巡视整改要求，加强和规范村级管理，必须标本兼治。由县纪委指导红杨镇先试先行，探索一条监督制约农村基层“小微权力”的新方法新路子，然后再总结完善，等相对成熟后，在全县推广。

二、小微权力立清单

2015年初，经过考察和总结提炼，报经县委同意后，县纪委围绕“把农村基层小微权力关进制度笼子”这一主题，在基层问题最突出的红杨镇率先开展“小微权力”监督试点工作，开启了村级“小微权力”监督机制的探索之路。

梳理权力清单

在县纪委指导下，红杨镇瞄准加强村级“小微权力”运行规范这一要义，探索建立“小微权力”责任清单制度，尝试公开村级权力清单事项，加强上级和群众对村级权力运行的监督。

2015年1月4日，是元旦后第一个工作日，还差几分钟早上八点，红杨镇政府会议室已坐满了各村主要负责人。在大家的等待中，镇党委书记汪晓娟来到会场，开门见山直奔主题。她首先简要介绍了红杨镇即将开展的“小微权力”责任清单制度试点，然后对目标任务、方法步骤、工作要求等作了动员布置，要求会后各村对村级各项权力事项进行梳理、分类，镇党委将到村走访调研，全部汇总后报镇党政联席会议讨论决定。

1月27日，农历腊月初八，红杨镇几位领导首站来到周桥村调研。刚到村部，就见一个80多岁的老太太拿着拐棍追着村党支部书记崔德良打，一群人边拉架边哄笑。见到镇领导来了，老太太放下拐棍，念叨着“回头再找你这个忤逆算账！”径直离开了村部。

原来，崔德良的弟弟崔德兵1986年查出患肝硬化，长期以来不能从事体力劳动，生活困难，想申请低保。可是崔德兵夫妇有一儿一女，儿女都已结婚，崔德兵夫妇与儿子在一起生活，且在县城购买了商品房，不符合低保申请条件。崔德良多次解释，并在经济等方面给弟弟帮扶，怎奈弟弟与老母亲并不理解。他们认为，符不符合条件，就是身为村支部书记的哥哥一句话的事，给别人家办了那么多，反倒不给亲兄弟办，就是个六亲不认的人。过年全家团聚，兄弟俩因为这事又闹得不欢而散，老太太爱子心切，大清早又到村部来求大儿子。崔德良仍然说办不了，老太太气得动了手。

农村乡土文化氛围浓厚，是典型的熟人社会，在这里责、权、利的界限模糊，人们办事往往只凭人情和关系，不讲法治和道理，关系越亲密、感情越深，就越有可能被他人利用来实现自己的利益目标。不办，你就是不仁不义；办吧，就是优亲厚友，违反纪律。现在老母亲动怒，扬言不给办就不认他这个儿子，兄弟俩也断绝来往。崔德良很是头痛，但又一点办法没有。得知事情的原委后，镇党委书记汪晓娟笑着说：“我们今天来，就是要帮你划清这个权力边界，破除讲理讲法面临的困境。”一番话说得大家豁然开朗。周桥村村两委经过讨论、梳理，很快就村级重大事项决策、阳光村务、社会救助保障等诸多权力事项，梳理出40余条清单。

之后，镇党委牵头，先后跑遍了全镇各村，收集汇总了全镇村级所有的权力清单。红杨镇将清单汇总后，报给县纪委，由县纪委牵头组织相关县直单位，本着“接地气、能操作”的原则进行讨论、修改，再反馈给红杨镇。经过县镇两级共同努力，经过30多次座谈讨论、5轮修改，历时5个多月，最终确定了9类37条村级权力清单，主要包括重大事项决策、工程管理、财务管理、阳光村务、集体资产资源处置、社会救助保障等事项，基本涵盖了农村基层公共服务范围。

权力公开运行

徒法不足以自行。要充分发挥“小微权力”清单作用，形成监督制约效力，离不开干部群众的广泛知晓和参与，红杨镇为此想了很多办法，其中之一便是最广泛的宣传工作。

红杨镇编印了2万余册《村级权力清单三十七条》，采取文字+漫画的形式，把每项清单所对应事项的工作流程图、申请办理条件等介绍得清清楚楚。

为保证村干部熟知清单手册内容，红杨镇组织开展专题学习培训，同时要求全体村干部学习后参加考试，考试不及格的须进行补考，直到及格为止。为保证村民知晓清单内容，红杨镇要求各村挨家挨户发放手册；结合“送戏下乡”，以发生在身边的案例为蓝本，创作黄梅戏，到各村巡回演出；通过微信平台、墙体绘画、街道标牌、媒体网络等途径，以及镇村电子显示屏、镇村公开栏和展板等方式，拉开了全方位宣传的大幕，最终实现了“户户有手册，人人知清单”。

领到清单手册后，崔德良特意拿了一本送到弟弟家，翻到39页指着“城乡低保申请审批流程图”对弟弟说：“你看看，就算我同意收下你的申请资料，你家的情况听证会表决能通过吗？这样被公开否决，搞得颜面扫地，你愿意吗?”一番话说得崔德兵低下了头，他这才知道自己多年来错怪了哥哥，兄弟俩终于冰释前嫌、重归于好。

2015年6月的一天，红杨镇西河社区便民服务中心小广场上热闹非凡，只见台下一排桌子后面，坐满了社区两委干部、居民代表和党员代表，他们每人面前一支笔一张票，后面还坐了不少社区的居民。一位居民正在台上介绍自己的家庭经济情况、申请低保的理由。还没有说完，听众中就有人鼓噪，“你家条件这么好，不符合低保条件”，“是的，低保是给最困难的人的，你凑什么热闹!”

这是西河社区低保资格审查公开听证会的现场。面对这一新鲜事物，许多居民前来围观。乡里乡亲的，大家的经济情况相互都比较清楚，见有人明显不符合条件，观众比评委还着急，忍不住议论起来。自知理亏，发言的居民低头红脸地走下了台。经过公开评议并投票表决，该户低保申请被大家一致否决。当天听证会共否决了7户低保申请。现场围观的居民和参加评议的居民代表、党员代表一致认为：这样办低保，透明又公道。

兴塘村低保公开审查听证会前，因知道自己不符合低保条件，有两户村民主动找到村干部，提出撤回低保申请。与其会上当众出洋相，不如自觉撤回申请，保全点颜面。这样的例子在红杨镇还有不少。

2015年5—6月，红杨镇对低保、危房改造召开公开听证会31次、评议会44次，清退不符合条件的低保户268户，没有一户提出异议，也没有引发上访。

“小微权力”清单实施后，之前一直无法推动的青弋江分洪道建设拆迁工作，很快顺利完成全部拆迁，并且没有群众上访。只要我们把程序规范好，全程公开透明，群众会理解和接受的。事实证明，阳光是最好的防腐剂，清整工作异常顺利，社会效果极好。

湾沚区采取“百姓事百姓议，百姓理百姓评”的方式，推进基层矛盾纠纷排查化解

经过一段时间对“小微权力”清单的宣传和运行，群众对村级公共事务，特别是与自身利益密切相关的低保、医疗救助、危房改造等社会救助保障类申报条件和办理流程有了深入了解，对村干部的误解消除了，干群关系更融洽；由于权力运行的公开透明，排除了人情干扰，工作环境更轻松了；权力事项的公开，有效防范了村干部优亲厚友、擅权违规的可能性，村干部违纪违法行为大幅度减少。

2015年底，红杨镇被评为省级村务管理示范镇；群众对计生工作满意度提升到99%；群众上访率同比下降56%，信访量同比下降了60%，平均每月不到1件。全镇各村干部精气神焕然一新。

全县推开试点

红杨镇试点取得的明显成效，坚定了县纪委加强基层监督探索的信心和决心。经县委同意，县纪委决定在全县推广村级“小微权力”监督制约机制。

2016年3月，芜湖县5个镇同步开启了“小微权力”监督制约机制的探索之路。县纪委统一印制了芜湖县监督制约“小微权力”工作手册，组织全县镇村干部进行培训学习，并进行结业测试，测试不及格者补考，要求镇村干部对手册内容烂熟于心，面对群众咨询要做到“有问必答，有答必准”。与此同时，县纪委出台了实施意见、考核评价办法、责任追究办法等一系列配套制度。

同年7月，组建“小微权力”网络监督平台建设办公室，县农委负责“小微权力”网络监督平台建设并负责指导财务公开，县委组织部负责指导党务公开，县民政局负责指导村务公开，县信息中心负责平台的日常维护管理，各镇负责平台数据的审核、录入和上传，把37项清单事项和办理流程全部在网络监督平台公开。8月，“小微权力”网络监督平台建成并运行。群众凭本人的身份证号码可以登录，查看本村各项事务，也可以留言、提出意见和建议。网络监督平台的建成，实现了村务线上线下同步、完全公开，极大方便了村民查阅了解本村事务以及各项涉农补贴申报和发放，提高了村民对村务的知晓度、参与度，也提升了上级部门和群众对村务的监督力度和效果。

经过对各镇“小微权力”开展情况跟踪调研、总结完善，芜湖县形成了以“规范、公开、监督”为核心的、相对成熟的村级“小微权力”监督制约机制。

经过一年试点，芜湖县农村基层政治生态得到进一步优化，2015年，全县立案查处各类涉农案件175件，给予党纪政纪处分174人，其中，涉及职务犯罪被司法机关处理15人，均是存量案件。2016年全县涉及群众身边不正之风和腐败问题的举报比上年下降46%，群众上访下降28%；全县村级非生产性支出连续三年平均下降20%。群众获得感进一步增加，办事公开透明，程序简化，群众只要按照“小微权力”清单一次性提供相关资料，剩下的都是村干部的事，群众满意度明显提高。2015年全县共607户退出低保，2016年628户退出，真正实现了“应保尽保、动态退保”的目标。规范公开办事使干群关系得到进一步改善，干群之间的信任感不断增加，真正实现了“让群众明白，还干部清白”。

2016年湾沚镇罗保村某地块上的258户征收安置工作顺利结束，无一家“钉子户”，无一人上访。“小微权力”监督制约机制解决了村干部权力长期缺乏有效监督制约的问题，村级权力行使中的专权、乱权现象得到有效约束，避免了权力寻租、以权谋私和对政策选择性执行，使权力监督真正起到了标本兼治的作用，改变了基层政治生态结构，实现了从选举民主到治理民主的制度转变。

三、全市推广见成效

芜湖市纪委一直密切关注芜湖县对基层“小微权力”监督制约的探索工作，多次到芜湖县开展调研，实地走访、考察、论证试点工作中取得的成效，指导解决发现的问题，帮助进一步健全和完善村级“小微权力”监督制约机制。

全市推广

2016年9月，经市委常委会审议通过，市委印发了《中共芜湖市委关于加强村级“小微权力”监督制约的实施意见》，要求在2016年内在全市全面有效建立村级权力运行的监督制约机制，作为贯彻落实《中共芜湖市委关于深入推进全面从严治党的实施意见》的重要抓手，强化村级“小微权力”的监督制约，着力解决发生在群众身边的不正之风和腐败问题，推动全面从严治党向基层延伸。

在市纪委的统一指导下，全市各县区在学习借鉴芜湖县经验基础上，立足本地实际，进一步健全和完善适合本地村情民情的“小微权力”监督制约机制，把村级“小微权力”监督制约机制持续引向深入。

无为县以“小微权力”为抓手，开启“24小时全民监督模式”，把村干部的每一项权力行使过程进行分解，公开透明、一目了然，让无为县村级“小微权力”时时刻刻处于全民监督状态。繁昌县采取巡察和审计联动、村级纪检队伍和村民理事会联动等方式，凝聚多种合力，同时把“小微权力”平台建设与“12345”政务服务便民热线、党建引领信用村建设、乡村治理等对接整合，力求取得监督叠加效应。南陵县构建清单体系、责任体系、监督体系、考核体系，解决“村干部到底有哪些权力”“谁来做这项工作”“有问题能否及时发现得了”“干得好与不好结果如何兑现”等问题，县镇两级纪委坚持问题导向，加强全方位全链条跟踪。鸠江区定期组织力量深入一线走访调研，广泛征求群众意见，并召开“小微权力”工作协调会听取各镇（街道）纪（工）委对于“小微权力”平台使用的意见建议，对村居办事项目和流程进行全面梳理，督促职能部门严格把关权力流程。

至2017年初，各县区已基本按照市委“定好位、定好责、定好人”的要求，实现了“上下联动、左右协调，确保层层推进、持续发力”的推进格局。

监督“小微权力”，服务人民群众

实践意义

芜湖市积极探索村级“小微权力”监督制约机制建设，受到中央、省市各大媒体的高度关注。“芜湖市围绕开展群众身边的不正之风和腐败问题专项整治重点任务，率先在全省探索建立村级‘小微权力’监督制约机制”，“安徽省芜湖市探索建立的‘村级小微权力清单’制度，对村干部的每一项权力的行使过程进行了分解，使得涉农信访较监督平台建立前下降了39%”。2017年8月，《人民日报》针对此连发两篇报道。

2017年8月，《安徽日报》以《严治“微腐败” 基层荡清风》为题，刊载长篇通讯。人民网、党建网、中央纪委网等多个网站也多次刊发、转发“小微权力”监督制约机制相关报道。

2017年3月，时任省委常委、省纪委书记刘惠到芜湖县调研。在实地走访查看“小微权力”监督制约机制运行情况、听取专题汇报后，他对芜湖县大胆实践、开拓创新，率先在全省探索建立基层“小微权力”监督制约机制，推动全面从严治党向基层、向群众身边延伸，并取得显著成效，给予充分肯定。同年6月，全省纪检体制改革座谈会将芜湖县作为现场观摩点，省纪委组织16个省辖市纪委书记到芜湖县现场观摩基层“小微权力”监督制约机制开展情况。之后，全省各地纷纷开展基层“小微权力”监督制约工作。

2017年10月，省纪委派出调研组到芜湖县调研。通过深入镇村座谈、走访，查阅相关工作台账、查看网络监督平台等，详细了解了芜湖县“小微权力”监督制约机制的起因及背景、主要做法、工作成效。调研组在向省纪委提交的书面调研报告的结论部分指出：“加强对基层‘小微权力’的监督制约，完全符合党的十九大精神，也是贯彻落实十九大精神的具体举措。省级层面有必要综合各地做法，抓好顶层设计，引导推广实施，这对于我省推进全面从严治党向基层延伸拓展，对于实现农村基层治理体系和治理能力现代化，对于巩固党执政的政治基础和群众基础，具有很强的实践意义。”

四、党风政风气象新

村民的获得感增强了

“小微权力”监督制约机制在全市推广后，基层党风廉政建设明显得到加强，基层治理成效显著。村务信息更加公开透明，避免了群众对村干部无端猜疑和误解，干群矛盾大幅减少。各种救助和补贴，符不符合条件，群众对照清单手册一查就清楚明白；村干部对照清单手册也会主动告知符合救助的困难群众。

"我本来都打算放弃了，可是妈妈却从三十七条权力清单上看到了残疾学生救助政策，让我这样的残疾人也能上技校，国家的民生工程真是走进了普通百姓的心里了！"回忆起往事，红杨镇万村村民崔艳倩仍是激情满满。

2015年7月的一天，19岁的崔艳倩收到了芜湖仪表厂技工学校的录取通知书，望着鲜艳的通知书，小崔却犹豫了，能够继续上学对她而言无疑是莫大期望，但是转念想到家里的情况和母亲日日辛劳的背影，小崔悄悄将通知书收进了柜子里。

然而，这份通知书终究被母亲崔金锁发现了。崔金锁明白女儿懂事，但她不愿意女儿因为经济困难而放弃学业。于是，她揣着这封录取通知书来到了红杨镇残联。

"我看那个清单上说，残疾人上学有补助，不知道我家的情况能不能申请？"崔金锁向镇残联的工作人员问道。

"可以的，只要根据清单上列的残疾学生教育救助金的申请流程，提供相关资料就可以申请。"镇残联工作人员明确回答道。在镇残联工作人员帮助下，经上报审批、公示等环节，崔金锁为女儿成功申请到教育救助金，小崔得以顺利完成学业。

崔金锁为女儿申请教育救助金的事，只是基层为群众办事的一个缩影。仅以低保申请办理为例，2016年以来，湾沚区新增、退出等动态调整涉及3173户，没有一户有异议。

村干部做事更顺畅了

芜湖县红杨镇和平村是省级美丽乡村建设示范点，根据规划需要创建森林村庄，必须要栽植大量的树木以增加绿植，提高森林覆盖率。

起初，村两委开会讨论，认为集体的事情只能动用集体资金解决，于是决定按招标程序购买了绿化树苗，同时请人栽植、管护，一年下来花费2万多元。但事与愿违，栽下的树苗要么长不大，要么就枯死，不但村两委干部心里窝火，群众看到也有怨言，认为村里搞花架子，浪费钱。

2016年初，和平村两委干部开会时再次讨论村庄道路绿化事宜，如何把树栽下去，还要活起来。会上，在村任职的大学生村官提出建议，原先栽种树木的场地都属于村集体资源，根据红杨镇村级权力清单三十七条，关于村集体资源的管理事项的描述，这些地方可以作为集体资源对外发包。村里其他两委干部听到这个建议后都为之一振，这是个好主意！在村党支部书记吴爱文的主持下，村两委集中研究这一事项，同时还专门咨询了镇相关部门。很快，村两委按照权力清单要求，拟定了发包公告以及承包、招标的具体事项，经村党员大会和村民代表大会审议并表决通过，并对有关事项进行了公告公示。之后，经过公开招标，村民汤小芳获得了汪汤路和施汤路两条总长7千米道路两侧的土地资源承租权，每年向村里上交承租款2000元，同时根据约定，承包人必须种植苗木，且要确保成活率。因为严格按照村级权力清单三十七条执行，整个承包过程全部公开，全程接受村民的监督，群众对这次的承包没有提出任何异议。

吴爱文和其他村两委干部深有感触地说：“按照权力清单办事，确实是让村干部省心，村民放心。原本村里贴钱做事都做不好，现在不但不花钱就能把事情办好，而且村里还能增加一笔固定收入！”

过去村里的工程项目、扶贫资金，亲戚朋友这个来找、那个来问，群众怀疑干部优亲厚友，干部有口难辩。现在办事流程公开了，监督跟上了，达到了“还群众以明白，还干部以清白”的效果。特别是群众关注的“资金使用、资产管理、资源发包”等热点焦点问题一目了然，村民对此没有疑虑；村干部也以清单为准则，拒绝亲戚朋友的关照请托理由更充分，做事也顺畅了。

政治生态不断向好

“小微权力”监督制约机制实施以来，全区立案查处各类涉农案件2015年175件，2016年127件，2017年、2018年分别为88件、39件，立案数从2017年后大幅下降；移送司法机关案件中，涉及基层村居干部2014年15人，2015年6人，2017年7人，2018年0人。

市纪委案管室负责同志介绍说：“从全市来看，查处各类涉农案件也是逐年下降，且绝大部分是存量问题。基层政治生态不断向好的趋势十分明显。”

五、廉政建设在路上

深入推进

出台规范性文件，为规范运行提供制度依据。2016年9月，芜湖市委办公室印发《中共芜湖市委关于加强村级“小微权力”监督制约的实施意见》，部署全市各县区全面开展村级“小微权力”监督制约工作。

2016年10月，芜湖县委办先后出台《中共芜湖县委办公室关于进一步加强村级“小微权力”监督制约工作的通知》《中共芜湖县关于贯彻落实〈中共芜湖市委关于加强村级“小微权力”监督制约的实施意见〉工作方案》，同时出台《芜湖县村级“小微权力”监督制约责任追究办法》《芜湖县加强村级“小微权力”监督制约考核评价标准》，持续深入推进村级“小微权力”监督制约机制。

加强监督检查，压实主体责任。推动村级“小微权力”监督制约工作纳入监督检查，采取专题巡察、交叉检查等方式，进一步压实各县区相关部门和镇村的主体责任。2018年3月，十届市委第五轮巡察派出四个巡察组进行提级交叉巡察，同时对部分镇村“小微权力”开展专项巡察。此后，每轮巡察均同步开展“小微权力”专项巡察。此外，市、县纪委主要负责人、分管负责人以及主管部室每年开展专题调研、监督检查和抽查，深入了解“小微权力”清单事项公开、巡察发现问题整改，以及运行中存在的问题等情况，并积极加以改进和完善。

实时跟进，动态调整清单。每年一次动态调整，持续优化权力清单，做到权力事项进清单、清单之外无权力。各县区在确定适用本地范围内的“小微权力”清单的基础上，进一步优化设置镇级“小微权力”为民服务中心，实现了镇村“小微权力”服务事项互联互通，让群众“只进一扇门，最多跑一次”，极大地方便了群众办事。经过历年增删整合，芜湖县“小微权力”清单事项由2016年的37条，优化为目前的25条，最终形成相对成熟、稳定、有效的“小微权力”监督制约体系。

平台融合，形成监督合力。2021年9月，芜湖市湾沚、繁昌两区被确定为中央纪委“小微权力”网络监督平台“监督一点通”首批试点区。市纪委要求两区将“监督一点通”平台与已有的村级“小微权力”监督平台融合，形成监督合力。湾沚区在省级33项基本监督服务项目基础上，结合本区“小微权力”监督平台已有的公示公开项目内容，进行全面梳理和整合，最终形成湾沚区版“监督一点通”平台的“33+7”项监督服务事项清单，与湾沚区原有的“小微权力”监督平台形成两个平台“双向”链接。截至2022年6月，“监督一点通”平台总访问量170万人次，收到在线投诉40件，社会反响良好。平台运行试点工作在全省“监督一点通”试点工作总结推广会上作经验交流发言。

继续前行

村级“小微权力”监督制约机制基本实现了“小微权力”进清单，清单之外无权力，基本实现了基层“小微权力”运行过程的监管。但是，这些都属于事中、事后监督。如何将监督关口前移，形成全链条全过程监督，撤县划区后的湾沚区又开始了新的探索。

随着“小微权力”监督制约机制的施行，湾沚区党委、纪委对基层监督治理的认识也在不断深入。“权力入清单”基本实现了基层“小微权力”运行过程的监管，但是在日常管理上，也发现了一些问题：当前主要体现在村级项目小，建设无计划，项目资金使用上采取的是报销制。这种事后监督的方式虽然给“小微权力”套上“紧箍咒”，但是存在着一定的漏洞。

2020年，湾沚区再次先行先试，把监督的触角进一步向前延伸，将财务、项目计划管理工作列入“小微权力”监督制约清单，简称“两个计划”，推动出台了《全区村（居）财务、项目计划管理办法》，主动将村级财务和工程、采购、服务类项目纳入计划范围，把预算编制延伸到村一级。同时，纪检监察机关将计划征集、制定、执行等情况列入“小微权力”监督范围，提高村级财务管理的计划性，严格控制村级各项经费支出，增加村级财务管理的透明度。

“财务、项目的清单制有利于保障群众的知情权、参与权、表达权、监督权，有利于规范基层的权力运行，帮助村里理清发展思路。”区纪委监委相关负责人表示，清单制就是规范项目、资金权力的行使，通过“计划管理”和日常监督打出“前端监督+过程监督”创新组合拳，让事前、事中、事后都有章可循，确保村级各项资金用在实处、取得实效。

“两个计划”运行了一段时间后，基层干部首先感到了新变化，掌握了新方法。湾沚区湾沚镇桃园村到开发区一段约7千米的道路没有路灯，一侧就是汪溪湿地。沿途村民，特别是在园区上班的村民，夜间路过总是提心吊胆，防汛时期这里也是最危险的工作区段。湾沚镇纪委干部通过实地查看，了解到村民希望道路亮化的迫切心情，组织村民代表座谈后，督促村“两委”会商，将该项目纳入桃园村年度项目计划。在此过程中，区直有关部门手把手带领村干部梳理政策，完善项目编制，因为考虑细致，该亮化工程还在区水务局等部门协助下，争取到上级农村水利资金、防汛通道亮化资金等专项支持25万余元。

“两个计划”年初规划时，可以因地制宜将村级小微工程科学合并同类项、分类打包进行招标，减轻基层干部在项目招标等方面的工作负担。陶辛镇圩区多，每年挖机使用频繁，有的时候使用挖机比较急，不能立刻找来挖机，耽误工期。现在制定好全年计划，对全年使用挖机的项目统一招标，随时用随时联系挖机公司。不用事事招标，大大提高了工作效率，同时降低了生产成本。通过捆绑打包挖机租赁服务项目，本镇2021年同比节约资金17万余元。

类似湾沚镇、陶辛镇这样的案例有很多。村级财务、项目管理计划工作经过一年多试行，湾沚区构建起责任、制度、编制、监督四个方面完整体系。2021年度全区村级各项支出总额，同比下降26.57%；“三项经费”同比下降15.98%；涉及村干部的举报和信访数量显著下降，立案查处各类涉农案件由2019年的39件下降到2021年的18件，下降幅度达53.8%。基层治理水平和效果显著提升，初步实现了“规范管理、降低成本、提高效率、预防腐败”等多重效果。下一步将围绕运行中存在的问题不断调整优化“两个计划”流程，用制度化的形式固定下来，实现长效管理，助力乡村振兴。

升级迭代

市委相关领导、市纪委主要负责同志多次在会上肯定这项工作，并派专项调研组深入湾沚区镇村调研，及时总结提炼经验，帮助指导湾沚区开展工作。2022年5月，市委印发《中共芜湖市委办公室关于全面开展村（居）“两个计划”管理工作的实施意见》，对湾沚区先行先试经验进行了总结，并要求其他市县区结合实际，突出重点，扎实推进这项工作。

2022年5月7日，全市推进村级“两个计划”管理工作现场会在湾沚区召开。会上以“三个有利于”充分肯定了“两个计划”管理工作，以“六抓六做到”提出了下一步要求：“两个计划”管理有利于推动全面从严治党向基层延伸，有利于推进基层治理体系和治理能力现代化，有利于壮大村级集体经济、推动乡村全面振兴；各县市区要抓好摸底谋划、做到底清数准，抓好过程民主、做到公开透明，抓好编制审批、做到科学精准，抓好制度建设、做到规范有序，抓好计划落实、做到有效管用，抓好培训指导、做到答疑释惑。

在社会学者们眼中，公共治理也可看作把涉及基层村民切身利益的信息传递到每一个个体的过程，而村干部作为最早掌握这些公共信息的基层管理者，自然成为地方“熟人社会”的中心。国家政策落实，在很大程度上要仰仗这些土生土长的农村管理者。过去，我们是通过宣传教育和监督考核，对这些管理者的理想信念追求、个人道德、治理能力等提出较高要求。而现在，因为“小微权力”监督制约体系的不断完善，实现了工作纪律与私人感情的明晰，“差序格局”在芜湖地区基层治理领域，可以说失去了其长久以来的影响力，“熟人社会”在芜湖市的广大农村，基本已不再是治理难题。

如今，芜湖市以“小微权力”监督制约机制的实践探索积极完善制度保障，为实现“治理有效”的目标提供助力，随着这些做法的完善、提炼与推广，芜湖做法将在新时代释放出更大能量，助推基层社会治理体系和治理能力现代化水平不断完善与提升。

（执笔：胡宝妹　郝韶宇　张剑雄）

从『一米阳光』看芜湖社会治理创新

芜湖，位于安徽省东南部，浩浩长江穿城而过，素有“创新之城”美誉。改革开放之初，邓小平同志3次提及的“傻子瓜子”被誉为中国民营经济的“报春花”。1997年，奇瑞汽车更是在一片荒滩、数间陋室中诞生，成为自主创新的一面旗帜……在社会治理方面，芜湖也是创新不断，始终处在安徽乃至全国的领跑位置，社会服务管理信息化、“两代表一委员”化解矛盾纠纷、基层应急处置机制……这些社会治理工作的创新，被时任中共中央政治局委员、中央政法委书记孟建柱称为社会治理的“芜湖经验”。其中，“一米阳光”志愿服务是镜湖区赭山街道发动党员群众参与社会治理的一张名片。本文试从“一米阳光”成长历程、“一米阳光”带来的新理念、“一米阳光”引发的社会治理新变化等方面，通过小故事讲述芜湖社会治理创新的一系列新做法、新成效、新亮点。

一、“一米阳光”在志愿服务中诞生

新千年伊始，芜湖市镜湖区赭山街道辖区内安徽师范大学（老校区）与凤凰山社区结为友好共建单位，安徽师大物理电子学院电子爱好者协会，以“科技创新、服务社会”为宗旨，发扬“奉献、友爱、互助、进步”志愿者精神，于2009年7月第一次走进黄果山社区，为居民义务维修家电。经过他们的妙手修理，一台台、一件件被居民丢弃在角落里、弃之可惜、用又用不了的各种家电恢复了正常的使用功能，居民们无不竖起大拇指称赞。时任社区党委书记童光娣经过认真思考，认为安徽师大物电学院电子爱好者协会的义务家电维修，不仅让居民家中的“废物”得到了重新利用，而且让社会充满了和谐与友爱，这不正是在构建一种新型的社会关系吗？假如“每人都发出一点光，世间不就成了光芒一片吗？”在此基础上，童光娣倡导每名党员都奉献一点时间、一份爱心、一项专长，为社区居民做好“微服务”、办好“小事情”，让沟通“无缝隙”，服务“全方位”，切实发挥党员的先锋模范和示范带动作用。由此，童光娣提出每名志愿者都应该是“一米阳光”的奉献者，只要把这一束束光汇聚在一起，全社会就会充满阳光。此时，“一米阳光”志愿服务雏形在赭山街道基本形成。

“一米阳光”架起“连心桥”

芜湖市镜湖区赭山街道地处中心城区，辖区“五多”现象较为突出，即下岗人员多、困难户多、老年人多、残疾人多、留守儿童多，针对这些困难群体，做好他们的服务工作，仅靠社区七八个工作者是远远不够的。面对这些难题，赭山街道党工委不等不靠，集思广益，于2011年底总结出台了“一米阳光”志愿服务新举措，印发了《赭山街道“一米阳光”志愿服务工程实施方案》。

该方案明确了指导思想、目标任务、组织领导、队伍建设以及活动形式、工作内容、方法步骤、制度机制、工作要求，重点强调了要以和谐社区创建为目标，弘扬奉献、友爱、互助、进步的志愿服务精神，加强社区管理、深化社区服务，提升市民素质，增强城市文明指数。特别是要求各级基层党组织要以“服务居民群众、做好群众工作”为核心，充分发挥联系群众、宣传群众、组织群众、团结群众作用，开展“一米阳光”志愿服务活动，切实增强党组织凝聚力、战斗力。

这一方案的出台，标志着赭山街道坚持以社区党建为引领，把社区服务、社区治安、社区文化等融合在志愿服务之中，架起了一座亲民、爱民、为民、利民的“连心桥”，真正把党和政府的温暖及志愿者的爱心送进千家万户。

“一米阳光”在志愿服务中延伸

众人拾柴火焰高。志愿服务需要大家参与，赭山街道在志愿服务中，始终秉持“人人都是一米阳光，个个都可以奉献出一束光芒”理念，发动社区有能力人员，积极参与“一米阳光”志愿服务活动。

一天早晨，天刚蒙蒙亮，在赭山街道小赭山社区团结一村6号楼1楼，只听到楼房周围“唰唰”的扫地声，笔者走近一看，是一位满头银发的老人正在初冬的浓雾中清扫楼房周围的垃圾，脸颊上沁出了汗珠，冒着一股热气。经攀谈了解，她就是我们要寻找的社区“一米阳光”志愿者——6号楼的楼栋长韩凤兰奶奶。韩奶奶今年67岁，身体挺硬朗，说起话来中气十足，是社区第九支部书记。从1984年开始，她30多年如一日，每天早上天蒙蒙亮就起床，简单收拾收拾，拎起工具，就到楼下清扫楼房周围卫生，把楼房周围的落叶、垃圾、杂草清理干净，以整洁的面貌迎接新的一天。笔者问她，每天都这样坚持，不觉得辛苦吗？她笑着说：“只要每个人都搭一把手，社区文明建设就会前进一大步。赠人玫瑰，手留余香。当然值！”

赭山街道“一米阳光”志愿者章程规定：志愿者要遵守党纪国法，

做一名合格的共产党员和合法公民；要以自身的行动，实践志愿者精神，把爱心奉献给社会和需要服务的人；要积极参加志愿服务，刻苦钻研业务，不断提升服务技能；要仪表端庄，待人热情，充分尊重服务对象意愿；要文明服务，自觉维护志愿者社会形象，服务时必须佩戴服务标志；廉洁自律，坚持无偿服务原则；在职人员，不得以参加志愿活动为由影响正常工作；要做好服务对象保密工作，不向无关人员泄露有关信息；要严守有关规定，服从安排，不得无故不参加活动等。

“一米阳光”的志愿队伍在成长

在赭山街道，最初“一米阳光”志愿者主要是社区“五老人员”以及“两委”班子和大学生志愿服务人员，服务的内容主要是帮助居民群众解决实际困难。后来，在街道党工委的精心呵护下，经过广泛宣传发动，特别是积极适应芜湖市正在开展的机关联系基层、党员联系群众的“双联系”和党员到所在社区和居住地报到的“双报到”活动，吸纳了大批在职党员到社区报到，成为“一米阳光”志愿服务队的新成员，为“一米阳光”志愿服务队注入了新活力。

从“一米阳光”看芜湖社会治理创新

从刚开始的法律援助调解队、敬老助学帮困队、治安维稳巡逻队、卫生环境保障队、文化宣传信息队、就业培训服务队等6支队伍，扩展成立了医疗卫生服务队、矛盾纠纷调处队、法律咨询服务队、义务家教服务队、植绿护绿服务队、心理咨询服务队、水电维修服务队、孤寡老人就餐服务队等15支服务队。服务覆盖居民生活的方方面面，让群众真正找到了依靠。

最近，从一线传来好消息，“一米阳光”的“朋友圈”又有了新壮大，特别是辖区内36个共建单位，结合自身工作上的业务特长，形成34个志愿服务队，涉及法律援助、治安维稳、敬老助学、卫生环境、文化宣传等16个项目，为辖区居民“解纷芜优”提供了强劲保障。

二、“一米阳光”成了居民的“贴心人”

一天，赭山街道荷塘社区一杨姓居民反映：团结三村38栋楼道内堆放了许多木板，影响楼上居民出行，存在安全隐患，希望“一米阳光”志愿服务站派员前去处理。工作站工作人员接到投诉反映后，立即安排专人上门了解情况，并做好住户思想工作，帮助户主共同把影响居民出行的木板运往其他地方存放。

又一日，团结三村一居民反映，该小区36栋一单元公用下水道堵塞，化粪池污物溢到路面上，导致居民无法出行，而且臭气熏天，气味难闻，极易滋生蚊蝇，盼望“一米阳光”志愿服务站安排人员前来处理。服务站接到信息后，立即安排人员到现场察看，并将问题报告社区街道，安排了专业人士进行疏通、清理。

近年来，像这样的烦心事，赭山街道的“一米阳光”志愿服务站不知做了多少，辖区群众已把“一米阳光”当成了自己的“贴心人”，大事小事，找“一米阳光”总没错。

“一米阳光”为困难群体送温暖

赭山街道“一米阳光”志愿服务，坚持从群众“急难愁盼”的事情做起，急群众之所急，想群众之所想，积极为群众排忧解难，拉近了党群干群距离，赢得了群众的点赞。

在赭山街道团结二村，居住着一位86岁高龄的孤寡老太太，因病常年卧床不起，社区“一米阳光”志愿服务站得知情况后，立即安排志愿者轮流上门给予生活料理，帮她洗脸擦澡、拆洗被褥、买米购物、生火做饭，陪她聊家常，为她整理房间等。老人逢人就说：“政府和社区的同志真好，我虽没有亲人，但他们比亲人还亲，他们就是我的亲人。他们处处为我着想，时常来看望我、照顾我，让我快乐安度晚年。共产党好，社会主义大家庭好！”

夏琳，是赭山街道大官山社区一位残疾女青年，自幼患上小儿麻痹症，随着病情恶化，现高位截瘫无法坐立，只能与智障的老母亲相依为命，常年靠低保生活。社区“一米阳光”志愿者团队成立后，大家一方面为她提供力所能及的日常生活照料，同时还积极为她联系医院，特别是在她病情恶化急需一大笔手术治疗费用时，大家纷纷行动，动员组织社会爱心人士为其捐款，你一百、他五十……涓涓细流汇聚起来，很快近10万元的爱心捐款送到了她的病榻前，为其解决了燃眉之急。

“一米阳光”传递人间真情

在芜湖市大官山东麓，有一条水泥路，直通到半山腰，在半山腰处有两幢居民楼。别看路宽不过四五米，长不过百米，却是一段三四十度的斜坡路，正常的六七十岁的老人想一口气从山脚走上这个斜坡，也会气喘吁吁。

马年的春节临近。此刻，彭金凤正推着她那辆老式24寸“金狮”自行车，弯曲着身体，一拐一跛地向山上走去。自行车前面的篮子里装得满满的，一摇一晃之中，还散发出阵阵香味。

彭金凤来到一幢居民楼前，停好自行车，拎着一盒盒菜肴，推开了一家人的门。她环顾四周，这个40多平方米的屋子，显得有点凌乱，床边摆着没有清理的便盆，桌上是没有洗刷的碗筷，地上是没有打扫的积尘。

户主贾玉敏蜷缩在床上，看到彭金凤，脸上掠过一丝兴奋，微笑着说道："彭大姐，你又来啦，辛苦你了……"

彭金凤凑上前去，笑着说："快年三十了，给你们送点菜来，有油炸肉圆子、红烧牛肉、红烧鸡块……再帮你洗一次澡吧。"

彭金凤放下菜盒，戴上护袖，麻利地洗碗、刷锅、扫地抹灰，又去倒掉便盆，还用开水将便盆烫了一下，再洗干净放到床边。接着，她又让贾玉敏的儿子把贾玉敏抱进卫生间里，开始为贾玉敏洗澡、擦背……忙活了一阵，收拾停当，她已浑身冒汗。看着彭金凤额头上渗出的汗珠，贾玉敏连声说："洗个澡，真舒服，真是太感谢你了！"

"没有什么，你有事随时都可以打电话找我……"彭金凤关照几句后推着自行车，一拐一跛地向山下走去，自己苦难的童年生活在眼前油然浮现……彭金凤1947年出生于巢县夏阁农村，父亲是当地游击队领导，听到他的名字，敌人无不闻风丧胆。彭金凤出生的第二年，父亲在一次侦察敌情时，被敌人击中小腿，不幸被俘，敌人凶残地割下他的头颅，悬挂在巢县城门头上示众。从此，她成了没爹的孩子，但周围乡亲的关心和照顾，留在了她幼小的心里。她十分感谢党和政府对烈士子女的照顾，感谢同学、同事对自己的帮助……她总是怀着一颗感恩的心，回馈社会，帮助别人，也让他人感受到政府的温暖、人间的真情与社会的和谐。特别是退休后的彭金凤，在参加社区组织的"一米阳光"志愿者活动时，得知贾玉敏家的情况，决定与其结对子，至此，彭金凤便成了贾玉敏家的常客。

"一米阳光"收到特殊礼物

对于"一米阳光"志愿者张龙云来说，2014年元宵节是一个不寻常的节日，这一天，平时只能在电视里看到的身影——市长潘朝晖与区领导一行来到张龙云家，并给她送来了节日礼物——君子兰，这让张龙云老人激动万分。

这一次，市区领导是专程来镜湖区看望几位"一米阳光"志愿者中的老同志的，并为他们每人送上了一盆君子兰。那么，在芜湖市380多万人口中，潘市长为什么就唯独选中了张龙云，成为张龙云家"贵客"的呢？

张龙云不仅是一名老共产党员、老专业工作者、关工委的老同志，还是赭山街道（一度更名赭山公共服务中心）"一米阳光"志愿服务站的一名资深志愿者。市领导来看望老同志，不仅是对志愿服务站的关心，更是对全市"五老"人员（老干部、老军人、老专家、老教师、老模范）的深切关怀。

潘市长说："我也是一位'一米阳光'志愿者，我会和其他志愿者一道，把自己的一份爱心、一技专长奉献给我们周围需要帮助的人。今天来的其他同志也都是'一米阳光'志愿者。希望镜湖区尽快成立'一米阳光'志愿者协会，让志愿服务活动更加制度化、规范化。"这些话语给"一米阳光"的志愿者带来了莫大鼓舞。据说，潘市长送给张龙云的那棵君子兰已经绽放，大家都称之为和谐、文明之花。

"一米阳光"为拆迁户纾困解忧

在基层，我们经常听到机关干部诉苦说：千难万难都没有拆迁难。但在赭山街道周家山社区，芜湖造船厂地块是芜湖市较大的棚户区，居民住的大多为"一五"期间企业建造的职工宿舍，由于年久，环境极为恶劣，存在巨大安全隐患。

为改善居民居住条件，根据有关政策，芜湖市启动了棚户区改造工程，但由于居民们长期生活在此，听说要拆迁，有点恋恋不舍。尽管相关部门做了大量工作，居民们还是没有要搬走的意思。

为做好居民搬迁工作，街道动员"一米阳光"志愿者上门做工作，并于2015年5月在征收地块成立全市第一家“一米阳光”志愿服务工作站。

“一米阳光”志愿者们积极参与其中，从早期的棚户区摸底工作以来，到现在拆迁进驻，志愿者们以多种方式宣传棚户区改造的惠民政策，特别是志愿者想方设法组织被拆迁户前往安置小区，现场观摩即将入住的新房等一系列举措，得到了大多居民的理解。有许多居民主动整理行囊、拖儿带女离开多年生活的故地，以实际行动支持政府对棚户区的改造工作。社区中有个低保户杨怀成，已是花甲之年，至今未婚，与自己近九十高龄的老母亲相依为命，生活拮据，面对拆迁租房确实力不从心。“一米阳光”志愿者将他的特殊情况反映到社区，社区结合社保平台为他办理廉租房实物配租，彻底解决了杨怀成老人的后顾之忧，老人高兴地送来了写着“为民办实事、百姓得福利”的锦旗，表达了对“一米阳光”志愿者热心帮助解难题的感激之情。正是在“一米阳光”志愿者的服务下，该地块成为芜湖市和谐拆迁、人文动迁的示范区。

几年来，据不完全统计，“一米阳光”志愿服务工作站共接待居民1928人，收到反映的各类问题782件，帮助解决问题401件，回访已搬迁居民623人，助力完成“老船厂”项目房屋棚改征收4000余户，确保了该地块如期净地交付。

“一米阳光”用“四心”打造放心

如果说在黑夜中有一盏明灯，给前行者以温暖与希望，那么不断涌现并踊跃参与社区“一米阳光”志愿者们，就是鼓舞与激励他人的动力与源泉。在赭山街道，“一米阳光”以党员骨干为主体，推行“党员联系卡”，设置“一米阳光”议事厅，把困难留给自己，把方便让给群众，用大爱暖人心，用服务暖民心，拉近党群距离。

“一米阳光”志愿服务站十分关心需要帮助的困难群体，经常入户家访，嘘寒问暖，谈心聊家常。为解决好群众的急难愁盼问题，志愿者默默奉献出各自的爱心和耐心，用自己的时间、体力、智慧，帮助百姓解难题、排忧愁，为和谐社区贡献力量。他们这样诠释“四心”。

爱心。首先要爱党，只有爱党，才能感党恩，才能激活爱心；其次要爱人民，人民是党和政府推动和实施各项政策的力量源泉，人民是伟大的，作为“一米阳光”志愿者必须要有爱心，要用爱心解决老百姓的操心事、烦心事、闹心事。

热心。作为志愿者接待群众要热心，要把社区居民当作自己的亲人，亲人的事就是自己的事，要用最大的热情，想尽一切办法，协调各方资源，为群众解决急难愁盼问题。

耐心。作为志愿者特别是社区党员志愿者，直接面对的是居民群众，所以在工作中要认真倾听，耐心回答。特别是对残疾人、老年人、行动不便的居民群众更要有耐心，要不厌其烦，向他们宣讲党和政府的惠民政策。

恒心。“一米阳光”服务是长期的，只要持之以恒做下去，数年如一日，坚信“一米阳光”志愿服务会得到广大老百姓的支持和拥护，也一定会结出丰硕果实。

正是“一米阳光”志愿者的“四心”付出，辖区一批困难群众在经济上得到了救助，在心灵上得到慰藉，使他们从心底深深感受到党和政府的温暖。

“一米阳光”为“检察蓝”注入新活力

镜湖区检察院坐落在赭山街道辖区内，为积极落实“执法为民”，着力做好保障民生、服务群众工作，在执法过程中，他们积极参与社会管理创新，深入开展群众工作，着力化解社会矛盾纠纷，为建设平安镜湖、法治镜湖贡献检察力量。

他们坚持在工作中做到“三个到位”，进一步健全“志愿者进社区”机制：一是组织架构到位，成立了院“一米阳光”志愿者活动领导小组，由院领导任组长，院团支部具体承办协调保障工作；二是人员注册到位，从每个科室抽调了业务骨干，组建“一米阳光”法律服务志愿者小分队，全院共计36名检察官注册了“一米阳光”志愿者；三是保障措施到位，在社区显著位置设立了“检察官服务站”，悬挂工作标志牌，设立检务公开的宣传栏，发放检民联系卡，自觉接受社会各界的监督。

通过开展“法律进万家、援助你我他”宣传活动，积极做好受理信访、送法宣传、排查风险、化解矛盾、参与管理和接受监督等六项检察服务工作，提升检察干警在履行职责、做好群众工作、服务和谐社会建设水平。积极开展“双联系”活动，组织干警与社区困难群众“结对帮扶”，每逢过年过节，为困难群众送上慰问金、慰问品。

工作人员为群众免费发放“电子保姆”

特别是在志愿服务中，他们主动关注弱势群体犯罪问题。残疾人犯罪问题是社会治安管理中的一个非常突出的问题，且具有一定的特殊性。涉案人员中有的是因为身体残疾或遭受歧视无法就业，导致生计难以维持，不得已而为之。该院在审理一起扒窃案时，发现犯罪嫌疑人系一聋哑女，其因一时贪念，在公交车上行窃，案发后十分悔恨，镜湖区检察院指定一名志愿者检察官承办该起案件。办案检察官通过走访，得知其夫妻二人均为聋哑人，且家中还有一位六旬老人和七岁的女儿，生活十分困难，出于人文关怀，最后对其做出了“不起诉”

宽大处理，并在社区志愿服务的帮助下，为她解决了生活、就业困难。事后，该聋哑女十分感动地比划道：感谢检察机关给她改过自新的机会，她今后一定通过自己的努力改善家庭生活。

三、“一米阳光”不断创新见成效

在新时代，赭山街道深入学习贯彻习近平总书记关于平安中国建设重要指示精神，坚定不移走好新时代群众路线、做好群众工作，着力构建党建引领的常态化、智慧化、精准化新时代群众工作机制，主动适应形势任务新变化，积极探索建立完善矛盾纠纷多元化调处化解机制，着力解决居民群众现实难题，机制化常态化开展扫黑除恶工作，加强群众性治安联防，推进社会防控体系建设，努力创造平安稳定的社会环境，着力增强人民群众的安全感、幸福感和满意度，特别是在“一米阳光”志愿服务上赋予了新内涵，促进了志愿服务专业化、网格化、机制化。

志愿服务专业化，提升社会治理新水平。社会组织是国家治理体系和治理能力现代化的有机组成部分，是社会治理的重要组成和依托。如今社会组织在社区治理中发挥着越来越重要的作用。2021年，赭山街道下辖的6个社区均成立了社区社会组织联合会，并引进“新希望”社会组织，成功申报社会工作服务站项目。他们利用“一米阳光”志愿服务优势，积极争取市公益创投资源，形成了“党员志愿者+网格员+专业社工”服务新模式，创立了“一米阳光、协力成长”品牌。目前，“新希望”社会组织已在街道成功孵化出了6个新的社会组织，助力街道社会经济高质量发展，做到了专业人干专业事。

网格服务精细化，提升居民满意度。街道建立工作专班，强化社会治理，细化工作任务，推进党建网格与社会治理网格“双网合一”，依托街道“一米阳光”志愿服务体系，做到织密一张网，厘清10本账，办好百件事，走进千家门，实现辖区内人、地、物、事“一表清”，筑牢属地防线，形成“赭山模式”。该街道现已构建了44个网格，57个网格党支部，108个楼栋党小组，413个“一米阳光”单元长，并按照“五个一”（一红帽、一袖标、一手电筒、一巡防记录本、一份保险）标准，开展网格化社会治理工作，实现了“线索资源共享、处置流程精短、排查质量高效”社会治安群防群治新机制。2021年，共办理涉及疫情防控、老旧小区改造、信访工作、物业服务等难题443件，有效提升了人民群众的安全感和满意度。

强化物业纠纷化解，提升居民幸福感。“社区是我家，美化靠大家”，在赭山辖区内不仅仅是一句口号，而是在“一米阳光”志愿者带动下形成的共识。大家在“一米阳光”志愿者带领下，加强环境卫生整治，查处乱搭建、乱停放，强化基础设施维护，进一步提升物业整治成效，得到居民一致好评。

四、“一米阳光”的“赭山模式”

坚持和发展新时代“枫桥经验”，公安基层派出所责无旁贷。赭山派出所积极做好辖区矛盾纠纷排查化解工作，成立了由离退休老民警、社区街道老综治专干以及律师组成的“一米阳光”志愿调解室，积极探索“云调解”“多元机制调解”“组团调解”“跨区调解”等方式。近3年来，先后成功调解各类民间纠纷1665起，成功率为98%，收到各方群众送来锦旗117面，成功案例被《法治日报》《人民公安报》《安徽日报》等刊载。市民群众将这一模式亲切地称为“赭山模式”。

镜湖区作为中心老城区，行政区划先后进行多轮调整，赭山派出所所辖社区由原来的9个增加为12个，常住人口达11万之多，流动人口大幅提升，而派出所正式民警只有50人（其中包含12名社区民警），警力严重不足。干警们经常是身心疲惫，对案件难以认真处理“消化”，结果势必引起当事人不满，甚至以干警“不作为、慢作为、乱作为”为由“投诉”“告状”。

为适应新时代社会治安管理工作需要，努力把民警从化解矛盾的烦琐事务中解脱出来，赭山派出所借鉴“一米阳光”成功做法，坚持和发展“枫桥经验”，在全市率先创立了由一名退休老民警、一名退休老综治专干、一名律师和办案民警组成的“一米阳光”警民联调室。该警民联调室自成立之初，就坚持为民服务、为民排忧、为民调解工作理念，始终在“调”“化”“新”上下功夫，积极做好涉案当事人的纠纷调解工作。

2020年5月，芜湖某电力公司下属单位沈某因劳务纠纷，曾围堵公司大门、静坐厂区，并数十次报警。经了解，沈某2007年招聘入企从事95598接线员工作，2014年7月因岗位区域装潢，疑似甲醛感染，一直在家病休。2019年公司将95598岗位投放市场，被芜湖另一单位中标，该单位发现沈某情况后停发了其工资和“五险一金”，导致沈某四处上访。警民联调室在上级机关的支持下，按照“街道吹哨、部门报到”新模式，主动与市区两级劳务监察部门、区街社会治安综治部门以及所涉事件相关公司，先后6次召开协调会议，反复沟通，做好政策宣传，做到以案释法，沈某与新单位于2020年11月27日签订了劳务合同。至此，这一劳资纠纷信访案件得到了有效化解，该所警民联调室也因此收到了由当事人送来的第31面锦旗。

创新调解方式，减轻群众诉累，是赭山派出所警民联调室的主要工作思路。工作中，他们想当事人之所想，急当事人之所急，把困难留给自己，把方便留给他人，主动作为，开拓创新，扎实做好矛盾纠纷化解工作。其中，“免接触”化解矛盾纠纷，是他们探索创建的“云调解”工作法。他们建立由双方当事人、接处警民警（辅警）、调解员和律师共同参与的“微信调解群”，通过“线上线下”结合“恳谈”，成功调解纠纷案件，有效缓解了调解员和双方当事人的“会面难、对话难”问题。一次该所接到报警：辖区一住户家发生纠纷，民警赶到现场发现4名男女正在互殴，民警将双方控制后，依法传讯到所里调查处理。经查，女户主吴某15年前离婚，案发当晚，吴某的儿子见母亲交了新男友，遂告诉父亲，前夫赶来后与儿子一起殴打吴某的男友。因时值疫情防控期间，为有效化解该起矛盾纠纷，警民联调室特意建立一个微信群，由社区民警、调解员和双方当事人、律师共同参与，通过147条微信“云调解”，终于将此纠纷化解。

五、“一米阳光”引发社会治理新变革

把群众呼声作为第一信号，把群众致富作为第一任务，把群众满意作为第一标准，把群众诉求作为第一责任，坚持把人民群众的小事当作自己的大事，把方便留给群众，把麻烦留给自己，切实办好人民群众牵肠挂肚的民生大事，做好人民群众天天有感的关键小事。

工作中，他们以推进全国市域社会治理现代化试点为契机，在强化“一米阳光”志愿服务工程的基础上，不断推陈出新，完善社会治理工作体制机制，先后建立和完善了一系列制度机制，主要包括：

领导干部联系走访机制。明确规定每位市领导要在县、镇、村三级各确定一个单位作为联系点，每年赴基层调研不少于60天，每季走访不少于1次，每年要办1—2件实事。深化“双联双应”工作机制。做到市级“双联系”单位分别联系一村一社区，每季度走访不少于1次，每年至少办1件实事；班子成员每人至少联系2户群众，每年走访不少于2次。深化“双报到、双报告”机制，推行“社区点单、党员接单”服务模式，动员广大党员开展“订单式”精准服务。主动收集群众意见诉求，扎实做好信访矛盾化解工作。做实人民城市建设合伙人制度。建立服务专班，专责做好人民城市建设合伙人在芜高质量发展的各类服务工作，保障人民城市建设合伙人权益，帮助人民城市建设合伙人解决实际困难，完善政企沟通服务机制。构建“1+9+N”企业服

务体系，深入推进“1%工作法”，把“畅聊早餐会”营商环境品牌擦得更亮，打造“企业家沙龙”“国际会客厅”。

健全网络民意收集机制。开通“民意直通车”，搭建“市民心声”网络问政平台，构建“初心热线”“芜湖市人民政府发布”微信公众号、人民网留言、“今日芜湖”App、书记市长信箱等为一体的一口受理、转办、督办、反馈渠道，让群众反映诉求、咨询问题畅通无阻。建立健全群众工作平台，实行群众诉求“广度、频度、烈度、难度”智能分析，动态提供对策建议、决策支持。做到精准评估、精准指引、精准改进、精准考核。持续开展群众、企业满意度评价。利用“报网端微屏”健全网络民智汇集机制。广泛收集城市发展的金点子、好建议，广泛听取利益相关人、群众代表、专家等意见建议，确保各项决策顺应民意、符合实际、精准有效。健全“网上问策”与“网下施策”联动机制，完善网上服务民生机制。推行“一网通办”“一网统管”，实现“城市大脑”智慧治理。深化“一网一门一次”“一业一证一码”改革，瞄准群众生活服务类事项，精准推送咨询服务信息，让群众尽享“指尖上的服务”。加快智慧社区建设，打造“网络+网格”基层社会治理升级版，实现“小事不出网格、大事不出社区”。充分考虑老年人习惯，推行适老化和无障碍信息服务，保留必要的线下办事服务渠道。

建立扎实推动共同富裕的有效机制。健全城乡一体化、区域协调发展体制机制，完善初次分配、再分配、三次分配协调配套政策体系。丰富文化产品供给，不断满足人民群众多样化、多层次、多方面的精神文化需求。

健全保障和改善民生机制。精准提供公共服务，推动群众幸福指数跑赢经济增长指数，让群众生活有甜头、有盼头。做好“双减”工作，提高教育质量。统筹推进养老事业和养老产业发展，积极做好医养结合试点工作，不断健全养老服务体系。坚持“房住不炒”，促进房地产市场平稳健康发展。

建立帮扶纾困机制。多措并举做好困难群众帮扶救助工作，完善农村留守儿童、留守妇女、留守老人和残疾人等特殊群体关爱服务体系。做好退役军人和其他优抚对象优抚安置工作，让他们生活有保障、心中有温暖。

健全领导干部接访下访机制。建立领导干部常态化领衔包案制度，推动各类信访案件及时有效化解。倡导“三不三推定”信访接待工作法，做到随来随接随处理，严格落实首接首办制度，做到第一时间受理、第一时间协调、第一时间答复，争取把问题解决在初始状态。实行领导干部阅批群众来信制度。严格实行所批信访件闭环管理，做到亲阅亲批、真批真办，营造“接访不走过场、写信真管用”氛围。

健全矛盾纠纷多元化解机制。坚持和发展新时代“枫桥经验”，积极推广“解纷芜优”、人民法院调解平台等应用，把矛盾化解在源头、消除在萌芽状态。建立诉调对接工作机制，压实政法部门涉法涉诉案件办理主体责任，加快案件化解，促进息诉罢访。加强法制宣传教育，引导群众通过法定渠道解决利益诉求。

健全群众诉求办理工作机制。坚持目标导向与结果导向相统一，对群众诉求实行清单化、闭环式管理，依法依规、多管齐下解决诉求，做到不欠法律账、不欠政策账、不欠经济账、不欠感情账，构建权责清晰、导向明确、资源整合、方法有力的群众诉求办理工作机制。

芜湖市“一米阳光”志愿服务工程如同它的名字一样，会照亮所及的每个角落。这是践行社会主义核心价值观的志愿服务文明工程，是新形势下党建工作的一个品牌，是基层社会治理的一张名片，是新时代党群干群关系的“连心桥”，更是一个将碎片式、零散式的志愿服务变成有组织的、可持续性的、集团式志愿服务的行动，是在党建引领下的广大志愿者积极参与其中、体制之外的社会志愿服务组织，具有很强的实用性、广泛性和生命力。相信在党和政府的精心培育、大力倡导、积极推动下，“一米阳光”志愿服务品牌一定会越来越深入人心，结出更加丰硕的果实。

（执笔：余天寿）

融动未来

2018年9月29日，是一个注定要写进芜湖乃至安徽新闻发展史册的日子。这一天，一项酝酿了两年之久的创举在芜湖破茧而出——芜湖日报社与芜湖广播电视台正式并轨运行、融合发展。

近年来，随着互联网的蓬勃发展，以互联网为支撑的新媒体业态不断呈现。仅仅几年时间，新媒体就从论坛时代跨越门户时代、搜索时代、社交时代，跃入了移动时代。如今，即使是PC端的媒介呈现方式也已成“过去时”，以移动客户端为代表的新媒体业态发展已是风头强劲。受新媒体的冲击，报社、广电等传统媒体日渐式微，推进媒体融合发展已经势在必行。

报社与广电合并，没有成熟的模式可循。“既非单纯的机构重组，也非简单的资源整合，如何探路前行?”一时间，舆论纷纷聚焦：“1+1能否大于2?”“两者的融合能否产生叠加效应?”随着时间的推移，人们翘首期待的答案逐渐清晰……

一、曾经沧海难为水

对于芜湖媒体人来说，记忆有甜蜜，也有苦涩。

无论是芜湖日报社，还是芜湖广播电视台，都曾经历过传统媒体快速发展的“蜜月期”，都曾遭遇过受互联网冲击而停滞发展的“瓶颈期”。

“60后”芜湖媒体人对此最有发言权。他们见证了传统媒体的起步、发展、辉煌，也体验了遭遇事业发展瓶颈所带来的悲凉。

这些从20世纪90年代入职采编岗位的“60后”，不仅是告别铅字印刷的见证者，也是传统媒体快速发展的参与者；不仅是深化文化体制改革试点的践行者，也是经营性收入巅峰时期的受益者。同时，他们更是传统媒体遭遇发展瓶颈、陷入生存危机的亲历者。

尤其是2015年以后，随着新媒体业态快速发展，传统媒体发行量和收视率逐步萎缩，广告经营业绩每年断崖式下滑，已经陷入举步维艰的窘境。

“传统媒体出路何在?”一些“60后”陷入困顿与迷茫。

“要突围，必须推进媒体转型，加快融合发展!”一些“60后”吐露了心声。

他们中不乏慧眼独具者，或主动请缨，依附传统媒体的公信力和品牌影响，尝试相关衍生业务；或整合资源，拓展新媒体运营服务渠道；或借势发力，在政务服务和文旅服务领域谋求新的发展契机。

然而，不谋全局者，不足以谋一域。在新媒体业态羽翼渐丰、全媒体发展成为新常态的大环境下，这种局部的“小打小闹”最终还是没有掀起大浪花。

对于传统媒体由盛而衰的悲凉，“80后”的芜湖媒体人也有话要说。

这些“80后”，大多是2004年至2009年通过公开招考入职的。入职初期，正赶上传统媒体高速发展阶段。然而，仅仅过了几年时间，随着媒体影响力、广告营收和福利待遇的不断下滑，传统媒体呈日趋萎缩态势。

传统媒体的衰落，给这些背着房贷、车贷双重“枷锁”的“80后”们又增加了一道精神“枷锁”。人在囧途，有的选择了坚守，有的则选择了跳槽。

“那段时间，不时听到有同事跳槽的消息。心里真不是滋味！”一位“80后”记者在回忆时感慨万千，说：“我们当初陆续考进来的10个记者，已经有5个人跳槽了。他们都是采写能力出众的业务骨干。有的报考到了外地媒体，有的应聘去了大型企业，还有的选择了自主创业。”

每个人心中都有梦想，当梦想与现实碰撞不出火花时，不仅是媒体人的悲哀，更是媒体的悲哀。

“给我一个支点，我能撬动未来。”2015年夏天那个炙热的下午，一颗“希望之星”递上了辞职信，毅然决然地奔向了心中的诗和远方。这颗“希望之星”的离开，不仅引爆了“80后”采编人员脆弱的心，更是直击了传统媒体因循守旧、故步自封、思想僵化的症结。

二、顺势而为开新局

转机始于2017年。

《吕氏春秋·尽数》有言：“流水不腐，户枢不蠹，动也。”对于芜湖传统媒体来说，这个“动”就是深化文化体制改革！一场改革将芜湖传统媒体发展引入了一个全新的境地。

这场改革，来自中央的高瞻远瞩。

2013年8月19日，习近平总书记在全国宣传思想工作会议上发表重要讲话，加快传统媒体和新兴媒体融合发展势在必行。

2014年8月18日，习近平总书记在中央全面深化改革领导小组第四次会议上进一步指出，推动传统媒体和新兴媒体融合发展，要遵循新闻传播规律和新兴媒体发展规律，强化互联网思维，坚持传统媒体和新兴媒体优势互补、一体发展，坚持先进技术为支撑、内容建设为根本，推动传统媒体和新兴媒体在内容、渠道、平台、经营、管理等方面的深度融合，着力打造一批形态多样、手段先进、具有竞争力的新型主流媒体，建成几家拥有强大实力和传播力、公信力、影响力的新型媒体集团，形成立体多样、融合发展的现代传播体系。

2016年2月19日，在党的新闻舆论工作座谈会上，习近平总书记再次强调指出，媒体融合要尽快从相“加”阶段迈向相“融”阶段。

这场改革，来自芜湖的顶层设计。

“再不融合，改革的路将越走越窄！”面对报社、广电两大传统媒体在一片唱衰声中陷入窘境的尴尬，芜湖市委、市委宣传部运筹帷幄、果断出手。

芜湖市委、市委宣传部认真学习领会习近平总书记系列重要讲话精神，悟深吃透中央《关于深化文化体制改革实施方案》的核心要义，深刻领悟中央和省委《关于推动传统媒体和新兴媒体融合发展的指导意见》《关于推动传统媒体和新兴媒体融合发展的实施意见》的思想精髓，多次研究媒体融合发展问题。

在市委负责同志推动和设计指导下，市委深化文化体制改革专项小组反复论证，决定将媒体融合发展作为芜湖深化改革的自选动作，列为芜湖市重点改革项目。

这场改革，于2017年仲夏悄然启动。

7月，芜湖市委宣传部审时度势，顺势而为，整合集中报社、广电两家单位所属新媒体部门和运营的两网两端多微资源，以及自身主办的“芜湖发布”等平台资源，成立芜湖市新媒体中心，统一管理运营各新媒体平台，拉开了深度融合的序幕，发出了跨媒体整合的信号。

9月，芜湖市新媒体中心整合资源、自主研发的新闻资讯客户端——“今日芜湖”正式上线。

10月，市委深改组原则通过了《关于组建芜湖全媒体中心框架意见（送审稿）》，这标志着推进芜湖日报社与芜湖广播电视台融合发展工作迈出了实质性步伐。

可以说，这场改革所折射出的敢为人先、勇于创新精神，彰显了芜湖最宝贵的发展基因、最深刻的时代烙印、最鲜明的城市特征，并且已经成为芜湖主流媒体永葆青春活力的核心支撑。

三、“融”出最大同心圆

2018年2月，芜湖媒体深度融合推进步伐开始提速。

市委任命芜湖广播电视台党委书记、台长兼任芜湖日报社党委书记、社长，两个单位的党委会以联席会议形式召开，两套班子统一指挥、分工协作，统筹推进芜湖本土两大媒体的融合整合工作。

在党委联席会议上，经过反复研究论证，深化改革、融合发展的思路逐渐清晰：

媒体融合的目标不是简单、机械的精简、撤并和相加，而是着眼于壮大主流舆论阵地，紧扣新媒体建设，抢占互联网舆论宣传高地，牢牢把握意识形态的领导权。

媒体融合要坚持问题导向。不回避传统媒体影响力、生存力弱化的现实，运用整体思维，找准突破口，以打造移动客户端为重点，统筹谋划，统筹推进。

媒体融合要凝心聚力，努力“融”出最大同心圆，打造出具有强大实力和新闻传播力、引导力、影响力、公信力的新型主流媒体。

思路决定出路。随着党委联席会议思想的统一，深度融合开始层层推进、有序展开。

媒体融合在宣传资源的整合中率先破冰。

“媒体融合不是为了融合而融合。其目的，是更好地聚焦宣传，占领互联网宣传阵地，壮大主流舆论。”时任党委书记张克庚如是说。

2月，全媒体新闻中心成立，统筹管理报、台、网、端的宣传，统一接收宣传指令，统一策划重大主题，统一安排采访记者，统一渠道发稿，统一考核标准。

10日，跨媒体的文旅专副部成立。将原《芜湖日报》专副刊、《大江晚报》专副刊整建制合并，统一策划、采写、刊播、考核，并与广电公共频道文旅栏目策划联动，资源共享。

此后，全媒体时政新闻采访部、全媒体民生新闻采访部相继成立。两支采访队伍，前者打破了原来报、台记者部门分割的局限，按照“中央厨房”式的生产模式，开展时政新闻的策划、采集、报道工作；后者统筹整合大江晚报、生活频道的采访力量，重点主打民生牌。可以说，此举向媒体融合迈出了关键性一步。

媒体融合在绩效考核机制的并轨中有序推进。

“人才是推进媒体融合发展的关键因素。我们不仅要坚持事业留人，还要做到待遇留人，激发大家干事创业的热情。”这样的话，从党委联席会议传到采编一线，一线采编人员倾听到了“有情怀、有温度的声音”。

薪酬绩效考核机制牵涉到采编人员的切身利益。鉴于报社与广电原先的薪酬绩效考核机制不尽相同，考核机制改革势在必行。

2018年5月，按照分步实施、先易后难、就高不就低的原则，率先对新媒体、芜湖日报、大江晚报、新闻频道、公共频道、生活频道、新闻频率、交通经济频率、大活动中心共九大平台的薪酬绩效考核机制进行并轨，统一绩效标准，实行分类考核，坚持向一线倾斜、向肯干实干者倾斜、向融合创新者倾斜。

媒体融合在组织构架改造、广告经营一体化中不断走深走实。

“行政化色彩过浓，是传统媒体的弊端之一。推进媒体融合，必须去行政化，让媒体回归本源！”党委联席会议形成的决议，掷地有声，让躺平者丢掉了得过且过的幻想，让有为者增添了干事创业的激情。

一场组织构架改造，将原先的22个行政职能科室锐减到8个，缩减56%，真正实现了人力资源向一线倾斜。

一场广告经营一体化改革，整合了原报社与广电的广告经营资源。机构合并，人员合署，分区域分行业全媒体营销，扭转了广告经营收入下滑的态势，并实现回升势头。

四、大江潮涌始向前

时间定格在2018年9月29日。

这一天，芜湖传媒中心隆重揭牌。出席揭牌仪式的时任安徽省委常委、宣传部部长虞爱华予以高度评价：芜湖传媒中心形成了以新媒体中心为“龙头”，以纸媒和广播电视为“两翼”的全媒体一体化发展矩阵，芜湖媒体融合发展进入新时代。

2018年9月29日，芜湖传媒中心揭牌，标志着芜湖日报社与芜湖广播电视台正式并轨运行、融合发展

一个“进入新时代”的定义，见证了芜湖传媒中心勇立潮头、奋楫争先的每一段历程。

“推进媒体深度融合发展，加速构建全媒体传播体系，需要有敢为人先、锐意创新的气魄，需要有刀刃向内、自我革命的勇气。”芜湖传媒中心党委审时度势、话语铿锵。

“推进媒体深度融合发展，加速构建全媒体传播体系，需要风物长宜放眼量，以高远的格局视野引领构建全媒体传播体系，闯出一条地市级媒体融合发展的新路径。”芜湖传媒中心党委明晰思路，开启了进入新时代的新征程。

进入新时代，芜湖传媒中心在构建全媒体传播体系上亮点频出。2021年11月，芜湖传媒中心独资成立的芜湖大江传媒有限公司揭牌。

“大江传媒”独立运营“大江”品牌系列新闻媒体产品，与澎湃新闻、新京报展开合作，以安徽及长三角地区时政、思想类新闻内容为报道主体，传播有思想、有温度、有品质的新闻资讯。

2022年1月，以“大江澎湃闻天下”为品牌口号的“大江资讯”正式上线。“大江资讯”瞄准社会关注的热点、焦点、难点，以接地气的方式快速吸引了读者的目光，上线仅3个月，就生产原创新闻600余篇、短视频500余条，通过人民号、央视频、澎湃号、新京报、微信、微博、抖音、今日头条等国内20多个平台发布，全网总浏览量超过2亿次，很多原创产品被中央、省级媒体和头部自媒体平台“二次传播”，有效宣传了安徽。

2022年6月，全新升级的“大江看看”客户端迎来上线。脱胎于“今日芜湖”App的“大江资讯”，不仅聚焦热点新闻、重大资讯，还把视角覆盖到民生、服务、美食、健康、学习等涉及民生需求的诸领域。短短2个月，“大江看看”App下载量已逼近200万次，日最高点击量已经突破460万次。

“这两年，芜湖传媒中心在构建全媒体传播体系上不时有新动作。”一些“80后”“90后”采编人员感言：“每一个新动作，都让人振奋、提气。我们看到了未来，看到了希望！”

五、融动未来在网络

关于芜湖媒体融合、转型升级的历程，有两个代表性的版本。一个版本是“二次创业”论，经历了破冰、整合、融合、发展几个阶段。另一个版本是“迭代升级”论，经历了从1.0“先试先行，建模融合”到2.0“守正创新，走在前列”，从3.0“立足本土，加速深融”到4.0“奋勇争先，融入长三角”的“迭代升级”。无论是“二次创业”论，还是“迭代升级”论，两个版本的核心都贯穿了一点，那就是融动未来在网络。

近年来，互联网已经成为新闻舆论工作的主战场，芜湖传媒中心坚定融合发展的决心，牢固树立互联网意识，推动优势资源向网上聚集，有序构建了以互联网为龙头的全媒体传播体系。以互联网思维优化资源配置，就是一个代表性的缩影。芜湖传媒中心倾力整合传播渠道，大力推进“去降补”，停发手机报，停播、改版影响力不足的广播电视节目，减少、做精报纸版面，着力打造以“大江资讯”新闻品牌为龙头，广播电视、报纸为两翼的媒体矩阵，将人、财、物更多地向互联网主阵地、移动端倾斜。

与此同时，积极占领新兴传播阵地，推动“大江资讯”品牌及各媒体优质品牌入驻各大主流互联网平台，形成强大整体传播效果。全新打造的“大江看看”客户端就是一个成功案例。芜湖传媒中心加大投入力度，在“今日芜湖”客户端的基础上推动平台化改造，与市级大数据机构紧密合作，引入先进技术，以“人民城市智慧生活窗口”为目标，全新打造“大江看看”客户端，无论是内容建设，还是功能设置，都独具匠心。“大江看看”客户端全新面世后，仅短短两个月时间，就在芜湖产生了霸屏效应。“一键登录，尽享资讯服务！”拉近了媒体与用户的距离。

开设政务号、媒体号、大V号，拓展信息的广度和深度，着力打造“千人千面”的资讯平台，为用户提供更多更及时更权威的新闻信息。搭载“市民心声”网络服务平台，在用户与党委政府间搭建沟通桥梁，为党委政府读民声、为群众办实事，走好互联网时代群众路线。将“芜湖共读计划”移入客户端，打造“全民阅读直播带”，塑造有温度、有气度、有高度的城市精神气质。将智慧城市建设融入平台功能建设，增设了房产、相亲、智慧社区等功能，并以此为切入点逐步开拓垂直领域。与市文明办共建志愿者服务网络平台，建设新时代文明实践中心。

六、“唱响”芜湖好声音

融合发展的路无论怎么拓展，创新表现形式，提升传播效果，推动新闻舆论工作高质量发展，不断提升舆论引导能力，才是根本考量。

几年来，芜湖传媒中心积极扩大优质产能，以“无传播不生产”为原则，创新实践，探索先行，努力“唱响”芜湖好声音。

“唱响”芜湖好声音，高质量履行党媒使命是责无旁贷的任务。

在重大主题宣传中，芜湖传媒中心坚持全媒策划、统一调度、移动优先，各媒体开展立体化、全方位、多维度报道成为常态，正面宣传形成强势。通过运用直播、短视频等新的报道形式，大数据、云计算、人工智能的探索性介入，“报、网、微、端、屏”从相加走向相融，现象级融媒体产品不断涌现。

融媒体微信作品《芜湖欢迎你》，24小时阅读量突破100万次，跟帖评论2000余条；短视频作品《139秒！这段芜湖快闪超燃！》点击量近百万次；《芜湖市“永远跟党走”主题灯光秀》短视频在新华社、人民网等国家级、省级媒体平台发布共计25条，合计点击量达到近570

万次；“抗击疫情芜湖在行动”全媒体直播，市县联动、相关部门协同，累计阅读量超过488万次，转发达20多万次；持续推出疫情防控系列短视频、H5等融媒体产品，最高点击量801万次……

“唱响”芜湖好声音，高质量助推地方中心工作是不容懈怠的职责。

芜湖传媒中心围绕市委中心工作，围绕疫情防控、文明创建、社区综合整治等，运用消息、通讯、评论、特写、图片及AR、VR、H5等，“报、网、台、微、端”同向发力、一齐发声，用小切口呈现大主题，小故事反映大变化，小视角折射大时代，寻找内容生产与内容分发的最优配置，提升融媒体产品的创新能力，推动优质原创性融媒体产品不断涌现，持续推出有思想、有温度、有品质、有影响的新闻精品。

从这些作品可管窥一斑：“全市人民抗击风雪”全媒体直播，2小时访问量达到32万次，连续3天全天候图文直播，每天访问量达80万次；全媒体直播“扫黑除恶芜湖在行动”，24小时内访问量达58万次，转发量超过1.8万次；网络视频直播芜湖市委书记赴高校主讲“新学期公开课”，超20万大学生同步听课，信号接入人民网、新华网、抖音等，累计点击量逾800万次……

“报、网、台、微、端”的同向发力，真正“唱响”了芜湖好声音。

2022年1月中旬起，“大江资讯”持续跟踪报道芜湖市物业综合整治工作，截至3月下旬，累计刊发文字稿70篇，短视频40条，收集群众意见、建议和问题反映12000多条。“大江资讯”的报道，发挥了“集结号”和“冲锋号”的作用，有效助推了市委、市政府各项政策举措的贯彻落实。

芜湖传媒中心始终将内容生产作为核心业务环节，强化产品思维，跨部门、跨媒体组建了“头条工作室”等13个特色工作室，成为融媒体产品创作生产的“加工厂”，并运用直播、抖音、短视频等形式，推出了一系列个性化、现象级融媒体产品，既服务了党委、政府中心工作，又收获了众多群众点赞。

数字最有说服力：短视频《安心居家 配合管理》点击量超4800万次，收获144万点赞数；短视频《一个人的“开学日”》分别被新华网、人民网采用，总点击量超5000万次；《芜湖脑瘫少年逆风飞翔》短视频点赞量超730万次，被《人民日报》等央媒转载，累计点击量破亿……

这些为讲好芜湖故事、传播好芜湖声音、凝聚起芜湖力量发挥了重要作用。

七、多轮驱动抓改革

在推进媒体深度融合、构建全媒体传播体系的进程中，芜湖传媒中心多轮驱动，持续深化改革，构建起了适应全媒体时代发展的运行机制和体系。

深化改革，从构建新型采编流程切入。

在管理调度方面，芜湖传媒中心成立全媒体编委会，统筹管理“报、网、台、端”宣传，统一接收宣传指令、统一策划重大主题、统一指派采访记者、统一渠道发稿、统一标准考核。

在生产流程方面，芜湖传媒中心在内部建设以“中央厨房”为引领，以掌上阿米协同、媒资系统为依托的全媒体协作供稿体系，构建“策采编发评”高效流程，实现全中心所有媒体资源在“一张网”上调度、管控；在中心外，推进市县融媒一体化，以“中央厨房”为“总端”，县市区融媒体中心为“分端”，实现共建共享，在“一片云”下运营展示。

深化改革，从改造内部组织架构切入。

为进一步打造好优质平台，芜湖传媒中心审慎推进媒体部门整合，将日报编辑部、新闻频道编播部、新媒体中心（时政板块）、时政采访部整合为时政新闻中心，将三套广播频率整合为广播中心，从更大层面集中优质资源做强“大时政”“大广播”，形成“组合拳”。

整合职能科室，倾斜服务一线。组建行政服务中心、财务核算中心等，简化内部流程，提高工作效率，富余人力全部补充至新闻采编一线；组建综合科室总编办，更好发挥“参谋部”“指挥部”作用，执行全媒体编委指令，全流程调度新闻宣传工作；成立经管中心，整合产业经营板块，形成合力，严格落实采编和经营业务“两分开、两加强”。

深化改革，从发挥市场机制作用切入。

大江传媒围绕主业、紧贴市场、关注民生，不断探索“新闻+政务服务商务”模式，增强自我造血机能，以宣传思想文化及互联网领域相关产业的投资经营为主业，除“大江资讯”项目外，着力打造“大江民生”“大江芜湖（IP芜湖）”“大江智慧生活”项目，开展可市场化经营项目合作。

“大江民生”创新财经、教育、智库、舆情等民生新闻领域宣传报道新模式，打造接地气、有特色的民生新媒体；“大江芜湖（IP芜湖）”将打造芜湖城市形象资源共享平台，通过互动、互助、互联方式，探索打造芜湖形象的聚合资源库、芜湖故事的传播新平台、芜湖精神的实践创新地；“大江智慧生活”将在数据资源管理部门的授权下，以“大江看看”客户端为平台，开展智慧城市、智慧社区等民生大数据创新应用项目。

大江传媒抢抓文创产业和新职业教育风口，发挥国有资本优势，开展文化教育产业投融资工作，相关项目正在推进中。同时，创新媒体投融资政策，国内知名媒体、互联网企业等合资、合作或者引入社会资本联合运营，以控股、参股等方式投身智慧社区、智慧医疗、智慧教育、工业互联网等领域。

八、大江扬帆正当时

“媒体竞争就是人才的竞争，人才流失、人才结构性短缺、人才吸引力不足，是地市级媒体面临的重要难点之一。推进媒体深度融合，加快构建全媒体传播体系，必须重视和解决人才问题。”这是芜湖传媒中心党委发出的强音。

几年来，芜湖传媒中心频出高招，不断创新人才培养、选拔、激励机制，全媒体人才不断涌现，人才活力不断激发。

首席制应运而生。随着芜湖传媒中心首席制评选办法的出炉，9名一线骨干分别获聘第一批次优秀首席记者、首席编辑、首席主持人。他们受聘后，享受不低于部门副职的待遇。对此，一名受聘首席记者的业务骨干感言：“如果说，此前对前途还有隐忧，现在，随着首席制的实行，我感觉受到重视，有了奔头。”如今，首席制的运行，尤其是随着年度考核、动态调整机制的健全，在全中心形成了人人争先奋进的良好氛围。

组织业务培训成为新常态。芜湖传媒中心为加强人员培训，与澎湃新闻、新京报达成合作，分批次选派业务骨干到两家媒体一线岗位跟班学习，将先发地区优秀媒体的成功经验带回。

制定全年业务培训计划。在全国范围内邀请知名媒介“大咖”来中心授课，常态化组织开展“走一线”“季度评优评先”活动，扩展视野、提升水平。

优秀年轻人才选拔机制日趋完善。原先，受到论资排辈等因素影响，年轻人才的成长相对较为缓慢。媒体融合后，这一掣肘被剔除了，取而代之的则是以年轻化、专业化为导向，大力选拔优秀年轻人才，一批“80后”走上重要岗位，以更新的思维方法带动媒体融合向更深层次推进。

最吸引人眼球的，就是激活编制存量，激发团队力量。芜湖传媒中心畅通采编播管、产品推广、技术运营等各类人才发展通道，通过改革人事、聘用、岗位管理制度，定岗定责，同岗同酬。积极向上争取政策，激活编制存量，利用芜湖市“紫云英人才计划”，吸纳优秀人才入编。用活人才，激活事业。几年来，一批年轻的业务骨干挑起了大梁。这些人才在各自岗位上大显身手，为芜湖传媒中心发展注入了强劲活力。

大江扬帆正当时。几年来，芜湖传媒中心敢为人先、锐意创新，以刀刃向内、自我革命的勇气推动媒体深度融合发展，以更高远的格局视野引领构建全媒体传播体系，通过不断努力，传统媒体稳住了阵脚，新媒体影响力快速提升，产业经营形势持续向好。

如今，芜湖传媒中心正激情澎湃、步伐坚毅地拥抱新时代，朝着更远的目标不断迈进。大江潮涌，未来可期！

（执笔：向陈宏）

共读『芜湖书房』 品味『书香芜湖』

2019年8月，习近平总书记在看望《读者》编辑部工作人员时指出，要提倡多读书，建设书香社会，不断提升人民思想境界、增强人民精神力量，中华民族的精神世界就能更加厚重深邃。习近平总书记在2022年《致首届全民阅读大会举办的贺信》中再次指出：“希望全社会都参与到阅读中来，形成爱读书、读好书、善读书的浓厚氛围。”

全民阅读是提升我国公民素质、满足人民精神文化需求、建设社会主义文化强国、实现中华民族伟大复兴的基础工程。2021年以来，芜湖市认真贯彻落实“倡导全民阅读 构建书香社会”的部署要求，创新打造“芜湖书房”和“共读计划”两大“流量”工程，在全市范围内掀起了全民阅读的良好氛围，扎实推进“书香芜湖”建设，加快打造便民惠民的“15分钟阅读圈”，助力芜湖成为有书香、有气质的人民城市。

一、探索城市书房的“芜湖模式”

“盘”出资源 “改”出精品

2021年春节后，一个周六的早晨，神山公园内绿意初起，一辆电动观光车载着时任芜湖市长单向前，市文旅局、市城管局、市住建局及市园林集团等相关部门负责人绕行在公园内。每到一处闲置建筑前，单市长一行便下车仔细了解建筑具体情况、观察地理位置和周边环境等。

单市长此行正是为城市书房建设选址而来。走进位于公园二环步行道边“品茗轩”内，当得知这栋建筑建成后便闲置，单市长说：“这样的好地方闲置了，非常可惜！位置非常好，离公园南门很近，同时又被周围的绿植包围，便于人们远离城市的喧嚣，非常适合改建成城市书房！”不久后，“推进城市书房建设”写进芜湖市政府工作报告。自此，城市书房的画卷在芜湖正式铺展开来。

7个月后的10月1日，“品茗轩”改头换面成为芜湖书房·赤铸书院正式对外开放，甫一亮相便成为全城热议的焦点，刷屏朋友圈，成为城市新晋的网红打卡地。

彼时，神山公园内绿意仍浓，赤铸书院内人头攒动，彰显着城市书房建设如火如荼。

将城市中闲置的资源重新盘活还给芜湖市民，单书记在为赤铸书院选址时就对城市书房建设提出了明确的要求：“将这些闲置建筑改建成公共阅读空间，构建‘15分钟阅读圈’，满足群众公共阅读的需求，让市民充分享受免费阅读的乐趣。”

作为最先建成对外开放的“芜湖书房”，繁昌区峨山书舍也是闲置资源改建的典型代表。

峨山书舍背靠峨山公园，为了给市民读者提供最为优质的阅读环境，工作人员请来中国美院的专家设计，在峨山公园原生态的基础上，打造成与自然相融合的书舍。书舍旁一棵年代久远的大树被保存下来，并专门设置了保护装置，同时在书舍相应位置开设了玻璃窗，来此看书的市民，眼睛疲劳时一抬眼便看到绿色葱葱，仿佛置身自然之中，让双眼迅速放松，极大地提升了阅读的舒适感。

而谁又能想到，这样一座融入自然的书房，原本竟是公园物业堆放扫把、铁锹、垃圾桶等杂物的工具房。

由于长期闲置且严重影响了市容市貌和公园环境，繁昌区决定对建筑进行改造。当时正值市委、市政府全力推进城市书房建设，繁昌区委、区政府立即响应，实地调研书房选址。而峨山公园这座闲置建筑地理位置优越，自然环境舒适，周边人口密集，是改建成城市书房的不二选择。脱胎换骨的变化由此而来！如果不是城市书房改建项目，它可能还是堆放杂物的储存间。

如今，“芜湖书房”已建成开放31座，都是利用现有资源，如公园配套用房、社区闲置物业、企业闲置场馆等改建而成。和如今的高颜值相比，书房选址和改建实现了“盘”出来的是资源、“改”出来的是精品。这些书房共接待读者超过140万人次，借阅图书超过25万册次，办理读者证3.8万张，现有读者群60个，群内读者近2万人，受到了市民的热烈欢迎，被誉为“城市生活的明灯”“公园深处的心灵书屋”“行路疲倦时候的港湾”。

稳步推进“书香芜湖”建设，着力打造高品质城市公共阅读空间，
让市民在家门口享受阅读和休闲服务

城市书房中的“芜湖记忆”

经常去“芜湖书房”的市民不难发现，很多书房在进门醒目的区域都有“芜湖记忆”“镜湖印象”“南陵记忆”等字样的标牌，这就是地方文献图书专架，在此集中展示了讲述芜湖城市发展历史的图书和本土作家写作出版的图书。

作为城市书房建设的牵头单位，芜湖市文旅部门致力于将书房打造成具有芜湖本土文化特色，传播地方历史文化的重要平台。但传播芜湖本土文化，仅靠这些图书专架远远不够。静态的阅读空间只有“动”起来才有生命力，而“动”起来依靠的就是那些具有地方文化特色的阅读推广活动。

芜湖市文旅局召集本土高校专家学者、知名研究机构，以及相关单位经过几轮头脑风暴，“阅·芜湖”城市记忆讲坛应运而生。城市记忆讲坛选取“城市记忆”“两江文化”“江城美食”“城市建筑”等独具本土特色的文化内容作为主题，邀请知名专家学者走进“芜湖书房”讲述芜湖地方的历史与文化故事。

《你好！母亲河》《你好！老地标》《你好！老照片》《你好！哈切了》四大篇章20个课题，以“线下宣讲+线上直播+互动体验”等方式开讲，每个课题线下走进两座书房。每个课题都饱含着城市历史的积淀，向市民讲述着最具芜湖特色的历史文化发展。

“阅·芜湖”城市记忆讲坛全年计划开讲40场，将有更多的“芜湖故事”等待着市民一起去倾听、去感悟。

实施方案的“两次改变”

超高的颜值、温馨舒适的环境、丰富多样的图书，城市书房建设受到普通市民和社会各界的广泛关注和热烈欢迎，是城市名副其实的网红地标。城市书房的底色是公益性的，长久地为市民提供优质的公共阅读服务是建设城市书房的根本目的。等到热度散去，城市书房还能否持续发展，还能否长久地为市民做好公共阅读服务，这是城市书房建设必然面对且必须解决的问题。

2021年8月，芜湖市人民政府办公室印发了《芜湖市城市书房建设实施方案》（以下简称《实施方案》），从建设要求、建设运营模式、扶持政策等方面明确书房建设方向，指导和支持城市书房建设。《实施方案》的制定经历了两次较大的改变，一次是支持力度的加大，一次是支持方式的创新。

2021年上半年，由市直相关部门和县市区政府组成的调研组先后赴合肥、铜陵、上海、杭州、嘉兴等地考察城市书房建设情况，为芜湖城市书房建设打开了思路。相比于嘉兴等城市完全由政府建设运营，合肥市坚持馆店一体、两业融合，采用“图书馆+书店”的模式，对芜湖更具借鉴意义。

在充分借鉴合肥等城市经验，并在结合芜湖实际的基础上，把坚持政府主导，鼓励社会力量积极参与书房建设运营作为“芜湖书房”建设的基本原则。参照合肥经验，书房自营面积占书房总面积的30%，以此来支持书房“自我造血”。

宁波市长在支持书房投资运营主体多元化的基础上，提出将“芜湖书房”自营面积占比由30%提升到40%，加大对书房自营的支持力度，给书房更多的自营空间，让书房在做好更为丰富的阅读服务的同时，积极去探索更多的运营模式，进一步增强城市书房“自我造血”的能力，从而实现社会效益与经济效益有机统一。

由此，“芜湖书房”多种运营模式应运而生，一类是区属国有企业运营，如鸠江区的悦享书吧、蒹葭书苑；另一类是大型国有文化企业运营，如芜湖新华书店运营的赤铸书院、江湾书苑等；还有一类则是由民营企业或知名书店运营，如占川书局、49号书房等。国有企业实力雄厚、经验丰富，民营企业活力足、创新性强，多元化的经营模式有利于优势互补，形成良性竞争的态势。

书房运营者也在政府支持下，在更大的自营面积上绞尽脑汁、开拓思维、创新运营模式。芜湖书房·占川书局作为全市第一家“民营书店+城市书房”模式的书房，除了基本的售书业务，也积极根据周边环境、服务对象开发了一些特色服务和文创产品，增加吸睛点和消费点，提升市民体验感。例如，对芜湖的美食小吃、港口文化、人文典故等进行调研，寻找可以发掘和包装的特色产品；对亲子阅读、美术、音乐、国学等教育培训内容进行深度开发，将其纳入城市书房服务体系，为市民阅读提供更多的选择。

政府到底采取怎样的形式支持书房建设？长三角先发城市的做法依然是政府财政资金直接补贴为主要模式。

市委有关领导则提出了全新的视角，“通过投资入股市属国有文旅企业的方式来支持书房建设，让政府财政支持发挥更大的作用”。鼓励国有文旅企业承担城市书房建设运营，充分发挥国有企业在推动文化公益事业方面的龙头作用，为城市书房建设运营提供有利的保障。同时，借助城市书房建设运营，充实壮大企业实力，扶持国有文旅企业发展，做大做强文旅产业。

根据市领导提供的思路和方向，芜湖市创新确立了“通过注入财政资金和国有资产，培育文旅龙头企业，做大做强文旅产业。鼓励市级与县市区采取参股投资的方式，共同推进城市书房建设和运营”，通过推进城市书房建设来培育龙头文旅企业，促进文化事业和文化产业融合发展，为城市书房事业注入更为持久的生命力，长久地为市民提供优质的公共阅读服务。

在此基础上，对于“芜湖书房”运营支持也采用奖补方式，每年从建筑设计、运营管理、阅读活动、服务效能等方面对建成开放的城市书房进行考核，评定星级。对获评为五星级、四星级、三星级的城市书房给予奖补。评定不合格的城市书房，也会直接予以退出。“优胜劣汰”的方式更能激发书房的活力。

未来“芜湖书房”与产业的结合可能是一个行之有效的运营模式，由知名企业来“认领”城市书房，这样书房既能为市民提供优质的公共文化服务，也可以成为企业文化展示的有效平台。

二、共读一本书 共建一座城

芜湖人每周的“共读时间”

2021年9月4日晚8点，“芜湖党政干部共读计划”（以下简称“芜湖共读”）第一期准时开讲。“芜湖共读”以直播讲读的方式开展，每周六晚精心挑选一本书，约一个小时的直播，讲读内涵丰富，讲解方式精彩，在全市党员干部中引发热烈讨论，迅速掀起了芜湖全民共读共学的风尚。

芜湖市委、市政府推出党政干部共读计划，截至2021年12月31日，开展共读直播16场，参学人数77万人次，掀起了全市共读经典、共学党史的热潮

一年的时间（第一季）为党员干部推荐了40本图书，围绕马克思主义经典著作、习近平新时代中国特色社会主义思想、中国共产党百年历史、中华优秀传统文化、现代科技、金融资本、社会治理和企业管理等，行业专家“荐读+领读”的直播学习，不仅引导市民迅速地读懂这些图书，而且也能让市民从书中不断汲取前行的力量，不忘“来时路”，走好“脚下路”，眺望“未来路”。线上线下共读一本好书，让

市民一起每周“充电”，这是可以真真切切感受到的芜湖创新。

经过近一年的探索实践，“芜湖共读”覆盖全市11个县市区（开发区）、76个市直部门、20个驻芜单位、5所高校，已经成为芜湖学习宣传贯彻习近平新时代中国特色社会主义思想的重要阵地，全市党史学习教育的一项特色活动，打造文化强市和书香城市、建设文明城市的重要抓手，展现芜湖城市软实力和吸引力的重要品牌。“芜湖共读”的用心陪伴，让市民在繁忙的工作和生活中，能看到外面的风景，体味这座城市的“书香”。

城市与个人的全面发展

2022年8月6日，“芜湖共读”迎来了第二季，覆盖范围从党政机关干部、企事业单位干部职工、在校大学生（即“芜湖党政干部共读计划”），进一步拓展到全体市民（即“芜湖全民共读计划”）。更多的市民参与到全民阅读的热潮之中，爱读书、读好书、善读书的社会氛围越来越浓厚，书香气为文明城市建设增加了底气。在“共读一本书，共建一座城”的主题之下，“芜湖共读”已成为市民举家参与的全民行动，也渐渐成为人们茶余饭后的一个共同话题。

随着举家参与的市民越来越多，人们读书学习的自觉性、主动性越来越高，已经把学习融入了工作和生活中，并逐步养成一种习惯，成为一种追求。“芜湖共读”不仅鼓励和引导市民多读书、读好书、善读书，逐渐形成浓厚的全民阅读氛围，不断提升个人品行修养，更希望能激发起大家共同奋进新征程、建功新时代的精神动力，在读书学习中长本事增才干。

面对日新月异的时代变化，我们要始终对新事物充满好奇、充满期待，做到“干什么学什么、缺什么补什么”，时时从书本中学、从实践中学、从交流中学，在学习中总结提升、指导工作。“共读一本书，共建一座城”这一主题的确定，就是引导市民在更有书香的城市环境中学思践悟、知行合一、不断成长，促进个体的全面进步。每个周六，人们“共读共思”，学习新知识、碰撞新思想、激发新思路，为芜湖这片创新沃土注入取之不竭的力量之源。芜湖人正和这座书香城市一起奋斗、一起进步、一起成长，努力实现自我的人生价值，为芜湖经济社会发展贡献出自己的力量。

三、全民“悦读” 满城书香

“2022年3月12日晚，‘芜湖党政干部共读计划’线下活动——第24期‘悦读芜湖’读书会分享交流活动在鸠江区悦享书吧举行。市委书记单向前与市民代表一同观看并分享读后感。”这是一则刊登在芜湖市人民政府网站上的新闻信息。作为培养全民阅读的良好习惯，推进“书香芜湖”建设的两大重要举措，线上的“芜湖共读”走进线下的“芜湖书房”，于每周六晚创新举办“悦读芜湖”读书会分享交流活动，线上线下有机结合。固定模块包括集中观看“芜湖共读”直播、现场分享读书心得、邀请专家学者就当天的学习内容开展现场点评。

“悦读芜湖”对于进一步打造学习型城市，扩大“芜湖共读”活动效果，引导市民多读书、读好书、会读书，起到了非常好的推动作用，目前正在全市范围内积极推广。而“芜湖共读”是如何走进“芜湖书房”的呢？

“红帆”读书会走进城市书房

2022年2月12日晚，恰逢壬寅虎年首期“芜湖共读”线上直播，芜湖书房·悦享书吧热闹非凡，30名来自部分市直机关单位、高校、企业等社会各界的青年人和安徽师范大学专家学者共聚于此，相约市直机关首期“红帆”读书会线下共享交流活动现场。

“红帆”读书会是由市直机关工委谋划举办的读书分享交流活动，精心设计“悦读、乐享、好问、明道”四个环节，于2020年12月25日在芜湖市博物馆举办首期，往期主题包括党史学习教育、学习贯彻党的十九届六中全会精神等，旨在倡议全体机关青年干部要把学习当成一种生活态度、一种工作责任、一种精神追求，让青年干部爱读书、读好书、善读书，坚持在读书学习中坚定理想信念、提升精神境界、增强工作能力。

“红帆”读书会的初衷与“芜湖共读”不谋而合，在时任市直机关工委书记王玉娟的倡导下，市委宣传部、市直机关工委和团市委联合举办“芜湖共读”——市直机关“红帆”读书会线下共享交流活动。

2021年12月8日，市直机关青年干部第3期“红帆”读书会在市博物馆举行

2022年2月12日晚上8点整，伴随着熟悉的开场白，“芜湖共读”线上直播开始，读书会的第一个环节“悦读”正式拉开序幕。“悦读”环节，与会者围坐在屏幕前，一起收看“芜湖共读”第20讲《百岁人生》的直播。“乐享”环节，6位参加的青年干部在现场分享自己的学习感悟。“明道”环节，安徽师范大学教授结合相关领域的专业知识对本次读书会进行点评。

本期“红帆”读书会线下共享交流活动非常成功，反响热烈，与会者纷纷表示，这样线下学习交流的平台为青年干部提供了接触不同维度的知识和拓展视野的机会，面对面的交流、即兴的思考、观点的碰撞，让参与者有更好的学习效果。

这也是“红帆”读书会第一次走进城市书房，两者的结合起到了非常好的提升效果。在城市书房举办这样的读书分享会，在这样颜值高、环境舒适的地方，大家畅所欲言，更能够擦出思想的火花。因此，越来越多的市直单位和青年干部踊跃报名参加活动。不久后，市委宣传部、市委组织部、市直机关工委、市传媒中心、市文旅局联合印发《关于举办“悦读芜湖”读书会分享交流活动的通知》，推进“芜湖共读”走进“芜湖书房”，将线下共享交流的模式在全市范围内推广开来。

2022年2月19日晚上8点钟，夜幕下的江城灯火辉煌，“芜湖书房”里诗意温暖，“芜湖共读”第21讲暨首期“悦读芜湖”读书会分享交流活动在芜湖书房·占川书局、镜湖书苑、弋江南书苑、毕家桥书房同步举行。围绕“熟经济——用阅读来应对财富变化的世界”的主题，参与者一起分享感悟、遨游书海、共享书香。

每个周六“芜湖共读”走进4家“芜湖书房”，这已成为“悦读芜湖”读书会分享交流活动的固定模式。在“共读”“悦读”的氛围中，书香弥漫全城。

如今，建成开放的“芜湖书房”均设立了“芜湖共读图书专区”，“芜湖共读”开始走向市民大众，对于营造全民阅读的社会氛围，推进“书香芜湖”建设将起到极大的推动作用。

在全民“悦读”中汇聚向上力量

打造“15分钟阅读圈”，“诗”从此“不必远方”。以“阅”为媒，以书作伴，让市民走进书房，这也正是芜湖市致力于打造“15分钟阅读圈”的意义所在。随着越来越多的“芜湖书房”建成开放，全民阅读，满城书香，最美的“悦读”风景正在江城大地徐徐铺开。

72岁的环卫工张为成老人前段时间在江城芜湖着实火了一把，关于他爱读书的新闻报道，引发了很多市民网友的热烈反响。张为成老人是中江公园的环卫工人，在他保洁范围内，2021年10月1日新开了一间芜湖书房·中江书苑。“一开始我不知道这里面是可以免费看书的，更不知道还能免费把书借回家看，只知道这里面很漂亮，书很多，后来慢慢才晓得，你都不知道我有多高兴。”张为成老人说。

张为成与书的结缘，映照出江城无数老年人“老有所学、老有所乐、老有所得”的精神追求。“芜湖书房”作为公共文化服务的重要手段，能够为越来越多的市民提供优质的阅读服务和舒适的阅读环境。

“我看得慢，书苑工作人员照顾我，一般一个月为周期借一次书还一次书。”张为成老人介绍道。

中江书苑负责人表示：“城市书房的性质是公益性的，我们本着为人民服务的宗旨，能为像张大爷这样本身就是建设城市、维护城市文明形象的人提供服务，能够为丰富他们的心灵和精神出一份力，我们觉得挺荣幸的，我们也希望未来能够服务更多的人。”

在芜湖，像张为成这样的城市建设者，正在成为城市建设成果的享用者。“芜湖书房”不仅仅为喜爱阅读的人提供最好的阅读环境，也为怀揣梦想、努力建设芜湖的人提供精神力量。

2013年的一个傍晚，中二街一角，青春公社的灯牌在夕阳里逐一点亮，一帮青年人在十几平方米的空间里分享畅谈着彼此的人生，享受着文学与艺术的追求。他们给这样的活动起了个名字，叫“ITALK公开课”。ITALK公开课由6名归国青年共同发起建立，于2013年11月开始每个周六定期举办公开课活动，召集科学、设计、文学、音乐等领域的城市青年人，分享他们关于科技社会与人的思考和探索，话题涵盖人文、科学、宗教、艺术等，内容专业又不失生动活泼。他们以智慧的分享和积极的生活态度而汇集在一起，所展现出来的正是城市青年人对精神文化的强烈需求。

十年时光，曾经的文艺青年如今已成为不同岗位上的建设者，ITALK十周年之际，他们以阅读的方式，翻开了青春的记忆。

2022年2月26日，“芜湖共读”第22讲《智能时代》开讲，曾经的ITALK成员重聚在芜湖书房·镜湖书苑，开展“悦读芜湖”读书会分享交流活动。

ITALK最初的活动在中二街街角的一间小小的咖啡馆举行，随着成员的增加，场地受限问题越发凸显。由于越来越多的“芜湖书房”建成，越来越多的公共空间可以被利用，因此原来有些逼仄的青春公社变成了今天宽敞明亮的“芜湖书房”。

十年前，他们在狭小的空间内交流分享，如今他们因“芜湖共读”再次相聚，谈论的也不再是青春的梦想，而是关于城市发展的建设性意见，这是ITALK公开课的变化，也是这座城市发展的变化。

城市的不断发展，在带来越来越优质的物质生活的同时，也需要为市民富足的精神生活提供保障。“芜湖书房”外车水马龙，而“芜湖书房”则是人们游目骋怀与灵魂塑造之所。随着越来越多的“芜湖书房”开放使用，全民“悦读”之风吹遍江城大地。从“共读”到“共享”再到“分享”，芜湖在书香的浸润下，正意气风发走向未来。

“我对城市的理解和追求是，它应该是具有温度、气度、高度的。这就是要让生活在这里的人有宜居感、幸福感，让大街小巷充满书卷气、人文气，富有人情味儿，让这座城市充盈着积极的、向上向善的精神气质。”这是芜湖市委书记单向前在接受人民日报记者采访时所表达的对于城市建设的期望。

可以想象，下一个十年，因“芜湖共读”从“芜湖书房”走出来的理想青年将会越来越多。

（执笔：陈修正　崔鑫）

青山碧水 醉美芜湖

绿水青山就是金山银山。习近平总书记说，生态兴则文明兴，生态衰则文明衰。生态文明建设是关系中华民族永续发展的根本大计。

作为安徽经济总量第二大城市，中国改革开放40年发展最成功的40座城市之一的芜湖，并没有因为城市的建设、乡村的蝶变、产业的振兴、文化的转型，丧失其原本最亮丽的生态底色。相反，近400万的江城人民最擅长、最愿意的就是尊重自然、热爱自然、保护自然，坚持人与自然和谐共生，让自然生态美景永驻人间。

近年来，“生态立市”的芜湖不断建立健全生态建设与经济发展之间良性循环的体制机制，加快推进生态产业化和产业生态化，让“绿水青山就是金山银山”的理念在全市生根、开花结果。全国文明城市、园林城市、森林城市、水生态文明城市，四次荣获中国人居环境范例奖……“长江明珠，创新之城”的城市名片越擦越亮。其中，芜湖市湾沚区在2020年还被生态环境部命名为第四批“绿水青山就是金山银山”实践创新基地，实现了该区国家生态领域荣誉“大满贯”。

青山着意横诗卷，碧水含情展画图。俯瞰芜湖大地，生态、生产、生活融合共生，宛如一幅幅精心勾勒而出的旖旎画卷，无论是城市还是乡村，处处都能感受到生态文明之美。

一、荷香飘远 碧水长流

“青荷盖绿水，芙蓉披红鲜。”每逢夏季，是赏荷的最佳时节。芜湖最有名的荷花观赏地当数湾沚区国家级水利风景区陶辛。这里有530种精品荷花摇曳生波，是全国品种最全的景观荷花基地之一。

2022年8月4日，壬寅年七月初七，是七夕佳节。一场由湾沚区举办的大型宋制集体婚礼在陶辛水韵举行。婚礼前，19对新人穿着宋式华服，登上精心布置的喜船，意气风发巡游赏玩，22艘喜船雕栏花窗、一字排开，穿梭在荷花丛中，水清、人新、花红、叶绿，成为一道亮丽的风景。

着红色嫁衣，与爱侣携手相依在船头，看着眼前人、身边景，新娘沈雨晴眉目含笑，轻声赞叹：“蓝天碧水，花好景美，真的是此生难忘!”

“江南可采莲，莲叶何田田。”走出景区，漫步陶辛依然是荷花的世界。开阔的水域，当地农民自古就有种植荷花的传统。2017年，湾沚区（原芜湖县）对陶辛镇“十纵十横”的千年古水系进行综合治理，连通沟渠百余千米。镇政府积极引导，激发了农民的种植热情，荷花种植面积从原来的600余亩提升到现在的近2万亩。

美丽风景如何变成美丽经济？陶辛镇以荷为媒，推动农旅融合，打响了“荷花小镇”的名号，2021年接待游客达百万人次。超高的人气，也让农家乐、民宿经济持续升温，带动农民增收致富。同时，莲子、莲叶、莲藕、藕带等特色农产品也走俏市场。特色农产品不仅通过电商销往全国各地，也拓宽深加工产业，依托安徽新芜经济开发区绿色农产品产业园，培育加工企业近30家，农户从产品附加值提升中受益，每亩可为农户带来1400元左右的收入。

荷，是陶辛的颜值和价值；水，是陶辛的气质和灵魂。以荷兴镇，以水美镇，是陶辛生态立镇的秘诀。

来到陶辛镇奚村张社自然村，村口有一个清澈碧绿的池塘。塘边种满了垂柳，点点睡莲漂浮水面，几只小鱼在莲旁游动觅食，还有村民在岸边的跳板上淘米洗菜，一幅人水和谐的美丽乡村风景令人动容。

然而，就在几年前，这里却是另一番景象。村里的14个水塘、150多亩水面，因为水系不畅、保护不力，造成淤泥堆积、垃圾漂浮、气味难闻、苍蝇横飞，水质一度为劣V类。

2020年10月，陶辛镇开展水美乡村建设，实施水岸同治，张社自然村整体纳入建设试点。通过实施水环境整治，该村恢复了河塘、沟渠、湿地等各类水体的自然连通，将村内沟渠进行清淤活水、绿化提升，通过贝类基地净化，让水清起来、活起来、美起来，打造乐水广场，建设河长制主题公园，让老百姓能有个休闲、观光、娱乐的场所。

村民董春花在张社村住了40多年，亲眼见证了村里的河塘从年轻时的干净，到中年时的污浊，再到如今的重获新生。“塘水干净了，又可以淘米洗菜了，村里住着，感觉就是舒服。”淳朴的村民，没有华丽的辞藻，却有满满的幸福。

陶辛镇张社村打造“水美乡村、美在心里”水系整治品牌，
“最乐水、张社村”的美好愿望正在变成现实

一泓清波，鸟欢鱼跃。同样的问题，同样的改变，还发生在陶辛

镇沙墩村上水自然村。多年前，面对日益恶化的水环境，该村以连通水系、生态修复、村民自治为手段，创立了农村小微水系治理的“上水模式”。

走进该村可以看到，所有绕村的沟塘全部打通，让整个上水村水系有了“微循环”。同时，利用水中生长的荷花、菖蒲、河蚌、锦鲤，构建出水生植物—浮游生物—鱼虾贝类—微生物的完美“水下森林”，从而让农村水塘由脏到净、由净到美。

“问渠哪得清如许，为有源头活水来。”以水为脉，建设幸福河湖，以水为媒，打造美景生活，以水为魂，助推绿色发展。2020年，湾沚区作为国家水系连通及农村水系综合整治项目试点县，项目共划分为水韵陶辛、文化六郎、乐活红杨、生态湾沚、田园花桥5个项目区。实施过程中，湾沚区围绕“河渠相连畅水网，引水补源润丘岗；水岸同治展新貌，幸福河湖惠民生”的治水思路，以“水美乡村、美在心里”为治理目标。

位于南湖之畔的龙尾张村，原先是湾沚区湾沚镇罗保社区一个偏僻的小村落。2020年，湾沚区以水为脉，以村庄为节点，大力实施水系连通及农村水系综合整治项目，推动城市边界与农村衔接地带的融合发展，以东湖、南湖、罗福湖、汪溪湖为治理目标，对66平方千米的丘陵地区水系进行沟通，彻底解决制约出行、排涝、灌溉、生态和发展的一揽子问题。例如，位于村口的龙福桥，它的前身是一个涵桥，不仅桥面狭窄、出行困难，而且阻隔了南湖水系的流动。经过改造，不仅水系联通了，而且群众出行也方便了。另外，在整治过程中，龙尾张村从源头杜绝污水入河，消除面源污染，通过清淤护岸、水系连通、生态补水多管齐下的方式，改善水域环境。

现如今，这里不仅生动再现皖南乡村生活图景，也因地制宜结合村庄特色，建立了“乡愁记忆馆”“男耕女织展示馆”，成为远近闻名的打卡点，并逐渐形成“田园夜市”。每当夜幕降临，数以千计的市民、游客来此游玩散步，各种小吃摊上烟火升腾，各色彩灯熠熠生辉，为美丽乡村带来了满满的活力与激情。

二、艺创让乡村更美好 运动让生活更精彩

惜福路、养福巷、得福广场、福文化馆……鲜红的颜色、幸福的主题，所有的景观设计、艺术造型都和“福”字有关。傍晚时分，夕阳映着晚霞，让村庄显得更加温暖，充满诗意。村民们都不约而同出来散步，享受这美好的瞬间。“现在的村庄就像公园，不仅有干净的环境、美丽的风景，还有浓厚的文化。”湾沚区六郎镇北陶村小陶自然村的变化，让在村中生活了70多年的陶良富感到十分意外和惊喜。

将文化属性赋予乡村，因地制宜挖掘每个乡村独特的符号。2021年，六郎镇启动小陶村美丽乡村改造工程，既不搞大拆大建，也不守旧如旧，而是注重乡土乡情，保留乡村风貌，留得住青山绿水，记得住乡愁。由殷港艺创小镇的文旅团队对小陶村进行人居环境提升，紧紧围绕“福”文化，科学制定村庄整治建设规划。

“让每个人都能感受到乡村的特点，一下子就能记住乡村，从而也能增强村民文化认同感、归属感和幸福感。”来自殷港艺创小镇的设计师段存莉，一直参与小陶村改造，对于“艺创让乡村更美好”有自己的见解。经过近一年时间的努力，通过特色墙绘、特色景观、特色建筑等艺术形式，小陶村重构了自然格局与人文资源，从而展现“最福氛小陶村”独特的面貌和个性。

而这仅仅是殷港艺创小镇以“艺创+”的力量赋能美丽乡村建设的冰山一角。目前，殷港艺创小镇共策划设计完成农村创意提升系统化方案20余个，乡村环境景观设计100多平方千米，乡村文旅规划设计200多平方千米，美丽乡村规划300多平方千米，乡村建筑规划60多万平方米，农产品包装设计1000多件，乡村文创IP策划方案20多个。

以“艺创+”为特色，以绿色生态为导向，不仅突破过去“千村一

面”的美丽乡村改造模式，也让身处乡村的殷港艺创小镇成为“艺创，让乡村更美好”的梦工厂，强化乡村对艺术人才的吸引力，昔日的旧厂房、空心村，演变成今日的艺创园。

造型独特的雕塑，别具一格的建筑，意气风发的学子，充满活力的创客……这是每日在殷港艺创小镇都能见到的场景。然而这些都要从2016年开始说起。

当时，殷港艺创小镇发起人夏云兴，在政府的支持下，开启了特色小镇建设之路。以艺术教育集聚设计、创意人才，以人才汇集艺创企业，吸引大批青年人才入驻小镇。

“我喜欢乡村的生活，更喜欢用自己的双手，去设计和改造乡村，让乡村发展得更好。”艺术设计专业毕业的魏巍，目前是殷港艺创小镇品牌运营负责人，没有像很多年轻人一毕业就走向大城市，因为在这里他觉得拥有更大的舞台，能够实现自己的梦想。

走进新时代，“打造美丽乡村，安放悠悠乡愁”为小镇迎来了曙光。通过艺术教育和文化创意两个核心产业，让文创赋能绿水青山，乡村也可以成为集聚创新资源的强磁场。

目前，殷港艺创小镇已经培育和引进各类型的企业有100多家，成功吸引了2000多人返乡就业创业。通过打造艺术人才和文创产业的集聚地，促进艺术、科技、文化、创意、人才、资本等要素不断地向乡村聚集，殷港艺创小镇也因此荣获“中国最美特色小（城）镇50强”、国家级众创空间等诸多荣誉。

艺术是灵魂的表达，运动是身体的呼唤。红杨镇这座以运动休闲为主要特色的小镇，十分朝气蓬勃。登珩琅山，爬985个台阶，体验上山后的酣畅淋漓；进入和平森林公园，或跑步、或骑行，绿色森林、空气清新，有氧运动更觉心情舒畅；在洋滩河，一小时漂流，水花四溅，满目风光，让人不胜惬意；到红杨山，越野车、卡丁车、军训、射箭，充满刺激挑战，令人激情澎湃……当地以运动休闲为重要特色，通过各个景点景区串联成线，发展旅游经济，为乡村振兴打开了全新的思路。

红杨山汽车体育公园占地面积4800亩，是安徽省省级体育生态公园、四星级房车露营地。公园以汽车运动休闲为主导，集体育+、汽车运动文化、户外旅游及康养于一体，建设有红杨山越野赛场、丛林穿越、户外卡丁车、房车露营地、真人CS、泡泡足球和休闲木屋、特色窑洞民宿及红杨山庄餐饮等多个项目。每一个业态之间相互衔接、相辅相成，形成了一个完整的体育+生态产业链。

“红杨山越野车王争霸赛”已陆续举办了五届，在汽车运动领域产生了较大的品牌号召力，并多次获得“中国体育旅游十佳精品赛事”“安徽省精品赛事”。2018年，红杨山汽车体育公园成功承办了第五届中国汽车（房车）露营大会芜湖县分会，并被中汽联认定为永久赛事举办地。以红杨山汽车体育公园为核心，红杨镇立足绿色文旅定位，将“汽车运动”作为主题，促进汽车运动文化和旅游产业相融合，倾力打造一个集风景之美、运动之美、休闲之美与快乐之美于一体的别样风情小镇，吸引了全国各地的游客以及汽车体育运动爱好者等慕名而来。

三、变废为宝 点草成金

塑料袋、废弃地膜、碎布条、旧衣物……这些很多人眼中的垃圾，如果随意丢弃，不仅影响城市的美观、乡村的形象，也会因为掩埋、焚烧造成土地、空气以及水环境污染。然而在湾沚区花桥镇芜湖亚太通用托盘包装有限公司，人们会惊奇地发现，原来这些垃圾竟然是“宝贝”，每年要消耗近万吨，这究竟是怎么一回事？

众所周知，托盘产业是花桥镇的特色产业，2020年该镇被中国物流与采购联合会授予“中国托盘第一镇”称号。数据显示，这里拥有托盘企业30多家，年销售托盘近3000万片，产量约占全国总量的9.2%。

芜湖亚太通用托盘包装有限公司就是其中的一家托盘企业。与传统的木质托盘不同，该公司致力于“变废为宝”打造新型木塑托盘。2012年，公司与中南林业科技大学开展产学研合作，历时七年，成功研发了新型木塑托盘一体成型技术，以工业废料和生活垃圾为原料，经过来料清洗、破碎、溶解、磨压成型等十多道工序，变废为宝，让工农业废弃物在托盘行业有了“用武之地”。

走进公司，“芜湖市废旧地膜回收基地”“中国再生资源行业绿色、低碳、循环发展案例企业”赫然可见。来到车间，智能机器人高效运转，一个个新型木塑托盘转眼成型。

自2019年起，芜湖亚太通用托盘包装有限公司开始转型生产塑料托盘，并与湾沚区形成战略合作。湾沚区各个村镇的废弃农膜堆积到一定程度便运往亚太通用托盘包装有限公司。几年来，公司已回收了几千吨塑料垃圾。另外，公司还与南陵、繁昌、宣城等地签订战略合作协议。

如果说，让各种塑料垃圾成为有用之才是变废为宝，那么，利用田间秸秆生产生物质燃料，可谓点草成金。

在小麦、水稻、油菜等农作物成熟之后，收割留下来的秸秆该如何处置？过去农户的处理方法主要是就地焚烧。然而，焚烧秸秆会带来空气污染，危害人体健康，还可能引起火灾，以及破坏土壤结构，造成农田质量下降等。为解决秸秆露天焚烧产生的种种问题，湾沚区六郎镇芜湖聚焰生物质能源科技有限公司总经理沈显华，给出了更好的解决方案，利用秸秆生产生物质燃料。走进厂房可以看到，从田里捆装运来的秸秆，一摞摞堆放在切草机旁，工人师傅将成捆的秸秆丢进3米多高的切草机，不一会儿，这台庞然大物的“嘴里”就会不断吐出碎料。碎料通过筛选过滤后，进入制粒机，由高温塑形，最终变成一根根长约6厘米的圆柱体，这就是生物质燃料。

凭借这项技术工艺，多年来，沈显华创建了一家集农作物秸秆收、储、运、产、销于一体的全程农事服务中心，年产生物质燃料及副产物20余万吨。这一创举，不仅避免40余万亩秸秆露天焚烧，还节约标准煤约15万吨，减少碳排放30万吨，带动当地农民增收6000余万元。

除了上述两家企业，湾沚区积极推进产业生态化和生态产业化，聚焦“一新、一轻、一重”三大产业体系，努力破解发展与保护的矛盾，坚定不移践行“绿水青山就是金山银山”理念，为生态文明建立有效的产业支撑。2019年，安徽新芜经济开发区携手华为合作建设新型智慧园区，实现污染源监测等数据实时共享，园区内工业固废综合利用率提升至93%以上，污染物产生及处理量较改造前降低12.6%。同时，清理整顿“散乱污”企业近200家。

工业发展的绿色化也为乡村建设的绿色化创造了条件。湾沚区以绿色发展理念推动现代农业布局，推进生态循环农业示范建设。“稻虾连作”“稻鸭共生”等生态循环农业得到推广，畜禽和水产适度规模标准化健康养殖更加成熟。目前，全区畜禽粪污资源化利用率达96.1%，秸秆综合利用率达94%，六郎现代农业产业园通过国家农村产业融合示范园验收。

四、红色绿色好景色 文旅农旅大文章

“爸爸，你快看，这里就是‘渡江第一船’始发地。江面这么开阔，船又这么小，解放军真了不起！我要向他们学习。”在鸠江区白茆镇红色传承馆，家长正带着孩子参观。一个个感人的革命历史故事，让每一位游客都十分震撼。

白茆镇作为革命老区，红色资源丰富，是革命烈士胡竺冰的家乡，胡家瓦屋是六洲暴动的策源地。抗战烽火中，在这里诞生了新四军第七师；渡江战役期间，永胜村是二十七军七十九师“济南第一团”渡江第一船始发地。

近年来，白茆镇以红色教育基地为抓手，将红色历史资源纳入区

域旅游规划，全力推进乡村旅游基地建设。对六洲暴动旧址及胡竺冰故居进行改造，建成自茆红色传承馆，作为爱国主义和革命传统教育基地，展示白茆溯源、新四军第七师成立、渡江第一船、六洲暴动等发生在白茆的红色故事。

每逢节假日以及周末，白茆镇都会迎来红色游的高峰，不少市民和游客来到这里缅怀先烈，接受革命传统和爱国主义教育。同时，白茆镇也在努力谱写“红+绿”这篇大文章，奋力打造花卉观赏区、果蔬采摘区、粮油生产区、水产体验区、农产品加工区、蔬菜集成区、红色文化展示区、美丽乡村样板区、光伏节能区、江豚科普区等10个功能区，提升镇域旅游综合承载力，建设美丽白茆。

城市让生活更美好，乡村让城市更向往！乡村风貌、乡土文化、农民生活和农业生产是割舍不掉的乡愁，由此催生了乡村旅游的蓬勃发展。

青山绿水间，白鹭舞翩跹。每年的三月份，来到南陵县烟墩镇，在连绵起伏的山坡上，总能看见一株株白茶，青翠欲滴，尖尖嫩芽，甚是可爱。

依托良好的自然环境和农业产业优势，烟墩镇大力推进一、二、三产业融合发展，注册“海井仙白”“霭里白茶”“金丝黄菊”等商标十余个，形成了生产、加工、销售于一体的产业链。通过特色种养、手工作坊、休闲娱乐等形式，带动乡村旅游发展，壮大集体经济，增加农民收入。

在诸多村居中，霭里村是先行先试的典范。2014年，以美丽乡村建设为契机，霭里村凭借自然资源禀赋发展乡村旅游，鼓励村民们开起了农家乐、民宿，完善配套设施，吸引游客。

2020年，烟墩镇成立芜湖霭里文化旅游开发有限公司，通过市场化运作带动各村集体经济发展。随着乡村旅游的发展，霭里的游客越来越多，品味和要求也越来越高，村民重点打造精品民宿，满足游客需求。

每到节假日，霭里村处处张灯结彩，各色彩旗迎风招展，游人如织、民宿爆满，芜湖及周边地区的游客纷纷慕名而来。

乡村旅游促增收

“一年收入有10多万元，感觉生活越来越幸福。”霭里村村民杨新兵2016年返乡回家开起了农家乐，现在随着美丽乡村不断建设和发展，村居环境不断改善，游客纷至沓来，生意也越来越红火。2020年至2021年，霭里村共接待游客近50万人次，旅游总收入近4000万元。旅游经济的发展，带来的不仅仅是乡村的人气，还有逐渐厚实的经济发展基础，以及村民对乡村建设不断完善的期盼。

三月观玉兰，五月看牡丹，紧接着芍药、菊花、桂花接连绽放。红庙镇闸北村是无为市旅游重点村。近年来，闸北村利用万亩花卉基地的优势，助推农民种植苗木花卉，推进农业与旅游休闲深度融合，着力打造精品乡村旅游线路。

“我们的田园综合体，涵盖苗木花卉、水果采摘、休闲观光和民俗体验4个主题园区，几年发展下来，已经成为芜湖市田园综合体的试点。”谈到当地乡村旅游的发展，红庙镇镇长刘磊对该村田园综合体的打造如数家珍。

近年来闸北村新建油用牡丹1800亩、菊花基地350亩、太空莲300亩、山核桃种植350亩、蓝莓种植800亩，并建设3万平方米智能温控大棚。该村凭借资源优势，大力发展田园综合体，走上了一条农业强、农村美、农民富的农旅融合新路子。

同时，随着钱袋子鼓起来，村民们也开展起村庄环境整治行动。道路清洁、墙面彩绘、池塘清淤、厕所革命，入村道路和村庄内部全面亮化和绿化，就连犄角旮旯处也难觅垃圾的踪迹。村容整洁、生态宜居、产业兴旺的红庙镇闸北村已经成为无为市美丽乡村的一张亮丽名片。

五、为生态让路 促产业转型

2019年5月开始，长江环保集团推动无为农村污水治理扶贫试点，最终选取了沿江7个原贫困村做试点，建成了覆盖全村的污水收集管网，“一村一策”地建成了采用8种不同工艺、不同处理规模的12座污水处理站。

之前，无为的农村污水收集率较低，农户生活污水直排、散排到附近河沟的现象普遍存在。12座污水处理站陆续投运后，农户卫生间、厨房的生活污水，统一纳入村庄污水收集管网，再输送至村里的污水处理站，12个站点每年可收集处理约10万吨生活污水。

“现在，我们村的村容村貌有了很大改善，农村环境好了，鱼、虾、蟹产品附加值高了，也有利于我们水产养殖业的发展，还可以吸引外来投资。”污水处理带来乡村环境的明显提升，特色产业的顺势发展，让村民们觉得农业更有希望，农村更有奔头。

“一江碧水向东流。”“共抓大保护、不搞大开发”，芜湖深入践行习近平生态文明思想，按照“治污、治岸、治渔”要求，全面推进长江生态环境保护修复，努力实现“人民保护长江、长江造福人民”的良性循环。

在治污上，由于芜湖特殊的地质结构，城市地下多为流沙层，雨污管网破损比较严重，水环境治理任务艰巨。为此，芜湖市专门组建了实体化运作的水环境治理办公室，与三峡集团合作，以排查整治雨污管网为突破口，探索形成“厂网河湖岸”一体化污水治理模式，排查城市管网2300多千米，整治雨污混接点1800多处、污水管网缺陷点1.6万多处，累计投入治理资金100多亿元。城区74条黑臭水体全部完成整治，10个国控断面水质全部达到或优于III类标准。

沿岸方面，从2017年开始，芜湖市对193.9千米的长江干流岸线开展集中专项整治，拆除非法码头、非法修造船点及黄沙经营点200多个，腾出滩涂陆域面积6000亩，“十三五”期间新增长江岸线造林4.9万亩，实现1千米范围应绿尽绿，昔日布满小码头、小船厂、小堆场的生产岸线向生态岸线华丽转身。

治渔方面，芜湖市从2020年7月1日开始，比全国提前半年对长江芜湖段及重要支流实施全面禁捕，实现建档立卡、证注销、船回收、网销毁“四个100%”。

“十年禁渔”启动后，执法船队驶向指定水域开展执法检查

2022年2月中旬，一条题为“江豚再现长江芜湖段，不止一只！”的短视频在芜湖各大网络平台广泛传播，并且陆续也有网友在长江芜湖段拍到了大量的江豚在戏水游动。鸠兹还巢、江豚腾跃，长江生态保护的成果得到最充分的体现。

绿色发展是构建高质量现代化经济体系的必然要求，是解决污染问题的根本之策。芜湖也在全力以赴推动传统产业绿色转型，因地制宜发展绿色产业、创新产业。

2020年五一前夕，繁昌区（原繁昌县）孙村镇的红花山水泥公司被拆除。红花山公司曾经荣获“中国双优民营企业”“安徽省民营企业100强”“安徽省守合同重信用企业”等荣誉称号，是安徽乡镇企业改革开放的排头兵。然而，单一资源型经济结构也催生了产业层次偏低、资源消耗过高、生态环境恶化等问题。当地居民用“早上晒出白褂子，晚上收回灰褂子”的戏谑之语来形容水泥厂带来的粉尘污染。

痛定思痛过后，繁昌认定了产业转型升级的出路，“十三五”以来，积极推动企业兼并重组，淘汰水泥落后产能。2019年以来，繁昌进一步促进产业转型升级、加快新旧动能转换，全面发展壮大3D打印、大健康、新材料等战新产业，加快发展文化旅游产业。2022年7月，首批“安徽省旅游风景道”名单公布，“繁昌慢谷”入选其中。该风景道全长约52千米，以“慢行江南阡陌，乐活田园梦乡”为定位，2021年旅游接待总人数达179万人次，旅游接待总收入11.2亿元。

繁昌只是芜湖坚持绿色发展之路的一个缩影。党的十八大以来，芜湖市严格整治生态环境，引导沿江产业转型升级，提前完成钢铁、水泥等21个重点行业的落后产能淘汰任务，在全省率先终结了小煤矿、黏土砖瓦生产的历史，实现产业的“去黑存绿”。

同时，芜湖高瞻远瞩、科学布局，抢占战新产业制高点。大力推进航天航空（低空经济）、新能源汽车和智能网联汽车、智能家电、数字创意、大健康和绿色食品、新材料等十大新兴产业发展。2021年全年，芜湖市战新产业产值同比增长36.4%，高于全省7.6个百分点，累计占规模以上工业比重为38.1%，其中新能源汽车、新一代信息技术、高端装备制造、新材料等战新产业全年产值同比增速均超30%。芜湖市深入实施创新驱动发展战略，培育壮大新产业、新业态、新模式等发展新动能，切实促进了全市产业结构转型升级，为生态优先、绿色发展提供基础支撑和保障。

六、水绿相依 城林交融

“楚水美山如画出，亭台楼阁似飞来。”在芜湖市湾沚区主城区，与青弋江紧紧相邻的东湖公园，是当地最美的一道风景。该公园2006年8月启动建设，历时5年，分三期建设完成，总面积2038亩，其中水面840亩。公园依形造势，依势造景，集观光、休闲、健身于一体，是一个综合性开放式城市公园。

置身其间，道路蜿蜒，亭台轩榭错落有致；曲径通幽，花草树木郁郁葱葱。文化休闲区、生态游乐区、滨水趣游区，楚风塔、蟠龙寺、琵琶岛……既可环岛漫步、湖面泛舟、登岛小憩，又可临台歌舞，观赏水生植物。

良好的环境让生活在喧闹城市的人们有了一方心灵放松地，成为点缀“半城山水半城美”的美妙乐曲。“这里曾是一片杂草丛生、脏水横流的臭水塘，后来建成了公园，我们一家人几乎每天都要在湖边散步，十分惬意。”湾沚居民韦先生从小就居住在东湖公园附近，对公园建设带来的环境变化有很深的感受。

不仅仅是在东湖公园，湾沚区坚守生态底线，健全完善公园城市体系。以东湖公园、罗福湖公园、汪溪湖公园等区级公园，青弋江滨江景观公园、和津绿廊及迎宾大道等城市绿带，市民广场、黑桥档小公园等城市小游园为骨架，建立“区级公园、城市绿带、小游园”城市公园三级分类体系。城区绿化覆盖率达38.84%，城市人均公园绿地达到13.4平方米。这样的环境充分保障游人休憩活动空间，将地域文化、儿童游乐、教育科普、体育健身、普法宣传等功能融入城市公园之中，彰显公园美学价值、人文价值、生态价值、生活价值。

跳出湾沚看芜湖，长江、青弋江穿城而过，赭山、神山、天门山坐落其间。美丽芜湖一直都注重依山建园、依水布景，深入挖掘滨水空间生态优势，做好沿江美化亮化，大力发展夜游经济，进一步塑造“山水相间、精致繁华”的城市风貌特色。

长江与青弋江交汇口水清岸绿，美景如画

“有山有水有文化，大江大湖大梦想。”全长10.4千米的十里江湾，作为芜湖的一张城市名片，沿江岸线清新宜人，风景如画，已成为“为国护江、为民治江、为城建江，还江于民、还岸于民、还景于民”的生态文明芜湖样板，一个展现芜湖长江文化的生态长廊。

2005年，芜湖市以防洪设施改造为契机开始建设十里江湾公园一期，其原址上曾存在过吉祥寺、观澜亭、接官亭、寺码头、“利济轮船公司”遗址和明清古街老宅等建筑群。一期工程北起芜湖造船厂，南至漳港大桥，全长9.5千米，总面积约1.5平方千米，将固若金汤的防洪大堤不露痕迹地隐藏在如诗如画的景观之中，使防洪、景观、交通、商务诸多功能有机结合。2011年十里江湾公园被评为国家级水利风景区，与武汉汉口江滩公园、上海滨江公园并称为长江沿岸“三大滨江公园”。

2017年芜湖市启动了十里江湾公园二期，不同于一期以休闲广场、亲水平台为主，二期的规划设计在确保防汛功能的同时，不搞大开发大建设，在生态修复、还原自然的大前提下突出游憩效应，充分发挥芜湖水资源优势，分为江堤景观风貌区、生态湿地风貌区和滨江滩涂风貌区三大景观带。公园北起青弋江，南至漕港大桥，东靠长江大堤，总投资1.8亿元，总堤长约7.2千米，总面积约2.52平方千米。

凭栏眺望，浩荡长江滚滚东流，鸟飞鱼跃，云开水阔，更显气势恢宏。江面之上，巍峨大桥横跨天堑，公路高铁穿越南北，桥下万吨巨轮，缓缓驶过，黄金水道实至名归。再看岸边，草木葱茏，繁花似锦，如诗如画，滨水绿廊与满城春色互为映衬。放眼望去，美丽的江城，高楼林立，尽显城市繁华；华灯初上，璀璨灯火与满天繁星交相辉映，古城妩媚与翠绿水岸相得益彰。江水摇曳间，欢声笑语在江岸环绕。

“云开看树色，江静听潮声。”良好生态环境是最公平的公共产品，是最普惠的民生福祉。芜湖大力推进自然保护区、风景名胜区、湿地公园、森林公园和城市公园建设，境内天门山、小格里、丫山等自然风景区，马仁奇峰、天井山等国家森林公园，赭山、镜湖、汀棠、神山雕塑公园等城市公园点缀其间，推窗见绿、出门见景、四季见花的理想人居环境已经变成现实。

习近平总书记在2018年全国生态环境保护大会上强调，绿水青山就是金山银山，必须贯彻创新、协调、绿色、开放、共享的新发展理念，加快形成节约资源和保护环境的空间格局、产业结构、生产方式、生活方式，给自然生态留下休养生息的时间和空间。人不负青山，青山定不负人。只要坚定不移走生态优先、绿色发展新道路，找到“绿水青山”转化为“金山银山”的最有效路径，美好的生态必将为“醉美芜湖”注入澎湃动力。

（执笔：沈启旺　杨锋）

『双联双应』基层治理创新芜湖模式

近年来，芜湖市委认真贯彻中央及省委部署，深入实施以“机关联系基层、干部联系群众”和“党组织对群众有求必应、群众对党组织一呼百应”为主要内容的“双联双应”新时代基层党建工作，探索构建以高质量党建引领高水平基层治理的新模式。基层党建工作的高质量发展成为芜湖市打造省域副中心、建设人民城市的压舱石和助推器。

一、机关联系基层 干部联系群众

自2012年9月以来，芜湖市广泛开展机关联系基层、干部联系群众的"双联系"工作，探索新形势下机关党员干部直接联系服务群众的新途径，密切党群干群关系，营造和谐稳定环境。

"双联"强化了机关党员干部的群众观念

"双联系"的首次提出。2011年9月，安徽省委召开全省群众工作电视电话会，动员部署"五级书记带头大走访"活动。芜湖市委认真贯彻落实省委部署安排，按照"事先有方案、走访有记录、事后有反馈"的"三有"要求深入开展走访工作。3601名各级党组织书记和党政班子成员深入走访群众、企业等近9.5万人（户）次，搜集解决各类问题2.64万个，推动干部作风有效转变。2012年9月，为进一步巩固"五级书记带头大走访"成效，推动经济快速发展、民生持续改善、社会和谐稳定，芜湖市委在认真总结前期经验的基础上，下发《中共芜湖市委关于建立"双联系"长效机制的意见》，提出每个党政机关原则上联系一个以上行政村、一个社区，在职科级及以上干部联系若干困难户、信访户、老党员、农村致富带头人等要求，推动机关深入基层服务，开展结对共建；干部深入基层调研、交友、帮困、办事、维稳，在全市范围正式启动"机关联系基层、干部联系群众"工作，一场有形有效的大走访、大调研工作拉开帷幕。

"双联系"的初步探索。在推动"双联系"工作的过程中，原繁昌县（现繁昌区）走在前头。2013年，在繁昌县委、县政府的高度重视下，"双联系"工作作为县"一号工程"顶格推进，要求机关联系基层开展"四帮"（帮扶基层发展、帮办公益事业、帮助规范管理、帮强组织基础），干部联系群众当好"五员"（民情调查员、政策宣讲员、困难帮扶员、便民服务员、矛盾调解员），引导机关党组织和党员干部树牢群众观点、站稳群众立场，深入群众、服务群众，不断增进党群、干群关系和机关、基层活力，助推经济发展、社会和谐。同年，繁昌县专门成立“中共繁昌县委群众与社会工作部”，列入县委序列管理，与中共繁昌县委繁昌县人民政府信访局一个机构、两块牌子，内设“一办三中心”，外设24个群众与社会工作站，进一步延伸“双联系”工作触角；同时，为了考准考实党员干部群众工作现实表现，发挥考核“指挥棒”作用，先后出台《繁昌县群众工作考核评价暂行办法》《党员干部群众工作360度管理暂行办法》，细化考核体系，并引入纪实管理模式，用信息化手段，对机关党组织和党员干部“双联系”工作情况进行真实记录、量化积分，作为干部提拔的重要依据。至此，繁昌县镇联动、整体推进、闭环管理的“双联系”工作格局基本形成。除此之外，在“双联系”常态化、长效化、制度化的道路上，繁昌县还做了其他不少有益探索，如印发《繁昌县群众诉求收集分析解决流程》，规范群众诉求办理工作流程，指导全县党员干部按图索骥式地做好群众信访工作；印发《关于规范“双联系”工作中财政资金使用的有关规定》《繁昌县“双联系”帮办公益事业“2.1行动”方案》，明确党员干部帮办实事事项和资金使用范围；开展县直单位、村干部互换挂职工作，让干部在互换角色中进一步转变工作作风；印发《关于深入开展在职党员干部到社区报到为群众服务工作的指导意见》，明确看望空巢老人、关爱留守儿童等9类主动认领服务事项；等等。

“双联系”被写入中办文件。繁昌县的探索有效推进了芜湖市“双联系”工作，很多做法在市级被有效推广，取得了实实在在的成效，让各级干部向下看、往下走，找到困难的人，解决困难的事，主动与群众紧紧拧在一起，信访工作效能明显提升，党群干群关系越拧越紧、越拧越近，增进了干群鱼水之情，提升了干部工作能力，夯实了基层组织基础，聚合了发展内在动力，促进了事业发展。很多机关党员干部坦言：“现在不用领导督促，我们也会主动走到群众中去，与群众一起想办法、解决问题。”2014年，“双联系”被写入《中共中央办公厅关于深化“四风”整治、巩固和拓展党的群众路线教育实践活动成果的指导意见》，并在全国推广。

“双联”发展为常联系、真联系、深联系

2015年2月，市委继续深化拓展“双联系”工作，成立“双联系”工作领导小组，将“双联系”工作职能调整至市委组织部，市委“双联系”工作办公室作为市委抓群众工作的机构同时挂牌成立。各县（区）相应成立“双联系”工作机构，在乡镇、街道设立工作站，在村（社区）设立工作室，构建覆盖全市的四级工作网络，全面推行“四化”工作法，确保常联系、真联系、深联系，既推动机关作风建设，又丰富机关党建工作内涵，收到了增进党群干群关系、增强机关基层活力的良好效果。

联系走访具体化。全市581个市、县（区）党政机关与958个村（社区）建立联系机制，在职科级以上机关干部全部参加，结对联系群众1.4万余户，实现困难户、信访户、致富带头人全覆盖。市直单位每季度到联系点不少于1次，主要开展帮扶基层发展、帮办公益事业、帮助规范管理、帮强组织基础“四帮”活动。县处级领导班子成员每年驻点走访调研不少于7天，正科级以上机关干部每两个月入户走访不少于1次。联系群众做到“三必看、三必问、三必留”，即看厨房，吃得怎么样，看卧室，住得怎么样，看厕所，卫生怎么样；问群众生活冷暖、问就业发展、问建议意见；留下关怀的话语、留下解决问题的承诺、留下联系方式。全面推行在职党员到社区报到，1.1万多名党员根据专长和意愿，组成2400余个志愿服务小组，为居民提供“菜单式”服务。7年多来，全市参与“双联系”的机关党员干部累计走访群众140万余人次。

解决问题流程化。建立“三色报告单”分级解决问题办法，对机关干部下基层收集到的问题，及时交办、限时办结、严格督查，绿色单由部门自行解决，黄色单实行多部门联动解决，红色单由市级统筹解决。严格实行机关干部与信访户“一对一”联系，主动上门、疏导情绪、化解矛盾，不息访不脱钩，努力把问题解决在群众家门口。建立群众诉求解决机制，对各种渠道收集、反馈的群众诉求，用大数据理念进行系统梳理、定量分析、综合研判、系统解决，形成发现问题、分析问题、解决问题的闭环，确保群众诉求件件有着落，事事有回音。7年多来，通过这套机制，全市共梳理各类问题10万多件，已解决9万多件，办结率达90%；收集意见建议3.6万多条，85%以上得到采纳。调查显示，群众对党风政风的满意度明显提升。

考评监督公开化。定期开展社情民意调查，把群众“想什么”和党委政府“干什么”有机结合，使各项决策、各项工作更加符合群众意愿。组织开展民情问询、民主评议、群众满意度测评等活动，把机关党组织和党员干部服务基层、服务群众的评价权交给群众，评价结果作为群众工作考核的重要依据。创新“互联网+党建”工作模式，在市级和各县（区）分别设立“双联系”工作纪实管理平台，对机关联系基层、干部联系群众、挂职干部动态、帮办实事成效、在职党员进社区等实行数字化管理。94个县级以上机关，800多名县处级以上干部在市级平台分别建立单位账号和个人账号，实行实名管理、量化积分考核，考核结果纳入年度综合考核，并在年度考核中占有较大权重，作为考察干部的重要依据。

“双联”从助力脱贫攻坚到推动乡村振兴

2016年以来，市委把“双联系”作为促进经济社会高质量发展的“助推器”，通过“双联系”，各级干部受到教育，广大群众真心欢迎，凝聚了民心民意，促进了事业发展。截至2020年底，全市71个贫困村全部出列，13.35万贫困人口5.06万户贫困户全部脱贫，农村居民人均可支配收入达24000元，较2016年增长6700元，年均增长9.7%。

“双联系”助力脱贫攻坚。市委印发《关于加强市直包村单位选派帮扶干部工作的通知》，分别选派85名选派干部长期驻点扶贫，85名县处级干部定期到联系村联系扶贫，3681名科级干部到联系户结对扶贫，建立三级扶贫体系。深入开展结对共建活动，与"双联系"工作紧密结合，完善帮扶制度，搭建供需平台，组织城乡基层党组织开展结对共建，带动城市资金、技术、人才、管理等生产要素向农村流动，推动社会资源帮扶。2016年以来，全市85个选派单位组织到村走访1500余次，帮扶钱物1000余万元，协调项目2200余个，协调各类资金2.2亿元，新建修建村级组活动场所104个、村组道路1332千米、桥涵489座，开挖疏浚沟渠1821千米，有效助力完成脱贫攻坚任务。

"双联系"推动乡村振兴。取得脱贫攻坚胜利后，市委依托"双联系"工作载体，建立乡村振兴定点帮扶制度，下派324名帮扶干部，对全市第八批96个选派村，均确定一个定点帮扶责任单位和帮扶工作队。坚持精准抓帮扶，按照"一户一方案、一人一措施"要求，组织市县镇村干部进村入户，了解农户所盼所需，对全市现有的2995户7940人监测对象共安排帮扶联系人1.4万余人，制定帮扶措施27万余条。选派7个市级乡村振兴服务团下沉农村一线，协助选派第一书记和工作队持续巩固拓展脱贫攻坚成果，全面推动乡村振兴，已与全市首批96个示范村、脱贫村签订服务协议，确定各类服务事项816个。截至2022年9月底，全市村集体经济收入50万元以上的村达289个，占比从2019年的1.5%增长到43%，10万元以下的村全部消除。

二、"有求必应"的服务回应体系 "一呼百应"的组织动员体系

为贯彻落实省第十次党代会精神，抓实基层、打牢基础，根据省委组织部统一部署，2017年，芜湖市各级党组织按照"一年推广打基础、两年深化出成效、三年全面上台阶"的要求启动了基层党组织标准化建设工作。经过三年的不懈努力，到2019年底，芜湖市各领域、

各层级基层党组织基本完成标准化建设，实现了组织设置更加科学优化、领导班子更加坚强有力、党员队伍更加充满活力、场所功能更加务实管用、工作载体更加形式多样、制度机制更加健全完善、基础保障更加充分有力、工作业绩更加突出有效的目标。在完成标准化建设后，如何进一步提升基层党建工作水平，如何组织发动基层党组织、广大党员在推动改革发展稳定中发挥更大作用，成为摆在全市各级党组织面前的一项全新课题。为此，市委启动了新一轮的创新和尝试。

2020年，市委将组织力和政治功能聚焦“党组织对群众有求必应、群众对党组织一呼百应”要求，并将“两应”基层党组织示范创建工作作为全年基层党建的重点任务。市委组织部下发《关于开展“两应”基层党组织示范创建活动的通知》，分农村、社区、机关、国有企业、中小学校、卫生健康系统、非公企业和社会组织8个领域明确“有求必应”“一呼百应”建设标准，要求各级党组织按要求对标创建。2020—2021年，市委组织部先后启动两批市级“两应”基层党组织示范创建单位的评选工作。评选过程中，坚持“四不两直”、不看资料，通知现场观察与座谈交流的方式向普通党员、单位员工、服务对象等求证党组织“有求必应”和“一呼百应”情况，并创新引入第三方民意测评，对群众满意度不高、存在重大信访问题的实施“一票否优”。截至2021年，市委共命名两批66个示范创建单位，在全市上下鲜明树立了以“有求必应”赢得“一呼百应”的鲜明导向，“两应”在引领基层治理、强化为民服务、推动改革发展方面的作用不断显现。

“双应”+“基层治理”

基层治理主要靠群众基础，有了群众基础，啥事都好办。自“两应”基层党组织示范创建工作开展以来，党组织为群众解决了一批急难愁盼问题，镇、村干部同群众特别是信访户、困难户联系得更加紧密，群众参与基层治理的主动性、积极性越来越高，基本做到小事不出村、大事不出镇、矛盾不上交。

比如，湾沚区桃园村近几年大力发展乡村休闲旅游，但与村集体经济快速发展相比较，村容村貌一直没有多大变化。村党委越来越意识到，环境是第一位的，一个垃圾遍地、污水横流的村庄吸引不来游客和学员。村"两委"决定从中心村着手，号召党员先行，发动群众参与，利用人居环境整治的契机逐步改善村庄环境。在村党委的引导下，党员的示范带动下，村里户户行动起来，将村庄内外都清扫了一遍，清除了柴屋草垛，清理了沟塘淤泥，刷白了房屋外墙。村口处，用青砖打造了一圈具有徽派特色的文化墙，空地植上了草坪，种上了树，大大提升了村庄的颜值。环境改善后，老百姓得到了实惠，湾沚镇自2017年连续5年在此举办"桃花节"，每年吸引游客50万人次，带动本地发展特色农家乐和特色民宿12家，为当地村民每户增收1万余元。2019年，桃缘民宿项目落地桃园村；2021年，芜湖市农村党建馆在此兴建并于2022年3月正式运营。依托这两个项目，桃园村搞起了培训产业，2022年以来累计承接各类培训30余场，接待1500余人次，获得集体经营性收入70余万元。

湾沚镇桃园村利用乡村闲置的校舍兴办"桃园乡学院"，
践行"乡村振兴、人才先行"的理念

“双应”+“为民服务”

基层党组织在“有求必应”中尽心做好服务，广大党员群众就会在党组织需要的时候“一呼百应”。结合“双应”要求，芜湖市于2020年启动驻区单位党组织、在职党员“双报到、双报告”工作，全市2.5万余名在职党员全部编入所在社区、小区、楼栋党组织和志愿服务队、巡逻队等，推进机关党员下沉社区，常态化开展志愿服务。

比如，镜湖区黄果山社区是全市第一批入选的“双应”基层党组织。社区有26个老旧小区，居住密度大、基础设施差、弱势群体多，人口老龄化、邻里纠纷、治安隐患等难点热点问题长期存在。黄果山社区党委坚持党建引领，激励整合各方力量，服务好群众。在社区党委动员下，“一米阳光”志愿服务在镜湖区黄果山社区诞生。志愿服务队以“尽己所能、服务社会”为宗旨，从“倡导一份爱心、提供一项专长”，通过“微服务”的方式办好力所能及的“每件小事”，旗下有志愿者2256名，其中社区党员群众892名、在职党员801名、学生党员563名，党员干部走在前、居民群众和学生齐参与的志愿服务场景在这里成为一道亮丽的风景线。近年来，黄果山社区党委还创新开展“理想社区”“邻里互助建家园”“垃圾不落地”“乐妈优势力”“有困难找党员”等党员志愿服务项目，大大改善了高空抛物问题，通过老旧小区改造拓宽了小区道路，增加了停车场，让老旧小区焕发新生机。在党建引领下，一系列党员志愿服务新项目陆续开展，黄果山社区进一步拓宽了党群共商共建共享的基层治理路子。

“双应”+“改革发展”

推动“双应”基层党组织示范创建，有利于推动改革发展，充分激发基层的创新活力。从2019年开始，芜湖市开展街道管理体制改革，探索建立“街道吹哨、部门报到”机制，并将“应哨”情况纳入“报到”部门的年度综合考核，权重不低于30%，强化了街道公共事务综合管理权，极大提升了街道集中精力抓党建、抓治理、抓服务的能力。

比如，弋江区澛港街道位于弋江区中心腹地，辖区高校、商圈、企业众多，一批在全市具有示范带动效应的重点项目落地于此。面对服务对象逐年激增、服务需求日趋多元、服务力量相对有限的挑战，街道党工委以管理体制改革为契机，探索形成"四式并举、全科服务"的改革路径，服务能力水平显著提高。针对街道、社区为民服务中心职责划分不明确导致群众"多头跑"的问题，按照"15分钟政务服务圈"思路，结合网格划分、人口规模等情况，将辖区划分为3个为民服务基本单元，分别建立1个街道为民服务分中心，将基层为民服务事项全部整合由分中心办理。针对原有运行模式下各窗口忙闲不一等问题，全面取消街道、社区按对口部门、业务划分设立的办事窗口，统一设置综合服务窗口，实行前台全科受理、后台分类办理、统一窗口出件。建立首问负责、一次告知、服务承诺、办结回复等4项工作制度，实现"进一扇门、办全套事"，群众满意度有效提升。自完成功能整合以来，已受理接待各类咨询服务逾2.7万人次，待办事项9700余件，回访满意率超过93%。

三、"双联"推动"双应"　搭建服务桥梁

芜湖正走在加快打造省域副中心、建设人民城市的道路上，征途漫漫，惟有奋斗。越是这样的时刻，就越需要广大党员干部、各级党组织担当尽责、主动作为。市委高度重视发挥党建工作的引领作用，在全面总结"双联系"工作十年成果、"两应"创建两年经验的基础上，创造性谋划了推进新时代基层党建"双联双应"工作，旨在聚合两个"芜湖品牌"力量，催生化学反应，通过"双联"推动"双应"，促进全市基层党建进一步提质升级。2022年4月11日，全市实施新时代基层党建"双联双应"工作推进大会召开，市委书记单向前出席会议并讲话，为"双联双应"工作拉开序幕。

“双联”和“双应”的相互作用

在近年来开展“双联”和“双应”过程中，芜湖积累了大量实践经验。如何在继承发扬过去优良传统的基础上，挖掘出这项工作在新时代的新内涵，是“双联双应”实现聚合反应的关键所在。市委坚持聚焦中心工作、重点任务，在“双联系”工作“三必看、三必问、三必留”经验的基础上，提出以干部联系到户、信访化解到案、产业扶持到村、对接岗位到人、服务群众到社区、设施建设到基层为主要内容的“六到”新要求，把“双联系”工作与乡村振兴、人民信访、物业整治等市委的中心工作、重点任务有机连接起来，用硬性的要求和量化的指标，让干部到复杂矛盾第一线接受锻炼，推动从“少数干部联系少数群众”向“全体干部联系更多群众”转变，更好发挥“双联”在促进作风转变、密切党群关系上的作用。在“双应”建设方面，市委将创争常态化、手段智慧化、导向精准化为目标，推动实现“双应”建设从集中、个别争创向全时、全域争创转变，从传统手段向信息化手段转变，从传统党建视角向群众满意视角转变。

抓好“双联”和“双应”工作是基础和前提，想要推动党建工作进一步提质升级，就一定要最大程度发挥两者之间的协同作用。在推动“双联双应”的过程中，市委提出机关与基层要共谋发展党建、共过组织生活、共办为民实事的要求，充分发挥机关党组织在政治站位、眼界视野等方面的优势，与基层一起研究谋划发展党建工作、一起开展党的组织生活、一起为群众办好关键小事和民生大事，在联系的过程中实现彼此组织力凝聚力共同提高、政治功能组织功能同步加强的目标。同时，为确保各领域党组织干有目标、做有方向，市委在农村实施“红领共富”行动，在城市实施“红联共治”行动，在“两新”组织实施“红色动能”行动，在机关企事业单位实施“红动全域”行动，并以“红色铸魂”行动强化党员队伍建设，为各领域、各方面工作找准落脚点，有效确保工作不断走深走实。

“双联双应”助推芜湖高质量发展

2022年4月16日，芜湖市城区发现一例初检新冠肺炎疫情阳性感染者，考虑到奥密克戎病毒隐匿性、传染性强等特点，为快速阻断疫情传播，切实保障人民群众生命安全和身体健康，市疫情防控指挥部研究决定，芜湖市主城区从4月17日凌晨4时起全面实施静态管理。越是面临大战就越需要党组织发挥作用，越是危急时刻就越需要党员挺身而出，这也是“双联双应”自启动迎来的第一场实战“大考”。

面对疫情，必须以快制快，尽一切可能早一点隔断病毒传播。4月17日下午，市委组织部第一时间印发《致全市各级党组织和广大党员干部的倡议书》，号召全市党员行动起来，冲锋在第一线，战斗在最前沿，充分发挥党组织的战斗堡垒作用和党员的先锋模范作用。截至4月19日24时，市委组织部从市直机关紧急抽调268名机关干部下沉一线，发动全市2.5万名在职党员向所在社区报到，在各居民小区，广大党员带头宣传政策、带头做好防控、带头维护稳定、带头冲锋在前、带头报告信息、带头严守纪律，让广大群众吃下了“定心丸”。为有效调动好所有志愿者力量，4月19日，市委组织部发出通知，要求各社区党组织按照建一个临时党支部、搭一顶帐篷、挂一面党旗、设一张咨询台、张贴一个统一标识、公布一组热线电话、配备一组志愿服务人员的“七个一”标准，在本地管理的所有小区内设置“先锋驿站”，将驻村工作队、村组党员干部、社区工作者、志愿者等纳入驿站管理，在临时党支部的领导下承担防疫政策宣传、核酸检测秩序维护、生活物资采购送达、劝阻人员聚集、志愿服务分工部署等工作，推动构建党建引领、一网统筹、联动入格的疫情防控工作格局。“先锋驿站”的设立，让所有志愿力量找到了“主心骨”，为打赢疫情防控芜湖保卫战贡献了力量。

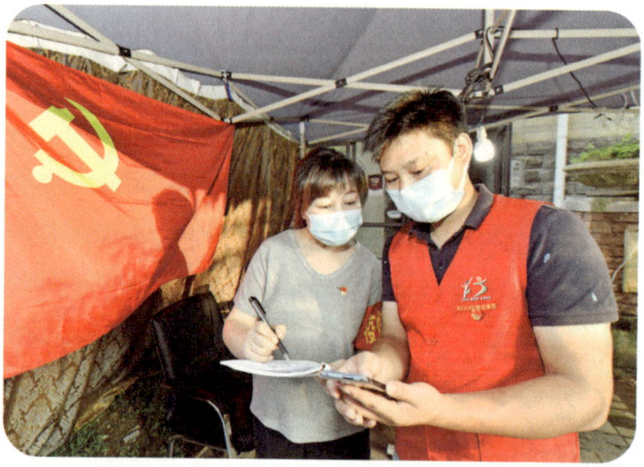

天门山街道美加印象社区党员志愿者开展疫情防控工作

此后，芜湖市坚持把“双联双应”工作的落脚点放在求实问效上，把乡村振兴、人民信访、物业整治、服务企业等工作成效作为衡量和检验工作成效的重要标尺，推动各级党组织在解决复杂矛盾和问题的过程中增加凝聚力、战斗力。在农村，继续推进抓党建促乡村振兴，持续探索党组织领办合作社、党建引领信用村建设等工作，推动实现产业强起来、农民富起来、农村美起来的目标。截至2022年6月底，全市已建立70个村级合作社、9个镇级合作联社、1个县级合作联社，吸纳入社村民6420户15409人，其中监测户980户。70个试点村集体经济收入3112万元，村均44.46万元，同比增长56.25%。预计全年收入超6400万元，村均可达91.43万元，同比增长90%以上。在城市，把物业工作作为突破口，实施“党建引领、物业芜优”工程并制定三年行动计划，压实街道、社区党组织在提升物业服务水平中的责任，推动各项任务落地落实。截至2022年9月底，全市99家有党员的物业企业全部建立党组织，158家暂不具备组建条件的物业企业全部派驻党建指导员，已整改群众反映强烈的2836个物业问题，首批依法清退26个群众反映强烈的物业企业。同时，认真总结疫情防控工作经验，按照“平战结合、总分结合、实虚结合”的思路推动“先锋驿站”常态化建设，运作专门志愿者队伍，落实驻站值守、巡查走访、志愿服务、共商共建、应急响应等五项机制，进一步提升社区治理效能。在机关，启动以创建模范机关、创建先进组织、争当学习标兵、争当业务能手为主要内容的“两创两争”工作，不断提升机关党建质效。在企业，注重“两新”党建引领企业发展的作用，深化“问题帮办、助企发展、暖心芜湖”主题活动，在帮助企业解决困难中强化党建引领。截至2022年9月底，全市1378名党建工作指导员收集企业各类问题和意见建议2623个，已办结2359个。同时，积极推进新业态新就业群体党建工作“暖蜂芜优”行动，加强对快递小哥、外卖骑手等群体的关心关爱，不断增强党对新就业群体的号召力、凝聚力、影响力。建成324个“暖蜂芜优·驿家人”先锋驿站，为新就业群体等所有户外劳动者提供“累了歇歇脚、渴了喝口水、闲时充充电、饭凉能加热”等服务。

“双联双应”是芜湖市的一次重要探索。它传承并发扬了近年来积累的好经验、好做法，推动全市基层党建工作提质升级。它树立了鲜明的工作导向，让转作风、聚民心、求实效成为各级党组织的思想自觉、行动自觉。未来，芜湖市将从信息助力、典型引领和队伍培育三方面继续发力，发挥好“双联双应”搭建为民服务桥梁的作用，把全市上下真正凝聚起来，在加快打造省域副中心、建设人民城市的道路上蹄疾步稳、加速向前。

（执笔：吴昊　刘峰）

后　记

创新是芜湖最宝贵的发展基因、最鲜明的城市特征。创新永远在路上。为进一步发挥芜湖创新实践典型引领作用，弘扬芜湖创新文化、创新精神，汇聚创新之智、集聚创新之力，高质量实施创新驱动战略，奋力走好创新发展之路，努力推动形成创新生态更好、创新动能更强、创新优势更优、创新品牌更亮、创新实践更多的创新型、高质量、现代化发展新格局，加快打造省域副中心、建设人民城市，奋力谱写全面建设社会主义现代化国家的芜湖篇章，由中共芜湖市委宣传部发起，中共芜湖市委党史和地方志研究室、芜湖市社会科学界联合会、中共芜湖市委政研室、芜湖市文旅局、中共芜湖市委党校、芜湖传媒中心、芜湖市产业创新中心等部门参与，协同开展创新芜湖课题研究。在相关部门组织下，各位执笔专家聚焦芜湖“五大发展”创新实践典型，依托丰富的权威资料，深入调查研究，深度挖掘芜湖创新实践所蕴含的时代特征、芜湖特色，科学分析芜湖创新实践内在机理、芜湖创新之城发展脉络，多视角呈现芜湖创新实践发展历程，取得了一批丰硕的研究成果。

为进一步发挥课题研究咨政育人功能，编委会研究决定择优汇编，以案例为体，整理出版《新时代芜湖创新故事》，以期讲好可信、可学的芜湖创新发展故事，传播好可复制、可推广的芜湖创新发展经验，塑造好新时代、新征程上的芜湖创新之城形象，激励全市上下团结奋斗，创造创新发展新辉煌。

由于本书篇幅所限，加之编者水平有限，书中疏漏和不当之处在所难免，敬请批评指正。

编　　者

二〇二二年十二月